16	3	2	13
5	10	11	8
9	6	7	12
4	15	14	1

Sérgio Ferro

ARTES PLÁSTICAS
E TRABALHO LIVRE II

De Manet ao Cubismo Analítico

editora 34

EDITORA 34

Editora 34 Ltda.
Rua Hungria, 592 Jardim Europa CEP 01455-000
São Paulo - SP Brasil Tel/Fax (11) 3811-6777 www.editora34.com.br

Copyright © Editora 34 Ltda., 2022
Artes plásticas e trabalho livre II: de Manet ao Cubismo Analítico
© Sérgio Ferro, 2022

A FOTOCÓPIA DE QUALQUER FOLHA DESTE LIVRO É ILEGAL E CONFIGURA UMA
APROPRIAÇÃO INDEVIDA DOS DIREITOS INTELECTUAIS E PATRIMONIAIS DO AUTOR.

Imagem da capa:
Édouard Manet, Un bar aux Folies Bergère, *1881-82,*
óleo sobre tela, 96 x 130 cm, Courtauld Institute, Londres

Capa, projeto gráfico e editoração eletrônica:
Franciosi & Malta Produção Gráfica

Tradução do capítulo 7, "Recuo e avanço":
Eloisa Araújo Ribeiro

Preparação:
Milton Ohata

Revisão:
Beatriz de Freitas Moreira

1ª Edição - 2022

CIP - Brasil. Catalogação-na-Fonte
(Sindicato Nacional dos Editores de Livros, RJ, Brasil)

Ferro, Sérgio, 1938
F386a   Artes plásticas e trabalho livre II: de Manet
ao Cubismo Analítico / Sérgio Ferro. — São Paulo:
Editora 34, 2022 (1ª Edição).
280 p.

ISBN 978-65-5525-088-6

1. Artes plásticas - História e crítica.
2. Trabalho e teoria do valor. I. Título.

CDD - 750.1

ARTES PLÁSTICAS
E TRABALHO LIVRE II
De Manet ao Cubismo Analítico

Introdução 11

1. Pinceladas 19
2. Citações 37
3. Feitura e fatura.. 79
4. O *métier* de Manet.. 97
5. Nota sobre a representação em Manet 105
6. Os sistemas 125
7. Recuo e avanço.
   Sobre *Um bar no Folies Bergère*, de Édouard Manet 163
8. Balizas em desordem (restos)... 217
9. O Cubismo Analítico entre 1912 e 1914 225

Anexo: Nota sobre a primeira estética de Hegel..................... 269

Agradecimentos... 277

Sobre o autor 278

para Luciana, com o carinho do avô

Nota:

O capítulo 7, "Recuo e avanço", foi traduzido do francês por Eloisa Araújo Ribeiro. As citações de autores estrangeiros foram vertidas para o português pelo próprio autor a partir das edições francesas consultadas.

"[...] *c'est moi que je peins*"
Montaigne

Introdução

> "[...] é porque a 'contradição' constitui sua 'alma motriz' que o movimento de determinação progressiva (do universal abstrato) e de fundação regressiva (de sua verdade) que define o método pode ser designado pelo termo de dialético."
>
> Emmanuel Renault, *Marx et la philosophie*[1]

Walter Benjamin, comentando uma "reflexão" de Paul Valéry, faz algumas observações sobre o avanço da mercantilização da arte a partir de 1830 — no caso, da poesia. A "reflexão" de Valéry é a seguinte:

> "O problema de Baudelaire podia [...] — devia [...] — colocar-se assim: ser um grande poeta, mas não ser nem Lamartine, nem Hugo, nem Musset. Eu não digo que este propósito foi consciente, [mas esta] era sua razão de estado nos domínios da criação [...]."[2]

Benjamin comenta:

> "A propósito da reflexão de Valéry, é importante que Baudelaire tenha descoberto as relações de concorrência no domínio da produção poética. Naturalmente as rivalidades entre poetas são velhas como o mundo. Mas, a partir de 1830 mais ou menos, as rivalidades eram expostas em praça pública, no mercado. É o mercado que era preciso conquistar, e não mais a proteção da nobreza, dos príncipes, do clero [...] a desorgani-

---

[1] Emmanuel Renault, *Marx et la philosophie*, Paris, PUF, 2014, pp. 42-3.

[2] Paul Valéry, "Situation de Baudelaire", in *Variété II*, Paris, Gallimard, 1930, pp. 132-3.

zação dos estilos e escolas poéticas é o complemento do mercado [...] lá pela metade do século as condições de produção artística modificaram-se. A modificação constituiu em que a forma mercadoria impôs-se pela primeira vez de maneira radical à obra de arte. E a forma de massa a seu público."[3]

Mas, nota ainda Benjamin, resolvendo a dúvida de Valéry, Baudelaire tinha consciência disto. No poema "À Sarah", de 1839, diz:

> *Pour avoir des souliers, elle a vendu son âme,*
> *Mais le bon dieu rirait si, près de cette infâme,*
> *Je tranchai de tartufe et singeai la hauteur,*
> *Moi qui vend ma pensée et qui veut être auteur.*[4]

Mercado, concorrência, necessidade de diferenciação, forma mercadoria da obra de arte, dissolução de escolas artísticas etc., são temas que retornarão constantemente daqui para a frente. E mais um, específico das artes plásticas, a raridade. Por causa dela, estas artes fazem parte da minoria de produtos que ficam à margem da lei do valor: "mercadorias que têm preço sem ter valor".[5] David Ricardo dizia de outro modo: "coisas cujo valor não depende senão da raridade".[6] Por isto o mercado e a especulação têm tal peso para as artes plásticas. Ao contrário dos outros produtos sociais, o tempo de produção de uma obra de arte não conta no cálculo de seu preço. Conta somente, afirma ainda Ricardo, o interesse dos colecionadores por sua raridade. Ora, o século XIX confirma e desmente esta tese. Confirma na primeira metade do século. A hegemonia da Academia e de seu sistema normativo extremamente rígido pro-

---

[3] Walter Benjamin, *Paris, capitale du XIX siècle*, Paris, Cerf, 1997, pp. 349 e 251.

[4] Charles Baudelaire, *Poésies diverses* nº 24 ("Je n'ai pas pour maîtresse [...]"), in *Oeuvres complètes*, Paris, Seuil, 1968, p. 141; citado em W. Benjamin, *Paris, capitale du XIX siècle, op. cit.*, p. 281 ["Para ter sapatos, ela vendeu sua alma;/ Mas o bom Deus riria se, perto dessa infame,/ Eu bancasse o Tartufo e fingisse altivez,/ Eu, que vendo meu pensamento e quero ser autor". Ed. bras.: W. Benjamin, "Paris do Segundo Império", in *Obras escolhidas III. Charles Baudelaire, um lírico no auge do capitalismo*, tradução de José Carlos M. Barbosa e Hemerson A. Baptista, São Paulo, Brasiliense, 1989, p. 30].

[5] Karl Marx, *Le capital III*, in *Oeuvres*, tomo II, Paris, Gallimard, Bibliothèque de la Pléiade, 1968, p. 981.

[6] Citado em *idem, ibidem*, p. 1757.

voca uma seleção drástica dos artistas que considera merecer seu aval. Esta seleção inicia o processo múltiplo de rarificação: poucos artistas sobram após seus cortes.[7] Os recusados devem procurar outro ofício ou contentar-se com uma carreira medíocre na província. Os primeiros usufruem de altos preços, encomendas, aquisições oficiais e uma vida tranquila, respeitável. Os outros... Mas a segunda metade do século desmente esta tese. A urbanização crescente, concentrada sobretudo em Paris, provoca o aumento do número de candidatos à carreira artística e, portanto, ao reconhecimento pela Academia. Incapaz de acolher a nova demanda, seu sistema entra em crise. Esta, pelo menos, é a tese de Harrison e Cynthia White,[8] adotada em grande parte por Pierre Bourdieu.[9] Um outro sistema, afirmam ainda os mesmos autores, substitui gradativamente o da Academia falida: o sistema marchand-crítico, o qual mais tarde regulará o processo de rarificação. A argumentação é poderosa e documentada.

Entretanto creio que falta considerar uma outra característica das artes plásticas, geralmente ocultada. A redução da oferta para aumentar preços é prática corriqueira em todos os ramos da produção no capitalismo. Ela provoca uma falsa raridade. Mas em nenhum outro ramo de atividade material os preços da mercadoria assim rarificada sobem tanto como no das artes plásticas. A meu ver, esta particularidade decorre da especificidade do trabalho que esta atividade requer, o trabalho "livre" (as aspas indicam que esta liberdade é relativa, a considerar com muito cuidado). Repito minha principal afirmação: as artes plásticas, por diversas razões que já expus na primeira parte deste estudo,[10] são as únicas atividades materiais intrinsecamente insubordinadas, isto é, que subsis-

---

[7] Sobre a rarificação, ver: Alain Strowel, "L'oeuvre selon le droit d'auteur", in *Droits. Revue française de théorie juridique*, n° 18, 1993; Raymonde Moulin, "La genèse de la rareté artistique", in *Ethnologie française*, volume VIII, 1978; Béatrice Fraenkel, *La signature. Genèse d'un signe*, Paris, Gallimard, 1992.

[8] Harrison White e Cynthia White, *La carrière des peintres au XIXe siècle*, Paris, Flammarion, 1991.

[9] Pierre Bourdieu, *Manet, une révolution symbolique. Cours au Collège de France (1998-2000), suivis d'un manuscrit inachevé de Pierre et Marie-Claire Bourdieu*, Paris, Seuil, 2013; ver também Anne Martin-Fugier, *La vie d'artiste au XIX siècle*, Paris, Audibert, 2007.

[10] Sérgio Ferro, *Artes plásticas e trabalho livre: de Dürer a Velázquez*, São Paulo, Editora 34, 2015.

Introdução

tem à sua subordinação produtiva pelo capital. É óbvio que esta insubordinação tem limites, bastante estreitos durante o classicismo, mais amplos no período do modernismo. Mas, mesmo assim, estas artes constituem uma exceção no quadro de uma produção social substancialmente subordinada ao capital desde o Renascimento. Ora, é precisamente por deverem ser exceção que se torna necessária a rarificação de seus produtos: pressupõem trabalho "livre", trabalho que só pode existir como exceção — já que a lei do capital é sua subordinação. Deixá-lo expandir-se, diminuir sua raridade, é ameaçar a lei. Ele só pode ser admitido como contraprova pontual e argumento de exclusão: se a maioria absoluta das pessoas deve aceitar a subordinação é porque unicamente pouquíssimos têm o "direito" ou o privilégio de trabalhar "livremente".[11] A figura chamada gênio é uma invenção da estética destinada a encobrir e naturalizar este privilégio (este é o motivo central das aspas em "livre": quando a liberdade é privilégio, deixa de ser liberdade). Já falei disto no primeiro volume de *Artes plásticas e trabalho livre*; mas nunca é demais repetir. Sobretudo porque Marx utiliza esta expressão em dois outros sentidos, imbricados com este: trabalho livre porque pode ser vendido "livremente" no mercado ao capital, e trabalho realmente livre, o da sociedade comunista futura.[12] Importa manter esta imbricação em vista.

Ora, quando a Academia torna-se obsoleta por não mais poder acolher o número crescente de candidatos, fica evidente que sua primeira razão de ser é precisamente limitar, e limitar muito, a quantidade de artistas. Caso contrário, teria tomado providências para, de alguma forma, os acolher. E deixado ao sacrossanto mercado o cuidado de eliminar os excedentes de oferta. Mas não o fez. Os artistas da Academia, que gozavam de uma vida burguesa de alto nível decorrente de seu monopólio do trabalho "livre", não estavam dispostos a dividi-lo. Não por acaso os artistas que se puseram contra a Academia aproximaram-se da boêmia ou idealizaram o dândi, acreditando contornar assim a burguesia representada por aqueles artistas e por suas indevidas vantagens. Por um momento, como tática, ensaiaram voltar à lei do valor, deixando de lado a raridade — sobretudo os impressionistas e neoimpressionistas. Candura.

---

[11] Theodor W. Adorno, *Théorie esthétique*, Paris, Klincksieck, 1989, p. 221.

[12] Karl Marx, *La Guerre Civile en France, 1871 (Adresse du Conseil Génerale de l'Association International des Travailleurs, AIT)*, Paris, Éditions Sociales, 1972; "travail libre et associé", p. 46; "émancipation du travail", p. 49; "libération du travail", p. 215.

Ao mesmo tempo, porém, marchands e críticos começaram a atuar. No começo, em surdina. Nem de longe podemos compará-los com os de hoje. Assim mesmo, fora (em parte) os que tinham rendas próprias (Manet, Degas e Cézanne) ou sustento assegurado (Van Gogh), raros foram os impressionistas, neoimpressionistas ou simpatizantes que não recorreram a seus serviços. Já eram indispensáveis para a manutenção dos artistas. Mas também raros foram os que abandonaram a esperança de serem acolhidos pela Academia. Entretanto, após Courbet, a orientação mercantil da arte começa a ser admitida por todos, mesmo se isto não é abertamente reconhecido. Curiosamente e para o desencanto dos fabricantes de lendas, os mais informados sobre o mercado são os menos contemplados por ele e os mais "selvagens": Gauguin e Van Gogh. Van Gogh, o campeão da não venda (mas bom conhecedor do *métier* de marchand graças às relações familiares e à sua própria com a rede de Goupil) não se ilude: "Nada facilitaria mais [...] a colocação das telas que fazê-las aceitar geralmente como ornamento das habitações burguesas, como antigamente na Holanda".[13]

"Colocação" como ornamento: a intenção comercial é clara. Afastados dos meios de promoção oficial das obras de arte (Salão, prêmios, compra pelo governo etc.), os antiacadêmicos voltam-se forçosamente para o mercado. Agem como noviços. Procuram produzir a bom preço e em grande quantidade, visando um público menos abastado que o dos acadêmicos — e anônimo. Com o que provocam uma profunda reviravolta determinada, em grande parte, pela inversão das normas acadêmicas. Técnica, material, dimensões, temática, ideologia... todo o arcabouço da pintura entra em reforma. A nova técnica é mais expeditiva, economiza tempo: é menos "acabada", contenta-se com o esboço, dizem as más-línguas. O material perde os mistérios das cozinhas de ateliê: generaliza-se o uso dos recentes tubos de chumbo — criados por G. Rowney and Co. em 1841 e logo vulgarizados por Windsor — com cores padronizadas fabricadas em larga escala, portanto menos custosas. As pinceladas não são mais fundidas num modelado contínuo, trabalhoso, permanecem separadas e aplicam frequentemente cores "puras", isto é, tais como saem dos tubos. As dimensões se reduzem bastante (hoje podemos

---

[13] Carta a Théo Van Gogh, n° 512. Sobre o comércio de arte na Holanda do século XVII, ver Svetlana Alpers, *Les vexations de l'art, Velasquez et les autres*, Paris, Gallimard, 2008; ver também Simon Schama, *Les yeux de Rembrandt*, Paris, Seuil, 2003.

visualizar o contraste acentuado de tamanhos entre obras acadêmicas e impressionistas no Museu d'Orsay de Paris, onde a museografia as opõe sistematicamente): o interior burguês almejado por Van Gogh é mais apertado que o dos palácios, o destino das telas acadêmicas. A temática abandona as referências eruditas, religiosas ou mitológicas (salvo em Manet): adeus, Atenas, Aracne, Apolo, Mársias etc. E, sobretudo, complicações anagógicas: o novo cliente aplica-se no trabalho, como Lutero e Calvino recomendavam; se a fortuna não mais representa a graça divina, nem por isto perdeu seu enorme poder de atração. Ele não tem mais folgas e enfastio para se distrair com sábias hermenêuticas. E sabe o preço das coisas. Em compensação, incha ainda mais o interesse pelo temperamento singular do artista, por sua impetuosidade e imaginação — ou seja, por sua diferença com relação aos concorrentes próximos, diferença requerida pelo mercado como vimos com Valéry e Benjamin. Interesse que a crítica amiga destes artistas (e de seus marchands) estimula veementemente pois o suposto relâmpago da impressão pessoal justificaria a prática expeditiva e singularizada de seus protegidos — a qual absorve assim, paradoxalmente, o prestígio aristocrático da antiga *sprezzatura*, agora em posição de alavanca comercial. O artista torna-se produtor independente, vende — ou melhor, começa a vender — trabalhos não encomendados, destinados ao mercado aberto.

Entretanto, como as artes plásticas têm um pé no chão do trabalho material e outro supostamente nas alturas das artes liberais, suas realizações frequentemente bifurcam em direções inesperadas. Enquanto parecem ocupar-se exclusivamente com elegantes problemas conjunturais da profissão, por baixo e em geral sem querer, reagem com precisão sismográfica às rupturas de fundo na produção social. Não diretamente, isto é, figurando-as enquanto tema. Mas mediadas pela reação à generalização dos *habitus* gerados por estas rupturas no plano das relações de produção. No caso presente, o *habitus* que inculca por todos os lados, como se fosse ordem da razão, a separação radical, cortante, entre pensar e fazer, entre prescrever e executar, típica da subordinação real do trabalho implantada no século XIX. Veremos que a revolta contra este *habitus* e a recaída passageira em sua teia marcam fortemente a evolução da pintura neste século. Esta revolta parte do abandono dos gêneros mais respeitados pela Academia, os da pintura histórica, religiosa etc., passa pela anemia crescente da *idea* exterior, prossegue com a liberação da feitura autônoma, e termina, sem nenhuma sombra de teleologia, com o súbito e efêmero reconhecimento das artes plásticas como o único exemplo entre nós de trabalho "livre". Faltará somente fazê-lo livre. O que ainda aguardamos.

(Nota: uso o termo *idea* em sentido amplo e pouco determinado de tema, história, conteúdo aparente etc., sem as precisões de Erwin Panofsky apresentadas em sua conhecidíssima obra *Idea. Contribution à l'histoire du concept de l'ancienne théorie de l'art* [Paris, Gallimard, 1983]. A indeterminação deste termo é voluntária. A *idea* exterior, geralmente imposta pelo mecenas, difere radicalmente da interior, determinada explicitamente ou não pelo pintor e, sobretudo, da *idea* imersa em seu agir. Voltaremos a estas questões.)

Este é o roteiro de conjunto dos dois volumes de *Artes plásticas e trabalho livre*.

1

Pinceladas

A.

O conjunto das múltiplas pinceladas de Manet, quando maduro, não forma família. Átomos variados, ora acumulam-se em polos tensos, ora escoam em torrentes ligeiras. Algumas contam coisas, representam; outras falam de si, vaidosas; outras, ainda, permanecem mudas. De longe, podemos mapear zonas de densidade diferenciada. De perto, encontramos pinceladas de todo tipo: ensimesmadas, serviçais, compridas, baixinhas, gordas, ligeiras, caturras, luminosas, apagadas, engomadas, elegantes, descuidadas, posudas... Mesmo assim, elas não se desnivelam demais: são diferenças de um só impulso — do gesto de pincelar. Mas, ao contrário das de Delacroix, de Cézanne ou de Seurat, elas não derivam de um protótipo dominante e específico, como se fossem variações de um logotipo.

Talvez por condicionamento exterior (Manet é amigo de Baudelaire, o qual divulga Edgar Allan Poe na França), a crítica compara a aglomeração de pinceladas com a dos passantes do conto O *homem da multidão*. Walter Benjamin retoma a comparação:

> "A técnica da pintura impressionista, que extrai a imagem do caos das manchas de cor, seria [...] um reflexo de experiências que se tornaram familiares para o olho do habitante de uma grande cidade. Um quadro como A *catedral de Chartres* de Monet, que é uma espécie de formigueiro de pedras, poderia ilustrar esta hipótese."[1]

---

[1] Walter Benjamin, A *modernidade e os modernos*, Rio de Janeiro, Tempo Brasileiro, 2000, p. 73, nota; ou Walter Benjamin, *Poésie et révolution 2*, Paris, Denoël, 1971, p. 249. Benjamin deve se referir na verdade a um exemplar da conhecida série de telas sobre a Catedral de Rouen.

O contraste entre o indivíduo isolado e o formigueiro, a massa na grande metrópole, é tema corrente na literatura da segunda metade do século XIX:[2]

"[...] este tumultuoso oceano de cabeças humanas me enchia de uma deliciosa emoção [...] olhava por massas. Logo desci ao detalhe, e examinei com interesse minucioso as inúmeras variedades de figura [...] de ar, de postura [...] de expressão."[3]

A comparação parece adequada. O narrador de Poe descreve seu modo de examinar a multidão, semelhante ao nosso diante de uma tela de Manet. A permanente variação da fatura sincopada induz a procurar agrupamentos e correlações de massas que ancorem nosso olhar. Em geral, a figuração (barco, água, céu...) serve de guia. Trata-se de um automatismo da percepção estudado pela *Gestaltheorie*. Depois, assegurados contra a ameaça de caos, podemos "descer ao detalhe". Do todo pressuposto às partes, e das partes de volta ao todo, verificando a adequação — como fazem os bons técnicos. Nada mais natural...

Entretanto, se observarmos nossa observação, notaremos que houve, que há resistência por parte da obra ao que imaginamos ser natural. Ela não se enquadra perfeitamente em nossa ordenação. A abdução de Benjamin e tantos outros com a grande cidade parece rápida demais, pelo menos se seguirmos Poe. As partes não se aquietam tão facilmente sob o olhar que privilegia de início as áreas claramente diferenciadas da tela, como presumimos. Elas reagem contra a subordinação à organização do todo. A adequação tem limites. Sem dúvida agrupam-se, formam conjuntos — mas não desaparecem neles, não perdem sua solidão.

Se este desacordo não é novo (pois tem a ver com o fundamento de nossa arte desde o Renascimento), a ênfase dada a ele é. Não se trata do antigo artifício de destacar som e sentido, índice e ícone, para evidenciar sua convergência. Nem de dissonância, a qual requer o predomínio da consonância. Nossos *habitus* nos induzem a procurar a conivência entre

---

[2] Raymond Williams, *Política do modernismo*, tradução de André Glaser, São Paulo, Editora da UNESP, 2011. E a passagem frequentemente citada de Friedrich Engels em *A situação da classe trabalhadora na Inglaterra* (São Paulo, Global, 1988, p. 36): "A desagregação da humanidade em células [...] é aqui [na grande cidade] levada ao extremo".

[3] Edgar Allan Poe, "L'homme des foules", *Nouvelles histoires extraordinaires*, Paris, Joseph Gilbert, 1947, p. 65.

o composto e o componente, pressuposição de harmonia entre as coisas. A crítica, sem confessar o sentimento obscuro de inconveniência, a qual salta à vista em Manet, tenta resolver o que incomoda recorrendo ao modelo do limite matemático: se não há ainda conclusão de um tratado de paz, ele está no horizonte de uma hipotética tendência. Malraux, Bataille e Foucault propõem diagnosticar o desencontro como sinal da imperiosa emergência próxima do plano, da "planaridade" da pintura moderna — e da qual Manet seria o fundador. Liliane Guerry (a propósito de Cézanne) sugere a meta de uma síntese entre o conteúdo sólido dos objetos e o continente atmosférico. Michael Fried atribui o momentâneo descompasso à crise do "absorvimento"[4] e ao reconhecimento da presença do observador diante da obra — a qual por isto não pode mais negar ser um artefato. T. J. Clark, se não vislumbra nenhum entendimento próximo, fecha a questão num conflito entre fenomenalidade e materialidade.[5] Todos são autores respeitáveis. Mas todos também tentam abafar com algum tipo de racionalização o que desarranja o *habitus*: a impulsão dispersiva e atomizadora da qual a miríade de pinceladas desemudecidas é um dos sintomas.

---

[4] "Absorvimento": o termo será mencionado mais vezes e é adotado aqui segundo a acepção de Michael Fried. Embora o crítico use em inglês a palavra "absortion", mais comum, o tradutor francês de *Absortion and Theatricality* adota "absorbement". Segundo Fried, "o absorvimento implica um deslocamento essencial da relação entre quadro e espectador. O desejo de representar o absorvimento de maneira convincente ditava, aos olhos dos pintores franceses do começo dos anos 1750, certa representação das personagens. Era preciso mostrá-las alheias a tudo o que não as absorvia. Ora, o espectador não contava no conjunto desses objetos de absorvimento. Quer dizer que, a fim de parecer absortas, as personagens deveriam ter um ar de esquecimento em relação à presença do espectador". Michael Fried, *La place du spectateur. Esthétique et origines de la peinture moderne*, Paris, Gallimard, 1990, p. 89.

[5] Ver, respectivamente: André Malraux, *Le musée imaginaire*, Paris, Gallimard, 1965; Georges Bataille, *Manet*, Genebra, Skira, 1955; Michel Foucault, *La peinture de Manet*, Paris, Seuil, 2004; Liliane Guerry, *Cézanne et l'expression de l'espace*, Paris, Flammarion, 1950; Michael Fried, *Le modernisme de Manet*, Paris, Gallimard, 2000; T. J. Clark, *Modernismos*, tradução de Vera Pereira, São Paulo, Cosac Naify, 2007; T. J. Clark, *The Painting of Modern Life. Paris in the Art of Manet and his Followers*, Princeton, Princeton University Press, 1999 [ed. bras.: *A pintura da vida moderna. Paris na arte de Manet e seus seguidores*, tradução de José Geraldo Couto, São Paulo, Companhia das Letras, 2004].

Pinceladas

B.

Manet não é o único a enfatizar as pinceladas. Aliás, nisto, é pouco metódico. Muito menos que os impressionistas — e, sobretudo, que os neoimpressionistas. Estes restauram o achado quase prematuro de Delacroix: as pequenas pinceladas omnipresentes não diluídas. Dividem a produção em gestos elementares potencialmente idênticos — como sonha a produção industrial contemporânea (esta relação entre a produção industrial emergente e as artes plásticas inovadoras contemporâneas é também apontada por Walter Benjamin).[6] Elas condensam, em dosagens diversas segundo os autores, técnica e paixão (ou "selvageria e disciplina", segundo Benjamin).[7] São mônadas: reúnem as características substanciais da produção contemporânea — gesto mínimo necessário sob permanente tensão. Reunião potencialmente explosiva, pois junta o mutuamente repulsivo: retenção e repente. Repetitivas, simplificam o produto adaptando-o à sua dicção: o que não cabe nela é eliminado. De sua posição discreta — um simples procedimento técnico ("[...] um toque do pincel, um procedimento, e, como todos os procedimentos, não importa nada")[8] — acabam determinando o produto até virá-lo ao avesso (contrariando Signac). Mas não nos adiantemos.

A emergência invasora das pequenas pinceladas inquieta a crítica: quase todos os opositores à Academia, na linha do Impressionismo, pincelam ostensivamente, num maneirismo recorrente. As explicações e justificativas multiplicam-se face a ataques não menos numerosos. Em Baudelaire, por exemplo, encontramos pelo menos três. A primeira: "[...] há na vida trivial, na metamorfose diária das coisas exteriores, um movimento rápido que comanda ao artista uma igual velocidade de execução".[9]

A ilação parece óbvia: para captar o fugidio, a anotação deve ser rápida — e a pincelada fica aparente. Este refrão volta praticamente em

---

[6] W. Benjamin, *Poésie et révolution, op. cit.*, pp. 250-3.

[7] *Idem, ibidem*, p. 253.

[8] Paul Signac, *D'Eugène Delacroix au Néo-Impressionnisme*, Paris, Hermann, 2014, p. 120.

[9] Charles Baudelaire, *Le peintre de la vie moderne*, in *Oeuvres complètes*, Paris, Seuil, 1968, p. 560.

quase todos os textos sobre o Impressionismo e o Neoimpressionismo. Uma questão, aparentemente, de sinestesia. Mas sua generalização é abusiva. Uma das mais perfeitas representações de "movimento rápido", os turbilhões na água de uma torrente desenhados por Leonardo, ou ainda seus desenhos sobre o dilúvio, não recorrem sempre à "velocidade de execução". A intemporalidade da receita a invalida.[10]

A segunda explicação: "É evidente que a seus olhos [de Delacroix] a imaginação era o dom mais precioso, a faculdade mais importante, mas que esta faculdade ficaria impotente e estéril se não tivesse a seu serviço uma habilidade rápida, que pudesse seguir a grande faculdade despótica em seus caprichos impacientes".[11]

Esta outra justificativa da feitura rápida — portanto, da pincelada evidente — muda de registro. (Nota: distingo feitura, movimento do fazer, de fatura, seu resultado imobilizado. Em francês os termos correspondentes são *faiture* — termo antigo pouco utilizado atualmente — e *facture*. Voltaremos também, mais tarde, a esta distinção.) A causa exterior — "o movimento rápido" — passa a interior — a "faculdade mais importante", a "imaginação". Outra vez, a intemporalidade desserve, ou teríamos de admitir que Piero Della Francesca não tem imaginação.

Um pouco abaixo, a terceira explicação: "Quanto maior o quadro, mais a *touche* deve ser larga, não é nem necessário dizer [*sic*]; mas é bom que as *touches* não sejam materialmente fundidas; elas se fundem naturalmente a uma distância determinada pela lei simpática [?] que as associou. A cor obtém assim mais energia e frescor".[12]

Outro salto. Agora a razão é técnica e perceptiva. E, outra vez, a argumentação, provavelmente inspirada por seus amigos pintores, capenga. Muitos analistas constatam que a generalização deste procedimento tão

---

[10] Ver *O início do dilúvio* e *O dilúvio*, *c.* 1514-16, Windsor Castle, Royal Library; Ernst Gombrich, *Les formes et le mouvement de l'eau et de l'air dans les carnets de Léonard de Vinci*, Paris, Gallimard, 1984; Juliana Barone (org.), catálogo da exposição *Leonardo da Vinci: A Mind in Motion*, Londres, The British Library, 2019, pp. 100-33; "[...] the diferent techniques Leonardo uses for the representation of waves, which range from quick drawings to optical geometrical diagrams that visually explain structure and movement", J. Barone, *op. cit.*, p. 73.

[11] Charles Baudelaire, *L'oeuvre et la vie d'Eugène Delacroix*, in *Oeuvres complètes*, *op. cit.*, p. 532.

[12] *Idem, ibidem*, p. 532.

elogiado por Signac produz, ao contrário, um resultado terno, sem a "energia e o frescor" esperado pelos pontilistas.

Mas pouco importa a veracidade dos argumentos, todos de uso corrente. O que surpreende é a multiplicidade disparatada das justificações "técnicas" para o mesmo fato, a pincelada evidente e repetida dos novos pintores. Argumentos demais, heteróclitos demais e enganosamente objetivos: sintomas de algum incômodo. Por que as cores devem fundir-se à distância? Por que sua fusão é desejável *a priori*? Por que a construção deve desaparecer? Um dos primeiros a argumentar deste modo talvez tenha sido Giorgio Vasari, pintor medíocre, arquiteto conformado, mas ideólogo afiado e que muito contribuiu para separar as artes plásticas das corporações e reuni-las às artes liberais. Argumentou de modo semelhante a propósito da emergência crucial do *non finito* nas obras da derradeira fase de Ticiano — precisamente o gesto técnico que emancipou efetivamente a pintura das corporações. Um escândalo que levou alguns a aconselhar Ticiano a aposentar seus pincéis. Não é estranho? O procedimento que sela a separação pregada constantemente pelo próprio Vasari entre artes mecânicas e artes liberais requer aparentemente uma justificativa que o torna inofensivo. A partir de então o *non finito* e a *sprezzatura* serão sempre associados a algum mal-estar que provoca quase obrigatoriamente um derrame de legitimações compensatórias mais ou menos arbitrárias.[13]

O que chama a atenção nestas tentativas para justificar a pincelada aparente é a mania recorrente de encontrar uma função para elas. Devem obrigatoriamente servir a algum propósito exterior a elas mesmas — como, aliás, espera-se de toda a atividade entre nós, plástica ou não. É preciso notar que esta súbita necessidade justificativa não foi acordada pela pincelada aparente e ágil em si: Ticiano, Tintoretto, El Greco, Hals, Rembrandt, Magnasco, Tiepolo, Goya e muitos outros não somente a deixam aparente mas reforçam sua manifestação e a rapidez de sua feitura. A novidade é a tendência que emerge com Delacroix de generalizar seu uso em toda a superfície pintada, adensando grandemente sua manifestação. E a de reduzir o campo enorme de suas possibilidades a algumas variações em torno de um módulo aproximadamente regular. A pulsão interna que alimenta a generalização deste modelo de pincelada não deriva de

---

[13] Ver Sérgio Ferro, *Artes plásticas e trabalho livre: de Dürer a Velázquez*, São Paulo, Editora 34, 2015.

sua hipotética serventia ilustrativa ou expressiva. Ao contrário, ela corresponde a alguma agitação no fundamento de nossas artes plásticas, a qual parece ameaçar a prioridade tradicional da função mimética. Daí decorre o empenho para encontrar funções substitutivas que comprovem a subserviência da pincelada seja a alguma variante mimética (diagramática ou metafórica) ou a alguma pressão técnica.

O artista da pincelada ostensiva deixa vestígios de seu trabalho específico, o "livre" oposto ao subordinado característico da produção social: tal é sua motivação essencial. Este último tipo de trabalho não pode deixar marcas no produto. Mas a aversão a qualquer manifestação direta do trabalho desconhece a oposição: "livre" ou não, trabalho é coisa da ralé. Por isto multiplicam-se as explicações maquiadoras pois o decoro exige encobrir as partes vergonhosas. Mostrá-las sem mais cheira a exibicionismo malsão. Quando, entretanto, a situação exige sua ostentação enfática, como agora em meados do século XIX, enquanto protesto indireto contra a amputação terminal da mão trabalhadora, cabe ao discurso tecer brocados para contornar a aparição escandalosa, encontrar interpretantes que deneguem esta relação inquietante com o fazer comum: fusão à distância das cores, obediência à "metamorfose diária das coisas exteriores", serviço ao "dom mais precioso" — ou ainda, expressão do temperamento, efusão lírica, fenomenalidade, invenção do plano etc. Certo, a oposição não é imediata como apresento aqui. Ela passa pela resistência ao império da Academia, às suas normas rígidas, à prescrição de fatura lisa totalmente subserviente e, sobretudo, à dicção clara da história contada etc., formas específicas da subordinação do trabalho no campo das artes plásticas.

A passagem que vincula a insistência rítmica da pincelada aparente com o que está acontecendo no mundo da produção não é linear. Lembro: as artes plásticas se constituem desde o Renascimento como negação determinada da subordinação na produção social e de seu consequente emudecimento. À manifestação do gesto produtivo nas artes plásticas corresponde sua interdição e denegação objetiva na produção social. Sob este aspecto, não há mudança no miolo do fundamento de nossa arte. Mas começa a mudar a natureza desta subordinação: ela está passando de formal a real. Ou seja, a subordinação está passando de exterior a interior. Até então o *métier*, arma do trabalhador e do artista, é posto a serviço da vontade de um outro. Mas as artes plásticas diferem dos trabalhos comuns porque mesmo então não denegam inteiramente seu *métier*. Ao contrário, dão ênfase aos vestígios de sua prática deixados inten-

Pinceladas

cionalmente na obra. Mas a lenta e inexorável progressão da subordinação real na produção social provoca a decomposição miúda das diversas operações produtivas. Ela penetra profundamente no *métier* e o decompõe por completo. A reunião do decomposto passa a não depender do corpo produtivo ainda parcialmente senhor de sua conduta operacional. Depende agora inteiramente de uma forma qualquer de projeto prescritivo exaustivo e radicalmente heterônomo, imposto segundo regras crescentemente determinadas por alguma forma embrionária de organização "científica" do trabalho. Sob a subordinação formal, os trabalhadores preservam pelo menos algum controle sobre a totalização das operações parciais no âmbito de seu *métier*. Esta possibilidade desaparece com a subordinação real. O corpo produtivo é desligado de qualquer atividade vinculada com a totalização dos trabalhos. Sem mais nenhum guião teleológico, mesmo reduzido, restringe-se à confrontação imediata com abstrações extraídas do movimento produtivo — ritmo, cadência, tempo, produtividade, velocidade, simplificação e redução das operações, hipertrofia da prescrição etc. São estas abstrações, típicas da organização patronal do trabalho (portanto de sua organização "científica") que crescentemente mobilizam a resistência operária.

Estas abstrações inteiramente vinculadas ao interior do mundo da produção, paradoxalmente, são as que mais facilmente atravessam as paredes das usinas — precisamente por serem abstrações. Elas perdem o contato imediato com a diversidade das formas concretas de produção e, por isto mesmo, prestam-se mais facilmente a deslocamentos para o exterior do universo imediatamente produtivo. São elas que atingem em primeiro lugar outras instâncias da vida social sob a forma de um modelo gerencial de uso múltiplo e aberto. Em particular as artes plásticas, e com vigor redobrado por continuarem (até o pós-modernismo) próximas da produção material da sociedade, à qual se opõem, repito, como negação determinada. Ora, esta negação pressupõe a interiorização do negado. Por isto a pincelada aparente — denúncia da denegação do trabalho social e de sua ocultação fetichizadora — é constantemente tentada a embutir nesta denúncia, nesta negação, vestígios de ritmo, cadência, tempo, velocidade etc., que embrenham o que ela quer negar. A posição negativa das artes plásticas com relação à produção social passa a ser determinada não mais pelas alterações ocorridas no plano dos *métiers* mas pela emergência de um outro tipo de oposição contraditória: a da resistência ao avanço dos parâmetros mais sofisticados e abstratos da subordinação real, muito mais eficazes e daninhos que os da subordinação formal.

A invasão das pinceladas, vimos, é frequentemente associada com a emergência da multidão, tema de muitos outros fantasmas. Circula o medo de que esta multidão, composta sobretudo pelos mais numerosos, os diversos tipos de trabalhadores urbanos, se una contra sua exploração e ponha abaixo a classe dominante minoritária. Praticamente quase todas as revoluções e os grandes movimentos sociais do século XIX reclamam, entre outras coisas, o sufrágio universal — constantemente adiado até... 1946. Apesar dos sistemas eleitorais serem construídos essencialmente para evitar que a maioria (a classe trabalhadora) chegue ao poder, sempre censitários, não desaparece o medo de que os dominados — a multidão — virem a mesa farta em mais-valor. A pincelada marcada e multiplicada, desinibida e constitutiva, condensa tudo isto. Remete à produção material, à multidão dos trabalhadores que a conduzem, à sua exploração crescente e miséria consequente, à sua justa revolta se não forem cabresteados por todas as astúcias da dominação etc. A condensação não é consciente — mas alimenta o mal-estar, angustia por baixo, estrutura os sentimentos (Raymond Williams) do espectador da trovoada da feitura. O escorreito parece moral, o contrário do escorchado.

C.

A pincelada sincopada e discreta (discreta em oposição ao contínuo — e que desembocará na somatória de "uns" uniformes com Seurat) é atribuída quase unanimemente à necessidade de "velocidade de ação". Costumamos admitir que Manet (e os impressionistas em geral) acolhe e registra rapidamente suas "impressões" fugidias diante do motivo. Não inventamos esta versão sobre a feitura: ele e outros artistas afirmam coisa semelhante. Efetivamente, pintam por vezes diante de alguma cena e, em geral (fora Cézanne, Seurat e, por vezes, Manet), rapidamente. A pincelada urgente e individualizada seria o meio mais adaptado à notação do fugaz, por reduzir ao mínimo o intervalo entre o estímulo e o gesto operatório. A reação elementar estaria concorde por natureza com o teor abrupto e instantâneo das sensações visuais. Baudelaire (como muitos outros) comenta:

"[...] o que pode sobrar de bárbaro e de ingênuo aparece como prova de obediência à impressão, como uma lisonja à verdade [...] um fogo, uma embriaguez do pincel, parecendo quase uma fúria. E o medo de não ir bastante depressa, de deixar escapar o fantasma antes que a síntese seja extraída e agarrada."[14]

Fatura exposta e nervosa, ar de esboço e aspecto "bárbaro e ingênuo" seriam o preço pela "obediência à impressão". A base deste gênero de ilação é tenaz: tudo tem que passar primeiro pela cabeça para depois somente sair pela mão. Como na metáfora sobre a abelha e o arquiteto de Marx, o eixo do último livro de Georg Lukács: elefantíase da teleologia.[15] Desde a instauração social da separação entre trabalho intelectual e material, tornou-se inconcebível qualquer outra relação entre o pensar e o fazer. Se algo é feito, imediatamente supomos que houve antes algum tipo de decisão mental para fazê-lo, a mão operária obedecendo — submissa. Assim, o paradigma pressuposto da produção impressionista parece indiscutível: estímulo exterior passageiro > sensação interior > exteriorização da sensação. Se bem que o interior possa mudar de nível na história (*idea*, no sentido de Panofsky, no classicismo; sentimento no romantismo; sensação no Impressionismo), a esquematização permanece a mesma (note-se entretanto a regressão tópica que acompanha a evolução histórica). Como ocorreu com o *non finito*, as enfáticas exposições de marcas da produção forçam o intérprete a buscar suas razões antes e fora da produção. Poucos lembram — ou têm a experiência — do seguinte: na produção "livre", há separação/conjunção entre o pensar e o fazer sem nenhuma hierarquia ou precedência constante entre eles. Hegel diria que cada um tem o (seu) outro em si. Mas admitir isto seria dignificar demais o trabalho material. Brotam então as explicações. No classicismo a culpada é a irrepresentabilidade da *idea*, o sublime. No romantismo, a pressão do sentimento. Agora, é a "metamorfose diária das coisas exteriores", a febre do modernismo. Em qualquer caso, o artista tem que ser alimentado antes de se pôr diante do cavalete e expelir a obra. Um tubo digestivo, apressado se o alimento ingerido exigir. Resultado, a obra tende a transformar-se numa exanía (disfarço a metáfora feia com um termo científico): como se diz, se é autêntica, vem das tripas.

---

[14] C. Baudelaire, *Le peintre de la vie moderne*, in *Oeuvres complètes*, op. *cit.*, p. 560.

[15] Georges Lukács, *Ontologie de l'être social. Le travail, la reproduction*, Paris, Delga, 2011 [ed. bras.: *Para uma ontologia do ser social I*, tradução de Mario Duayer e Nélio Schneider, São Paulo, Boitempo, 2018].

Na formulação de Pierre Bourdieu:

"Será que agir consiste em executar intenções? Será que não há ação senão intencional? [...] Penso que estas condutas ordenadas sem princípio explícito de ordenação [...] não podem ser compreendidas adequadamente senão a partir de uma teoria da prática, que chamo disposicionalista, que põe no princípio das ações, não necessariamente intensões explícitas, mas disposições corporais, esquemas geradores de práticas que não têm necessidade de ascender à consciência para funcionar [...] o que não significa que sejam elementares, primitivas."[16]

A aversão à prática, velha tara aristocrática, leva a sempre imaginá-la submetida à superioridade pressuposta de algum projeto. Somente nesta condição de dependência a prática material, reduzida a simples operação (na terminologia de Spinoza), deixa de ser obstáculo à promoção da antiga *ars* plástica a arte liberal. Esta aversão tenaz, ainda dominante hoje, é a causa primeira da cegueira congênita da quase totalidade do que chamamos estética quando tenta dar conta das artes plásticas.

D.

Os dois dogmas indicados — a obrigatória compatibilidade entre o todo e as partes e a preeminência do espiritual — são interdependentes. O primeiro pressupõe que a obra de arte compensaria em seu território separado a ruptura drástica entre o poder absoluto do todo social e a irrelevância do indivíduo. A arte seria um departamento da magia propiciatória ou das fantasias de reconciliação. Entretanto nenhuma obra de arte plástica de nossa história corresponde a este mito, nem mesmo no período entusiasmado do primeiro Renascimento. Os artistas que tentam concretizá-lo não têm como evitar a hipóstase do todo e sua consequência, a nulidade das partes. A preeminência do espiritual tem resultado comparável: pressupõe a subordinação do fazer. O fogo, a embria-

---

[16] Pierre Bourdieu, *Manet, une révolution symbolique. Cours au Collège de France (1998-2000), suivis d'un manuscrit inachevé de Pierre et Marie-Claire Bourdieu*, Paris, Seuil, 2013, pp. 76-7.

Pinceladas

guez e a fúria do pincel são efeitos da ânsia em servir. O todo e o espírito são patrões tirânicos. Aliás, o Espírito com E maiúsculo é o todo na especulação hegeliana.

E.

Quando os críticos contemporâneos de Manet não teorizam e descrevem simplesmente o que veem em seu ateliê, o quadro muda:

> "[Manet não utilizava] nenhum procedimento fixo [...] ao começar um quadro, jamais ele poderia dizer como [...] terminaria. [...] a composição desaparece [...] em sua inconsciência, sua partida para o desconhecido, a cada tela branca que punha em seu cavalete [...] atacava como copista sem malícia, sem receita de nenhuma espécie, às vezes muito hábil, outras tirando proveito da inabilidade mesma efeitos encantadores."[17]

Mallarmé confirma:

> "Cada vez que ataca um quadro, nos diz, mergulha primeiro a cabeça, compartilhando o sentimento que o método mais seguro [...] para tornar-se bom nadador, é jogar-se na água [...] o olho deve esquecer tudo o que viu e reaprender a partir do que confronta [...] um de seus aforismos costumeiros é que não se deve jamais pintar uma paisagem ou um retrato da mesma maneira, com o mesmo método e o mesmo *métier*, ainda menos duas paisagens e dois retratos [...] quanto ao artista, seus sentimentos pessoais, seus gostos particulares são pelo menos recolhidos, ignorados e afastados para gozar de sua autonomia pessoal [...]."[18]

Devemos respeitar literalmente o que dizem. Os dois são testemunhas diretas, relatam o que presenciam no ateliê. Mallarmé, em parti-

---

[17] Émile Zola, "Édouard Manet (1884)", in *Mon Salon — Manet*, Paris, Flammarion, 1970, pp. 362-3.

[18] Stéphane Mallarmé, *Écrits sur l'art*, Paris, Flammarion, 1998, pp. 308-9.

cular, é precioso. Durante dez anos frequentou quase diariamente Manet após seus cursos de inglês num liceu próximo — e o ouve "conversar no ateliê com um amigo", ele mesmo, Mallarmé.

Não é possível somar com coerência as interpretações de Baudelaire e as observações de Zola e Mallarmé: são incompatíveis. Baudelaire recorre a interpretantes (no sentido de Charles S. Peirce) que preza — o que é compreensível, pois ajudou a criá-los. Mallarmé expõe o que vê e ouve diretamente. Entre a "partida para o desconhecido" como nota Zola, e a "obediência à impressão", há antinomia. A segunda formulação é teleológica: trata-se de atingir um objetivo predeterminado, captar a "impressão", o "fantasma", apesar de fugidio ou porque é fugidio. A primeira, ao contrário, não indica nenhuma meta antecipada, mas uma viagem cuja meta virá da própria viagem. Nas anotações de Zola e Mallarmé, Manet não figura como estafeta temperamental que traduz e resume o que já conhece. Se galopa, galopa sem roteiro, sem auxílio de bússola — e o que transmite nasce e ganha forma durante o galope. Não compõe de antemão, não recorre a receitas ou procedimentos fixos: joga-se na água. Se segue uma regra, ela é negativa: não pintar do mesmo modo paisagem e retrato, menos ainda duas paisagens e dois retratos. Regra de negação determinada. E mais: afasta de si e ignora seus próprios "sentimentos pessoais, seus gostos particulares" para "fruir de sua autonomia pessoal". Como concatenar a "obediência à impressão" e a "autonomia", a submissão ao dado exterior e o não saber como terminará o quadro? Se o "olho deve esquecer tudo o que viu e reaprender a partir do que confronta", deve esquecer inclusive o que provocou a "impressão". O que confronta, o que o desafia, é o que vai surgindo na tela à medida em que deixa de ser branca. O "isolamento em si mesmo" (como diz Mallarmé, logo abaixo da passagem citada) é a concentração sobre si, mas lá onde este "si mesmo" emerge em concubinato com seu objeto, na feitura material em andamento.

F.

A partir desta primeira observação das pinceladas e de sua lógica, podemos desde já isolar algumas características da pintura de Manet.

Pinceladas

F.1.

Manet (e, depois delde, a maioria dos pintores) faz o quadro no quadro, mesmo se às vezes muda de tela. Sob este aspecto, segue o costume de Caravaggio ou Velázquez. Citando Mallarmé, de novo:

"No ateliê, a fúria que o impelia sobre a tela vazia, confusamente, como se jamais tivesse pintado [...] ensinamento à testemunha, eu, que devemos nos jogar inteiramente, de novo, cada vez [...]."[19]

O quadro é feito no quadro: seu processo produtivo dispensa projeto. Recorre, talvez, a um vago esboço, mero ponto de partida. A elaboração efetiva da forma começa e progride essencialmente durante o processo material de produção. O quadro é o registro do fazer. Reflexão, ação e material desseparam-se, abandonam sua divisão conflituosa típica da produção social. O pintor entra no ateliê sem ordem de serviço, nem de outros, nem de si mesmo (voltaremos mais tarde ao desaparecimento da encomenda). O que fará depende integralmente do que vai fazendo. Para começar (e o pintor tende agora a levar ao limite todas as suas experiências de laboratório), qualquer pretexto serve:

"Nossos paisagistas partem desde a aurora, a caixa nas costas [...] vão sentar-se não importa onde, lá na borda da floresta ou aqui nas margens da água, quase não escolhendo seus motivos [...]."[20]

O que conta não é pintar isto ou aquilo, a floresta de Fontainebleau ou o Sena em Argenteuil, mas o que surgirá na tela durante a realização. Custa imaginar, a partir da descrição de Zola, o que seria a "impressão que se faz obedecer", como imagina Baudelaire. O artista senta-se "não importa onde", quase sem escolher, aleatoriamente, seu motivo. A "impressão" mandona, se não deriva do motivo, só pode ser o nome de alguma coisa intrínseca ao próprio processo produtivo. Na expressão de Baudelaire, ela parece a prescrição na fábrica, a ser obedecida com a mes-

---

[19] S. Mallarmé, *Écrits sur l'art*, *op. cit.*, p. 325.

[20] É. Zola, "Édouard Manet (1884)", in *Mon Salon — Manet*, *op. cit.*, p. 158.

ma presteza que atribui ao pintor. Ou seja, tudo o que a arte está rejeitando, a subserviência a um conteúdo predeterminado, como nos séculos precedentes.

F.2. "Como se jamais tivesse pintado"

> "Depois sorrindo, (Manet) acrescentou: 'Os imbecis! Eles não param de me dizer que eu sou desigual: não poderiam dizer nada mais elogioso. Esta foi sempre minha ambição, não permanecer igual a mim mesmo, de não refazer, no dia seguinte, o que tinha feito na véspera [...]. Ah! Os imóveis, os que têm uma fórmula, que se agarram, que as fazem render [...]."
>
> Antonin Proust, *Édouard Manet. Souvenirs*[21]

O *métier* acostumado, o *tour-de-main* decorado, a pincelada sabida, a maestria automática, restos do *savoir-faire* subordinado, têm o mesmo efeito que o projeto prescritivo, do qual em parte resultam: são escolhos, âncoras mal vindas no fluxo da produção autônoma. Manet teve formação correta no ateliê de Thomas Couture, um bom pintor. Como Velázquez antes e Picasso depois, obrigou-se a desaprender o que aprendeu. A técnica não é saber neutro, e nem sempre leva para a frente. Recursos supostamente inocentes, como a pátina, o *glacis* e mesmo o verniz, chegam a Manet associados a um uso incompatível com sua prática transformadora. São operadores de fetichização no classicismo e na Academia. Não que devam ser definitivamente abandonados, como proporão Clement Greenberg e outros carbonários. Mas seu eventual emprego não pode mais ser inocente. O que Baudelaire considera "bárbaro" e "ingênuo" procede desse dessaber voluntário, um cuidado crítico e de resistência às armadilhas do hábito.

F.3. "Fúria que o impelia sobre a tela vazia"

Não é fácil falar desta "fúria". Conhecida dos pintores, mas pouco teorizada, como tudo o que diz respeito ao trabalho material não subor-

---

[21] Antonin Proust, *Édouard Manet. Souvenirs*, Paris, L'Échope, 1966, p. 101.

Pinceladas

dinado. Trata-se entretanto de um dos sinais exteriores da mais preciosa característica deste tipo de trabalho. Nosso entendimento impregnado de linguagem falada pena para captar o que, em princípio, não cabe nele: a razão da atividade material lúcida, ou razão trabalhadora, se o trabalho for livre. Em seu âmbito esmaece o corte entre sujeito e objeto, entre pensamento e ação, e o gesto parece preceder a decisão. Ela rompe com a limitação mais empobrecedora de nossa lógica costumeira, a obrigação de isotopia. Esta razão, na prática, condensa instantaneamente fatores heterotópicos numa *Gestalt* evidente. Insisto no "instantaneamente" porque seu *medium* é mais o espaço que o tempo. Seus "conceitos" são figurativos, estruturais. Ela não fica assustada com a máquina de costura e o guarda-chuva sobre a mesa de operações: está acostumada a costurar as mais extravagantes combinações. Pode ser associada à reação de um condutor ao volante que, num piscar de olhos, decide a manobra em função de inúmeros fatores antes desconexos. Ela coordena imediatamente cem vezes mais informações que a lógica discursiva. Na pincelada, converge o *Dasein* inteiro.

Ora, a instantaneidade e a complexidade dessas condensações na atividade provocam um comportamento que pode parecer estranho, comparável, visto de fora, a uma "fúria". Mas nem todos os artistas trabalham com rapidez. Cézanne, por exemplo, passa horas esperando o condensado que desaguará numa única pincelada. Ticiano, semanas. Leonardo, anos. Picasso, frações de segundo. Matisse antecipa aparentemente o próprio condensado. "Fúria" não é um bom termo para aludir às curiosidades da razão plástica, da feitura. Dá vez à mitologia do "gênio" e às imagens fantasistas a respeito do artista. Nós utilizamos esta razão o tempo todo para dirigir um automóvel, cozinhar ou bricolar. A única diferença, no caso das artes plásticas, é que ela ocupa o centro da cena enquanto lógica do trabalho livre — aquele que não passa pela peneira da prescrição.

G.

Com adaptações, é evidente, para dirigir um automóvel, cozinhar e bricolar valeria uma observação de Hegel:

"O indivíduo que vai agir parece encontrar-se fechado num círculo no qual cada momento já pressupõe outro e parece portanto não poder encontrar nenhum começo; é com efeito (a partir da) operação já concluída que ele pode conhecer a essência originária que deve necessariamente ser seu fim [finalidade]; mas, para operar, deve possuir antes o fim. Mas é justamente por isto que deve começar imediatamente e passar diretamente ao ato [...] sem pensar [...] no começo, no meio e no fim."[22]

Esta observação de Hegel, de validade genérica, formulada deste modo ultraeconômico, convém particularmente ao período que vai de Manet ao Impressionismo. Mas é preciso, para confirmar esta pertinência particular, considerar ainda o seguinte. Tecnicamente, a pintura é uma atividade bastante simples — e evoluiu pouco desde a Pré-História. Entretanto a prioridade e a hegemonia da pincelada a fazem retornar a seus momentos mais elementares: mão motriz + instrumento simples (um pedaço de pau com pelos) e, como material, uma pasta colorida. A mão recorre aos movimentos mais arcaicos: preensão, translação, rotação etc. Como nota André Leroi-Gourhan:

"A ação manipuladora dos Primatas, na qual gesto e utensílio se confundem, é seguida com os primeiros Antropeanos pela [ação] da mão em motricidade direta onde o utensílio manual tornou-se separável do gesto motor [...]. As operações complexas de preensão-rotação-translação que caracterizam a manipulação, as primeiras a aparecer, atravessaram todos os tempos sem transposição. Elas constituem ainda o fundo gestual mais corrente, privilégio da mão muito arcaica e muito pouco especializada do homem."[23]

Toda manipulação técnica mais elaborada é suprimida. Há, portanto, retorno ao arcaico — tendência que anima o movimento que vai de Manet a Picasso e acompanha a atração crescente pelo primitivo e pelo exótico. Este retrocesso converge com o que as máquinas motrizes e operacionais provocam: o trabalho que as acompanha regressa também a

---

[22] Georg W. F. Hegel, *Phénoménologie de l'esprit*, 2 vols., Paris, Aubier, 1939, pp. 327-8.

[23] André Leroi-Gourhan, *Le geste et la parole*, Paris, Albin Michel, 1965, pp. 41-2.

Pinceladas

tarefas elementares, baseadas na mesma gestualidade arcaica simples. Há um retorno, uma involução do gesto produtivo contrária à evolução das forças produtivas, involução comentada por Marx no início de O *capital*.[24] Mas, no campo das artes, a regressão, ambiguamente estimulada pelas conquistas coloniais, é posta em parte como anseio de recomeço que desembocará mais tarde nas vanguardas. A convergência dos retrocessos contradiz a divergência aparente do sentido atribuído a eles, recomeço nas artes ou desqualificação na produção social. Mas o recomeço sugerido pelas vanguardas e, antes, por seus profetas (Cézanne, Van Gogh e Seurat) está inscrito no horizonte da negação determinada, a qual visa precisamente rejeitar as consequências negativas da evolução das forças produtivas comandada pelo capital. A supressão das manipulações técnicas mais elaboradas faz parte do combate ao *métier* denegador da Academia, denegação atacada como representante da denegação generalizada e total do trabalho social, imposta pela subordinação real em avanço acelerado. As manipulações suprimidas são precisamente as destinadas a calar os últimos vestígios materiais do trabalho no produto. Mais uma safadeza da finta da Razão com R maiúsculo de conceito abstrato: o repúdio tem os mesmos efeitos que o repudiado.

---

[24] Karl Marx, *Le capital*, in *Oeuvres I*, Paris, Gallimard, Bibliothèque de la Pléiade, 1965, capítulos X, XIV e XV.

2

Citações

> "O rufar das pinceladas, uma tônica daqui para
> a frente, revelará mais outras raízes."
>
> Pablo Picasso

> "[...] o momento presente do passado [...]"
>
> T. S. Eliot

A.

Manet cita, e muito. Nisto, é maneirista. Mas, em princípio, todos os artistas são. A história da arte, próxima ou distante, faz parte do seu material. Não a história dos historiadores, diacrônica. Outra, sincrônica, uma rede "intertextual" e atual, disponível no ateliê. Mas a citação em Manet tem função inabitual. Alguns exemplos.

A.1.

Em *Faure no papel de Hamlet* (Museum Folkwang, Essen, 1877) [fig. 1], Manet cita evidentemente o *Pablo de Valladolid* de Velázquez (Museu do Prado, Madri, 1636-37 segundo José López-Rey; Pietro Maria Bardi indica 1632). Ou ainda, refere a si mesmo numa citação anterior da mesma tela do pintor espanhol: *O ator trágico. Retrato de Rouvière como Hamlet* (National Gallery of Art, Washington, 1865-66). Cita ostensivamente, sem grandes transformações. Mesmo tema, o ator trágico, postura bastante próxima, proporções semelhantes, igual contraste marcado entre a massa escura do personagem e o fundo claro indefinido, fatura aparentada. A mimese vai aos detalhes. Velázquez, como Michelangelo nos afrescos, costuma corrigir os contornos retomando o fundo, de fora para dentro das formas. Mas os dois procedem de modo a não deixar a correção desaparecer. Por exemplo, empregam uma pincelada semitransparente ou, ao contrário, excepcionalmente pastosa. Ma-

[fig. 1]
Édouard Manet, *Faure no papel de Hamlet*, 1877, óleo sobre tela, 194 x 131 cm, Museum Folkwang, Essen.

net faz o mesmo (comparem os contornos das pernas direitas de Pablo e de Faure). Esta incorreção da correção não é anódina: no tempo em que o trabalho deve permanecer na coxia, ela deixa passar pelo menos sua sombra. Para os pintores, esta contraforma conta tanto quanto a forma. Numa carta a Fantin-Latour, Manet, fascinado pelo *Pablo de Valladolid*, escreve sobre o "fundo que desaparece" e o "ar" que envolve o ator. Para ser mais preciso: o fundo não desaparece — mas desaparece qualquer referência a um espaço real. Torna-se simples migração da tela, o que dá vez à exposição discreta das andanças do pincel, um recurso recorrente

desde os "mármores" de Fra Angelico.[1] O "ar" não opera como oco inerte, mas como plano de revelação da feitura, inclusive do hábito nada inocente de Velázquez de limpar os pincéis na própria tela. Manet acentua
este procedimento intencionalmente. Se podemos crer na necessidade das
correções da perna direita (elas sugerem indecisão sobre a postura de
Faure, o que convém à hesitação de Hamlet), nada as reclama, insisten-
tes, no contorno do estranho manto pendurado no braço esquerdo. Note-se o seguinte: Jean-Baptiste Faure é então um ator de sucesso e Hamlet
seu melhor papel; a França vive um momento espanhol; *Pablo de Valladolid* circula em gravuras e seu modelo também foi ator. Como Rouvière,
aliás. Voltaremos a esta sobreposição. Numa diegese semelhante, uma
sobreposição de personagens.

A.2.

Em *O tocador de pífano* (Museu d'Orsay, Paris, 1866) [fig. 2], apesar de anterior, Manet distingue-se mais de Velázquez. A fatura continua
discreta (salvo no uso dos brancos), mas cede pouco à ilusão icônica. A
pintura instala-se sem complexos onde sempre esteve: na tela, diretamente sob nosso olhar — sem que a víssemos (Lacan: "jamais tu me olhas lá
de onde eu te vejo"). Começa o deslocamento do imaginário rumo ao
perceptivo, a astúcia do "realismo" de Manet e de muitos mais. Afirma
a qualidade de pele, de casca, de superfície da pintura. Por contraste, os
volumes do rosto e das mãos ressaltam o chapamento das cores das roupas, enquanto a iluminação frontal reduz o modelado à passagem abrup-
ta entre o claro e o escuro — o oposto do *chiaroscuro*. O quadro lembra
carta de baralho, ironiza Paul Mantz.[2] O que não impede a extraordinária presença do jovem modelo. *O tocador de pífano* radicaliza a proeza
de Velázquez no *Pablo de Valladolid*: figuração altamente convincente
obtida com meios extremamente reduzidos e pouco iconizados. Aumenta a tensão entre matéria e ficção.

---

[1] Ver Georges Didi-Huberman, "Fra Angelico", in *Dissemblance et figuration*, Paris, Flammarion, 1990.

[2] "[...] um valete de ouros colado numa porta", *Le Temps*, 16/1/1884, in *Manet
raconté par lui-même et par ses amis*, Genebra, Pierre Cailler, 1953, II, p. 134; citado em
Jean-Claude Lebensztejn, *De l'imitation dans les beaux-arts*, Paris, Carré, 1996, p. 66.

[fig. 2]
Édouard Manet,
O tocador de pífano,
1866, óleo sobre tela, 160
x 97 cm, Musée d'Orsay,
Paris.

Mas há mais. No primeiro volume de *Artes plásticas e trabalho livre*, vimos que Caravaggio faz emergir as cores puras do magma terroso obtido por sua mistura. O processo produtivo mimetiza o produto (ou o inverso): a figura emerge do fundo como as cores de sua mistura. Velázquez em *Pablo de Valladolid* também: a cor do fundo mistura o preto da roupa com o tom da pele. Manet segue o duplo exemplo: o fundo contém as três cores dominantes na figura do flautista, branco, preto e o vermelho abafado da calça. Mas as mediações desaparecem: passa diretamente do misturado ao dividido. A emergência contínua, embora rápida, de Caravaggio é substituída pelo salto entre opostos. A supressão das mediações é uma constante em Manet. Oposição cortante entre figura e fundo; cores fundidas contra cores separadas; chapado do fundo e das roupas *versus* volume do rosto e das mãos etc. Dominam os saltos, os choques, a descontinuidade. O inverso das totalizações unificantes — o que contradiz a unidade da figura contra o fundo. Quase emblemático, um último salto: a dissonância do amarelo sobre a consonância do resto.

Manet amplia o âmbito desta constante descontinuidade. Segundo Michael Fried, ele quebra de vez a tradição do "absorvimento", isto é, a organização do espaço fictício inteiramente voltada para seu interior como se desconhecesse a presença do observador. Manet, ao contrário, reforça a "teatralidade" (termo usado por Fried), a evidenciação desta presença. O menino com roupa de fantasia indubitavelmente posa para o pintor e o olha nos olhos. Ele e o pintor confrontam-se como a tela e o espectador. A diferença topológica entre a imagem e nosso real perde seu corte, transgredida por este olhar. Outra vez, como efeito da imbricação, a ordem do imaginário cruza a da percepção. O mundo diegético da obra abre-se ao extradiegético.

Anotação a juntar com a que ficou à espera a propósito de *Faure no papel de Hamlet*. O menino tocador de pífano é Léon Édouard Leenhoff, filho ou irmão bastardo de Manet (Édouard) e passa por ser irmão de Mme. Manet, Suzanne Leenhoff, sua mãe, mais tarde reconhecido por ela como filho...

B.

Examinemos agora *Olympia* (Museu d'Orsay, Paris, 1863) [fig. 3]. O grande escândalo. Escândalo da nudez, após séculos de nus. Repete no Salão de 1865 o escândalo de 1863, provocado por *O almoço na relva* (Museu d'Orsay, Paris, 1862-63) no "Salon des Refusés". Reação tão intensa e imediata da crítica e do público que poucos notaram então o óbvio: cita *Vênus de Urbino* de Ticiano (Galleria degli Ufizzi, Florença, 1538), da qual Manet guardava desde sua viagem a Florença uma pequena cópia em seu ateliê.[3] *Vênus de Urbino* que, por sua vez, é também uma citação da *Vênus* de Giorgione (Pinakothek, Dresden, inacabada ainda

---

[3] Ver Julius Meier-Graefe, *Édouard Manet*, Paris, Klincksieck, 2013, p. 84.

em 1510, ano de sua morte, talvez completada pelo próprio Ticiano). Poderíamos prolongar a filiação iconográfica: *Vênus* de Giorgione teria vínculos com a *Hypnerotomachia polyfili*, o enigmático texto ilustrado renascentista de Francesco Colonna (ou de Alberti) publicado em Veneza em 1499, frequentemente utilizado nos ateliês. Nele está *Ninfa da fonte*, uma gravura bastante próxima da *Vênus*. Embaixo dela, uma inscrição: *"Fontis Nimpha Sacri sumnum ne rumpe quiesco"* ("Sou a Ninfa da Fonte Sagrada, não interrompa meu sono, descanso"). As ninfas das fontes utilizam as águas dos rios que presidem para curar, adoecer ou enlouquecer os que as consomem. Curiosamente a inscrição lembra os versos de Zacharie Astruc que Manet fez imprimir logo abaixo do título *Olympia* no catálogo do Salão de 1865: *"Quand, lasse de songer, Olympia s'éveille..."* ("Quando cansada de sonhar, Olympia acorda..."). Nada indica no quadro que Olympia estava dormindo... Não estou afirmando que Manet fez estudos iconográficos deste tipo para pintar *Olympia*.[4] Mas muito provavelmente conhecia *Vênus* de Giorgione. Quanto à *Ninfa da fonte*, *Olympia* também provocará efeitos opostos, admiração de poucos e repulsa de muitos; cura dos hábitos sonolentos da Academia, provoca raiva e agressão dos detratores. (Nota de pura curiosidade: os versos citados de *Hypnerotomachia* parecem ter também influenciado Michelangelo. Num epigrama sobre *Noite*, do mesmo artista, na Capela Médicis, n° 247 na classificação de Enzo N. Girardi e escrito em resposta a um outro de Giovanni C. Strozzi, ele diz: *"Caro m'è 'l sonno [...] non mi destar, deh, parla basso"*.)

A citação extrapola seu espaço costumeiro. Beth A. Brombert nos lembra duas coisas. Primeiro, que Manet envia ao Salão de 1865 dois quadros: *Olympia* e *Jesus insultado pelos soldados* (Art Institute of Chicago, 1865). Segundo, que, em 1830, James Northcote publica em inglês uma biografia de Ticiano, logo traduzida para o francês, na qual conta o seguinte: quando Ticiano chega à corte de Carlos V, oferece ao monarca duas telas, "um Cristo flagelado e coroado de espinhos [...] e uma Vênus de uma beleza tão rara que, se o primeiro provocava arrependimento em todos que o olhavam, o segundo acordava sentimentos jovens mesmo no coração dos espectadores idosos".[5] Brombert prossegue: "Theo-

---

[4] Sobre este tema ver Aby Warburg, *Miroirs de faille. À Rome avec Giordano et Édouard Manet, 1928-1929*, Dijon, Les Presses du Réel, 2011.

[5] James Northcote, *The Life of Titian*, vol. II, Londres, Henry Colburn e Richard

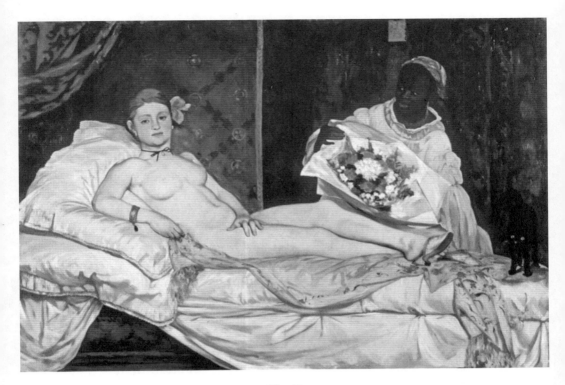

[fig. 3]
Édouard Manet, *Olympia*, 1863,
óleo sobre tela, 130 x 191 cm, Musée d'Orsay, Paris.

dore Reff [...] se pergunta se Manet não se identificou 'ao mestre da Renascença não somente pelos dois quadros mas no fato mesmo de submetê-los juntos a este augusto monarca de sua própria sociedade, o júri do Salão'".[6] Se a hipótese de Reff for verdadeira, como parece ser, Manet não hesita em utilizar caminhos pouco recomendáveis para bajular o júri: compará-lo com o augusto monarca, imperador como seu patrão, Napoleão III. Estes gestos feios — e sem efeito — deixam marcas.

Bentley, 1830, p. 223, *apud* Beth A. Brombert, *Manet. Un rebelle en redingote*, Paris, Hazan, 2011, pp. 190-1.

[6] Theodore Reff, "The Meaning of Manet's *Olympia*", *Gazette des Beaux-Arts*, nº 63, 1964, p. 116, *apud* B. A. Brombert, *Manet. Un rebelle en redingote*, *op. cit.*, pp. 190-1.

Vênus de Giorgione, segundo Terisio Pinatti, é "o primeiro nu integral (que) se apresenta numa paisagem também integral".[7] Em si, esta afirmação é falsa. Basta lembrar *O nascimento de Vênus* de Botticelli, por exemplo (Galleria degli Ufizzi, Florença, 1485).[8] Mas a tela de Giorgione é a primeira a figurar uma atividade sexual tão explícita: a ocupação da mão esquerda de Vênus não deixa dúvidas. Ticiano reproduz o mesmo gesto. Na Renascença, entretanto, esta atividade tem a cobertura da Igreja. Copular, segundo ela, só é admissível para reproduzir. Ora, a teoria de então diz que a fecundação exige que a mulher e seu par tenham orgasmo ao mesmo tempo. Como os homens da época têm fama de apressados, o conselheiro espiritual recomenda que as esposas virtuosas preparem-se ativamente antes do coito. Neste caso, *Vênus* e *Vênus de Urbino* são obras de intenção religiosa. Elas destinam-se às paredes do quarto nupcial como exemplo piedoso para as senhoras cristãs; *Vênus de Urbino* foi oferecido pelo marido à sua jovem esposa.[9] Em 1865, provavelmente ninguém mais lembra desta solicitude eclesiástica — e as mulheres aprenderam a copular sem gozo. Aliás, desde a Renascença, os dignitários da Igreja encarregaram-se de desmascarar o álibi. Io, Europa, Danae etc. entram nuazinhas em seus palácios teoricamente não destinados à reprodução da espécie humana. Os nus femininos tornam-se habituais. Na França, Boucher e Fragonard são especialistas no século XVIII. No próprio Salão de 1865 há nus sem conta. Por que então o escândalo de *Olympia*?

Michel Foucault, para responder a esta pergunta recorrente,[10] avança três causas: a nudez, a luz e nós que estamos no lugar em que ela, a luz, tem origem.[11] A luz, vinda da esquerda na tela de Ticiano, torna-se

---

[7] Terisio Pinatti, "Giorgione et Titien", in F. Valconovel e outros, *Titien*, Paris, Lina Levi, 1990, p. 69.

[8] A iconografia do quadro, por sua vez, remete a uma história ainda mais antiga. Ver Aby Warburg, "*La Naissance de Vénus* et le *Printemps* de Sandro Boticelli", *Essais florentins*, Paris, Hazan, 2015.

[9] Daniel Arasse, *Histoires de peintures*, Paris, Gallimard, 2004; e Daniel Arasse, *On n'y voit rien: descriptions*, Paris, Gallimard, 2000 [ed. bras.: *Nada se vê: seis ensaios sobre pintura*, tradução de Camila Boldrini e Daniel Lühmann, São Paulo, Editora 34, 2019].

[10] "O que havia de escandaloso neste quadro, que fez que não pôde ser suportado?", Michel Foucault, *La peinture de Manet*, Paris, Seuil, 2004, p. 39.

[11] *Idem, ibidem*, p. 40.

frontal na de Manet. Já salientamos seu efeito desespacializador, achatador: reduz o modelado. E ela muda de tom. O dourado de Ticiano, que adoça o *chiaroscuro*, provém do *glacis*, uma ou várias camadas de óleo colorido e transparente cujo efeito é semelhante ao do filtro fotográfico. Provoca a sensação de ar tinto de ocre-amarelado, que dilui e homogeneíza as marcas da feitura. É uma das armas para sua ambígua denegação. Não apaga completamente os índices do trabalho de formação, discretíssimos nas obras de Ticiano neste período. Mas acentua a isotopia do espaço ilusionista, sua coesão interna, portanto sua credibilidade, seu ar de "janela" que nos deixa de fora. Absorve a materialidade do artefato — a qual, de manifestação do fazer, transforma-se em qualificativo da coisa representada. (Michael Fried não explora em suas análises este recurso do "absorvimento", o de maior alcance crítico pois colabora com a fetichização. Talvez isto resulte de sua desconfiança a propósito da análise formal, cruzada com seu antimarxismo.)[12] Foucault conclui:

> "Somos nós que a tornamos visível; nosso olhar sobre Olympia é lampadóforo, é ele que traz a luz; nós somos responsáveis pela visibilidade e pela nudez de Olympia [...] todo espectador encontra-se necessariamente implicado nesta nudez e nós somos até certo ponto responsáveis; vocês podem ver como uma transformação estética pode [...] provocar o escândalo moral."[13]

É preciso analisar mais um pouco. O olhar lampadóforo está situado no centro da tela, bastante próximo dela. Sua luz potente, esbranquiçada e artificial focaliza impiedosamente a modelo no ateliê. Sua energia contrasta com uma fonte secundária de iluminação, perceptível no turbante da empregada e na cortina do fundo, e vinda da direita da tela. Em *Cristo morto com anjos* (Metropolitan Museum of Art, Nova York, 1864) este dispositivo é ainda mais evidente: a luz central, bem baixa, fortíssima no eixo, atenua-se nas bordas. Iluminando a cabeça do anjo de asas azuis, há outra fonte luminosa mais fraca, vinda também da di-

---

[12] Ver Michael Fried, *La place du spectateur. Esthétique et origine de la peinture moderne*, Paris, Gallimard, 1990.

[13] M. Foucault, *La peinture de Manet, op. cit.*, p. 40.

reita. Nenhum *glacis* atenua a evidência de pose no ateliê sob luz intensa vinda do "olhar lampadóforo" de Manet.

O efeito de encenação teatral é reforçado por um recurso inverso ao utilizado em *O tocador de pífano*. Como em *O 3 de maio de 1808* (Museu do Prado, Madri, 1814), de Goya, Manet opõe drasticamente as áreas iluminadas ao fundo sombrio. Globalmente, temos a impressão de um grande plano esbranquiçado sobreposto a outro, escuro. O contraste franco e dramático achata o espaço reduzido praticamente a dois planos próximos.[14] Mas, a seguir, notamos uma primeira diferença interna ao plano claro: a que opõe o corpo relativamente liso e acetinado, rosa ligeiramente acinzentado, ao resto realizado numa feitura bem mais aparente. A oposição técnica desdobra-se em outra, figurativa: entre o que representa carne e o que representa coisas inertes — tecido, papel, flores. A mão e o rosto da empregada, outra carne, pertence visualmente ao plano sombrio. A importância deste recurso opressivo pode ser verificada se compararmos a tela do Museu d'Orsay com a aquarela de Manet que a reproduz (coleção particular, *c.* 1863): ao evitar esta oposição, não provoca nem de longe o impacto do original — e o corpo e a carne perdem sua consistência e sua sensualidade.

Foucault tem razão — mas com uma ressalva. Certo, no plano do imaginário, a nudez é a de Olympia — e nos sentimos, enquanto *voyeurs*, parcialmente responsáveis por ela. Mas a rudeza quase cruel da luz e o achatamento da zona clara ameaçam despir também a carne da feitura. Somente ameaçam: mesmo se o *collant* dourado do *glacis* não corrige mais as "imperfeições" da pele (isto é, as marcas das pinceladas), o imaginário ainda guia nossa atenção. Mas, em ritmo crescente, percepção e imaginação tendem a trocar de lugar. Parte do escândalo vem daí. (Mais adiante, voltaremos à significação destas inversões de termos.)

Carne da pintura: metáfora vulgar mas certeira. Há que entrar no ateliê para constatar. A carnação, a de Ticiano como a de Manet, solicita um comportamento indiscreto do pincel. Ele esfrega, acaricia, insiste à procura da intumescência dos volumes arredondados, rodeia reentrâncias, percorre contornos, o desenho das sinuosidades... A figuração dirige o gesto segundo a natureza do figurado. Guia o movimento do fazer à semelhança dos movimentos que o representado provocaria: outra vez,

---

[14] "É plano, não é modelado; eu diria uma dama de espadas de um jogo de cartas saindo do banho." Gustave Courbet, in *Manet raconté par lui-même et par ses amis*, I, *op. cit.*, p. 122.

como nas cores de *O tocador de pífano*, um impulso mimético une o imaginário ao real. Este costume não é novo. Num poema de duplo sentido bastante cru, "Il pennello", Bronzino, pintor maravilhoso e bom poeta maneirista, descreve estas ousadias do pincel.[15] Em geral, os pintores não falam destas coisas em público. Manet fala no quadro. Fala sob o holofote do lampadóforo, sem nenhum véu de *glacis*. A sutil diferença de feitura entre carnação e tecidos, que a emolduram no quase plano claro, não permite dúvidas: o pincel que moldou a carnação não é o mesmo que pôs os lençóis. Hoje temos que aplicar a vista para perceber esta diferença mesmo diretamente no Museu d'Orsay: foi atenuada pela pátina do tempo e dos cuidados da conservação. Quase desaparece nas fotografias. Mas, exposto ainda fresco no meio de centenas de nus tecnicamente "corretos", *Olympia* soa como provocação imoral. Não aceitamos a aliança entre trabalho e prazer.

A erótica clássica é a do ver sem tocar. Uma das receitas para provocar a pulsão escópica na pintura consiste em aproximar o corpo nu, pô-lo quase ao alcance da mão, convidar o espectador a ir ver de perto e espiar como o pincel tratou a pele nua. Segundo Daniel Arasse, Ticiano posicionou Vênus em um espaço intermediário entre o nosso e o do quarto/salão do fundo — mas topologicamente desconectado dos dois. Estaria numa espécie de vitrine. Manet teria percebido a astúcia e acentuado a ruptura com o espaço do fundo (com o plano sombrio), avançando o corpo e seu plano até a vizinhança do plano da tela. Manet não convida a tocar Olympia — não é doido, nem nós: trata-se de um quadro. Mas, nesta proximidade acentuada, mostra que ele sim, tocou e tocou sabendo o que tocava. O ver sem tocar a moça que se toca passa a: ver o toque do *pennello* de Manet na moça que agora não se toca sob uma luz que denuncia o ateliê. A moça agora é modelo — e o que Manet mima na sua feitura não visa a reprodução da espécie.[16]

---

[15] Ver Deborah Parker, *Bronzino, Renaissance Painter as Poet*, Cambridge/Nova York, Cambrige University Press, 2000; e Maurice Brock, *Bronzino*, Paris, Éditions du Regard, 2002. Paul Valéry observa sobre a *Vênus* de Ticiano: "Sentimos bem que para Ticiano [...] pintar foi acariciar, juntar duas voluptuosidades num ato sublime, onde a possessão de si-mesmo e de seus meios, a possessão da Bela por todos os sentidos se fundem" (*Degas, danse, dessin*, Paris, Gallimard, 1965, p. 103 [ed. bras.: *Degas, dança, desenho*, tradução de Célia Euvaldo e Christina Murachco, São Paulo, Cosac Naify, 2003]).

[16] Ver Luiz Renato Martins, *Manet: uma mulher de negócios, um almoço no parque e um bar*, Rio de Janeiro, Zahar, 2007, pp. 64-5.

Citações

C.

Mas há mais. Durante a feitura de um quadro surge com frequência, voluntária ou involuntariamente, o que chamo quase-forma. É o caso do pássaro que Freud encontrou em *A Virgem e o menino com Santa Ana* de Leonardo (Museu do Louvre, Paris, inacabada).[17] Oskar Pfister, indicado por Freud como o descobridor deste pássaro escondido/revelado no manto da Virgem, chama-o de "quebra-cabeça inconsciente". Freud, por sua vez, fala de patografia. É o caso ainda da autocaricatura de Michelangelo na pele de São Bartolomeu na Capela Sistina.

Salvador Dalí explorou esta veia (ver, entre muitos outros exemplos, *Espanha*, Edward James Fondation, 1940). É o caso também dos enigmas gráficos dos almanaques infantis: "Onde Pedrinho se escondeu?", pergunta a legenda de um desenho em que vemos de início somente árvores. Mas, nestes casos, a figuração é muito explícita. Em geral, as quase-formas associam componentes formais heteróclitos. Elas reúnem sugestões latentes da forma sem considerar seu conteúdo manifesto. Recorrem a somente uma parte de alguma figura ou de várias figuras, sugerindo ou não outras figuras. Recortam no todo plástico formas sem relação imediata com as formas dadas a ver pelo espetáculo óbvio e explícito que acreditamos ser o único. Suas afinidades com as atividades do sonho são numerosas: deslocamento, condensação, figuração de objetos parciais. O espetáculo evidente (Olympia deitada recebendo flores) e as quase-formas sobrepõem-se como num palimpsesto. As quase-formas entretanto atuam de modo subliminar, raramente temos consciência delas. Nós as olhamos sem saber que as vemos. Os artistas, ao construir seu quadro, com frequência estudam a articulação das diversas forças plásticas independentemente de sua significação icônica óbvia, o que permite delinear paradoxais construções heterotópicas. Entram em conta neste nível fatores que não são exclusivamente formais: pulsões, fantasmas, provocações etc. Surgem então as quase-formas ou possibilidades de quase-formas que o artista preserva, desenvolve ou elimina. De qualquer maneira, pressente ou tem consciência de suas implicações significativas, geralmente bas-

---

[17] Ver Sigmund Freud, *Un recuerdo infantil de Leonardo de Vinci*, in *Obras completas*, vol. II, Madri, Editorial Biblioteca Nueva, 1968, p. 1065.

tante primárias e não sublimadas. São poderosos meios de manipulação da recepção das obras, precisamente por contornarem a censura.[18]
Vamos às quase-formas de *Olympia*.

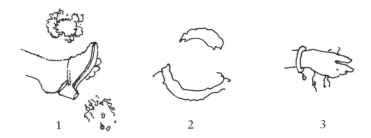

Não seria nem necessário comentar estas quase-formas. Se desfocarmos um pouco nosso olhar (fazemos isto no ateliê para examinar o jogo recíproco das grandes massas plásticas), o que mais se destaca sobre a zona clara são as flores, com ápice na grande flor branca (desenho 1). A partir delas uma espécie de cascata desce pelos pés de Olympia e deságua na franja amarelo-dourada do canto inferior direito. As associações sexuais são inevitáveis: a intumescência do buquê que emerge do invólucro branco (jornal?), a explosão das flores, a posição da empregada que parece derramá-las nos (aos) pés de Olympia, os pés dentro e fora dos chinelos, os bordados do quimono que retomam as cores das flores, mas agora como gotas na queda do tecido... O conjunto forma um feixe contínuo de metáforas visuais de momentos do ato sexual: ereção (as flores),

---

[18] T. J. Clark vê uma quase-forma — sem utilizar o termo, evidentemente — de nu feminino numa paisagem de Cézanne, *Montanha de Sainte-Victoire vista do Château Noir* (Edsel and Eleanor Ford House, Grosse Point Shores, EUA, *c.* 1904). Ver, do autor, *Modernismos*, tradução de Vera Pereira, São Paulo, Cosac Naify, 2007, p. 68. Confesso não vê-la. Apesar de algumas semelhanças, não penso que os trabalhos de Rosalind Krauss sobre o inconsciente plástico deem conta da quase-forma (*The Optical Unconscious*, Cambridge, The MIT Press, 1994). Também não encontro muita proximidade com o inconsciente óptico de Benjamin, tal como ele o descreve na fotografia (Walter Benjamin, "Pequena história da fotografia", in *Obras escolhidas I. Magia e técnica. Arte e política*, tradução de Sérgio Paulo Rouanet, São Paulo, Brasiliense, 1985, pp. 97-115). Sinto vizinhança maior com o texto de Jacques Rancière, *O inconsciente estético* (tradução de Mônica Costa Netto, São Paulo, Editora 34, 2009), mas sem recobrimento completo. Entretanto, a luta entre Logos e Pathos, entre a palavra e a palavra muda, tal como ele a apresenta, lembra a perturbação que as quase-formas introduzem na significação aparente. Mais adiante veremos outra ocorrência bastante distinta das quase-formas.

ato propriamente dito (o entrar e sair dos pés no chinelo; note-se que um só pé com chinelo é, na época, símbolo conhecido de perda da virgindade), derrame de esperma (as gotas da franja). É óbvio que o contexto erótico, próximo e abafado, favorece este tipo de associação.

A segunda zona que capta nosso olhar desfocado reúne o bracelete, a mão direita e outra vez a franja (desenho 3). O bracelete do qual pende uma pérola (gota) mais o punho que o atravessa já formam, por si sós, um conjunto alusivo à atividade sexual. Mas a estranha posição da mão, associada ao jorro das franjas, sugere neste caso masturbação. Ao comentarem o quadro no Salão de 1865, alguns críticos reclamam, contra toda evidência, a falta de um dedo. Mas não é o dedo que falta na representação e sim o que a mão segura. Não parece ser o quimono, dada a distância entre o dedo polegar e o indicador, maior que o necessário para reter um pouco de pano. T. J. Clark aponta esta estranheza sem ir mais longe.[19] Falta o *phallus*.

A terceira zona é a da cabeça da empregada. Sua pele escura a faz quase desaparecer, integrando-a ao fundo. Sobra no alto seu lenço, a única área clara destacada do plano que reúne tudo o que é luminoso. A gola de seu vestido parece contornar um buraco cuja tampa (o lenço) saltou para o ar. O rosto diluído no fundo, um cilindro que sai do buraco, tem ar, outra vez, de faltar em seu lugar, provocando uma sensação de ausentamento — de castração (desenho 2).

O leitor deve ter notado uma falha no rol das áreas que atraem plasticamente nosso olhar. A que mais nos solicita é o rosto de Olympia. Aliás, Victorine Meurent. Mas a destaquei das outras áreas porque sua imponente força de gravidade decorre de outro recurso plástico. As três zonas anteriores são montagens de fragmentos heterogêneos. Enigmas gráficos recortados na aparência explícita do que vemos, indiferentes às cesuras entre imagens de coisas distintas, eles driblam a censura. Não é o caso do rosto de Olympia. Seu impacto deve muito a uma oposição drástica: ele inverte, ponto por ponto, o da empregada. Cabelo escondido no fundo (a tal ponto que o ombro esquerdo, em parte encoberto por ele, parece defeituoso) *versus* lenço claro; rosto iluminado, traços bem

---

[19] T. J. Clark, *The Painting of Modern Life. Paris in the Art of Manet and his Followers*, Princeton, Princeton University Press, 1999, p. 138 [ed. bras.: *A pintura da vida moderna. Paris na arte de Manet e seus seguidores*, tradução de José Geraldo Couto, São Paulo, Companhia das Letras, 2004].

delineados, pupilas escuras *versus* rosto pouco visível, sombrio, branco dos olhos; cordão preto cerrado no pescoço *versus* gola branca frouxa. E mais, Olympia está nua, deitada em repouso, ostenta sua pele branca; a empregada, em pé, em ação, com um vestido que recobre sua negritude. Olympia nos olha, posa desafiadora, teatral; a empregada olha subserviente, humildemente inclinada, para Olympia. Estas oposições exaltam Olympia, quase majestosa numa aura pouco mística. Se o rosto da empregada parece faltar em seu lugar, o de Olympia ganha em evidência — a tal ponto que T. J. Clark vê dois no mesmo.[20] Se o rosto ausente da empregada sugere castração, o de Olympia, discretamente mais luminoso que o resto de seu corpo, altivo e ligeiramente irônico, remete ao *phallus* que falta na mão. (Larry Rivers, talvez como protesto contra o *apartheid*, prolonga as transformações de Manet e inverte a cor de pele de Olympia e da empregada, mantendo a oposição, em *I like Olympia in black face* [Centre Georges Pompidou, Paris, 1970].)

Em resumo: o que Manet censura na citação, isto é, o que Vênus está fazendo com a mão esquerda, volta deslocado nas quase-formas, de modo mais primitivo e vulgar — mas protegido pelo caminho subliminar. Por incompetência, não posso, como Freud, aventurar-me em interpretações psicanalíticas.

Manet não gosta de ser confundido com os realistas, com os adeptos de Jules Champfleury. Mas, se não é fotograficamente fiel, como reclamou Clemenceau apesar das inúmeras poses,[21] não trai seus modelos. Em 1863, quando Manet pinta *Olympia*, Victorine está com 19 anos e o artista, 31. Descomplexada, solta, provocadora, modelo, camarada e provável amante, dificilmente seria transformada no saco desarticulado, sujo e *faisandé* que a crítica contemporânea vê no quadro — e que Clark, talvez influenciado demais por sua admirável documentação, praticamente aceita. A despeito disso, Victorine/Olympia não me parece tão repulsiva assim. Pelo contrário. Podemos então supor que as sugestões cruamente sexuais das quase-formas têm papel determinante com relação às reações violentas e desproporcionadas que *Olympia* desencadeia no público inflamado pela crítica. A maior parte deste público, na época, parece acreditar que a arte trata somente de coisas elevadas — mesmo a dos

---

[20] *Idem, ibidem*, pp. 136-8.

[21] Mallarmé lembra "as fadigas da vigésima pose". Stéphane Mallarmé, *Écrits sur l'art*, Paris, Flammarion, 1998, p. 325.

Citações

realistas. Coito, ejaculação, masturbação etc. despertam pânico nos mecanismos de defesa. O tema da prostituição pode ser tratado, mas envolto em desinfetantes considerações sociais ou míticas. Ninguém fica escandalizado com Danae trancafiada por seu pai para proteger sua virtude e que mesmo assim se entrega a Zeus metamorfoseado em lucrativa chuva de ouro. Mas se a crítica ficou tão alvoroçada, e atiçou o público a revoltar-se, seguramente foi atingida de perto. Os pecados pueris do *voyeur* espectador são costumeiros e passam por despercebidos; não justificam o tumulto. Alguma coisa mais foi atingida e ofendida.

D.

Na citação, o denotado em primeira instância não é o autor ou o conteúdo do citado. Mas o objeto citado e sua transferência e transformação pela obra citadora (voltarei logo a isto). Ou seja, antes de mais nada, o que conta é o quadro *Vênus de Urbino* e as modificações feitas por Manet. Ticiano e a piedosa intenção do marido somente entram em consideração num segundo momento, subordinado ao primeiro. De imediato, o importante é a mutação do objeto aurático renascentista, do respeitado tesouro de nossa cultura.

A transformação inaugural é de contexto. *Olympia* não será exposto nos Uffizi; destina-se ao Salão — a feira anual que distribui prêmios e honrarias. Na época, é o único meio para obter reconhecimento ou confirmá-lo. Será submetido ao julgamento da instituição, da burocracia oficial do *métier* avalizada pelo Império. Mas burocracia e Império perderam seu prestígio, não merecem mais respeito, sobretudo dos artistas contestadores. Manet e os pintores não convencionais encontram-se numa situação desconfortável: têm que entrar no Salão, pois não há alternativa séria para obter reconhecimento e respeitabilidade (o comércio nas galerias ainda engatinha apesar do sistema marchand-crítico já estar despontando e substituindo o sistema acadêmico emperrado e não existem outros modos de expor com repercussão).[22] Mas não respeitam o julgamento do júri, seja qual for. Posição *a priori* humilhante, degradante, sobretudo para Manet, terrivelmente suscetível quando se trata de sua obra. Ainda jovem, chegou a provocar em duelo um amigo que ousara criticá-

---

[22] Ver Harrison White e Cynthia White, *La carrière des peintres au XIXe siècle*, Paris, Flammarion, 1991, capítulos III e IV.

-la. Exibir-se diante de um poder que não reconhece, bajulá-lo e comparará-lo com Carlos V sorrateiramente, na expectativa de agradar e receber alguma recompensa... Mesmo que aparente dignidade e orgulho, cede — desrespeita a si mesmo. No fundo, não é muito diferente das moças que se vendem. Tem que provocar o apetite de gente que despreza. Se receber títulos e flores, não valerão mais que um michê. E sua arte, mais que uma prostituta. Estamos longe da Veneza do século XVI — e do burguês distinto da aparência.

A *mise-en-scène* ironiza a situação. Olympia, a nova arte, posa ostensivamente de Vênus, um pouco engomada no papel. Desafiante, parece vaidosa de sua promoção: agora é profissional autônoma, sem mais patrões religiosos ou aristocráticos que lhe digam o que deve fazer. Olha--nos como que dizendo: "Sou dona do meu nariz". Alguém lhe oferece flores, mas embrulhadas em jornal. A empregada inclina-se obsequiosa para apresentá-las e Olympia finge não saber que pagará alto preço por elas. Um paravento barato e cortinas sem graça decoram a alcova, na falta de coisa melhor. A arte desce do pedestal. No ar, um perfume ambíguo exala dos porões das quase-formas. A arte ganha autonomia — mas não tem ainda o que fazer com ela. Daí a alegoria: significação aposta sobre um resto nostálgico. Cobertura para uma autonomia que soa desemprego, nenhuma serventia ou a de curinga no jogo do outro, marionete nas mãos de um gigante inescrutável. Nada, zero à esquerda, adorno inútil — a não ser como refúgio para o mais-valor sobrante.

Adorno descreve uma ruptura que emerge no tempo de Manet:

> "A falsa consciência é ao mesmo tempo verdadeira, a vida interior e a vida exterior são arrancadas uma da outra. É através da determinação de sua diferença e não através de conceitos alargados que sua relação encontra expressão apropriada [...] a opacidade da objetividade tornada estrangeira relega os sujeitos à estreiteza de si mesmos [...] o sujeito decompõe-se em maquinaria da produção social que penetra seu interior e aí prolonga-se em um resto não dissolvido; este último, enquanto constitui um parque natural impotente face à proliferação do componente 'racional', vê-se degradado e transformado em simples curiosidade."[23]

---

[23] Theodor W. Adorno, "À propos du rapport entre sociologie et psychologie", in

Tal ruptura atinge a arte e o público. Na arte manifesta-se como perplexidade diante da *idea* interiorizada: a "maquinaria da produção social" começa a absorver a "vida interior" e, com ela, as *ideas*. O público, composto sobretudo pela burguesia e a classe média, só tem de seu o "parque natural", "o resto não dissolvido": o que sobra do interior, fragmentos desconexos e pulsões primárias varridos por fluxos de rancor, culpa e desejo desgarrado. Dividido entre atração e repulsão, este público inverte seu mal-estar consigo mesmo em crime do objeto. Diante de *Olympia*, não há somente vergonha do *voyeur* visto olhando que se protege agredindo o visto. O insuportável é a irrupção caótica na tela e em si mesmo do "resto não dissolvido" — cujo emblema são as quase-formas.

E.

A visita ao Salão faz parte do ritual da reconstituição da força de trabalho da classe média. O "princípio de realidade" exige adaptação e treino para que o "sujeito", o cidadão honesto, aceite não ser nem mesmo "sujeito" e siga à risca as regras vindas de cima por sua "livre e espontânea" vontade. Elas possuem variantes mas o essencial é obedecer, delegar e, se possível, concordar. Entregar sua hipotética liberdade de cidadão (permitida para que a entregue) a um outro, patrão ou deputado. Faz parte desta renúncia a do gosto: tem que assumir como sua a norma da elite, o outro suposto saber. Isto é importante, pois descola o indivíduo de suas próprias sensações e experiências e as torna irrelevantes. Tanto mais aqui no Salão, onde entra em contato direto com os mais respeitáveis valores espirituais, os quais curiosamente são também respeitáveis valores econômicos. Ninguém diz que o que vê nas paredes provém do que ele não pode ter, o direito de trabalhar "livremente". Entre os respeitáveis valores que deve aprender a respeitar figura o de sua exclusão deste universo reservado a pouquíssimos, convenientemente rarificados pelo júri e pela crítica. A educação artística do povo visa fazê-lo concordar, sob os auspícios do belo e do sublime, com a despossessão de si mesmo. As musas merecem seu lugar ao lado da religião e do Espírito.

Société: integration, desintegration, Paris, Payot, 2011, pp. 315-78. Ver também T. W. Adorno, *La psychanalyse révisitée*, Paris, L'Olivier, 2007.

(O visitante, entretanto, não vai ao Salão para filosofar. O operário, acostumado a nada receber sem um custo que supera o recebido, pressente a armadilha e nem entra nele. Mas nosso visitante pequeno-burguês vai para contemplar, sem desconfiar da etimologia desta palavra. Vai para ser maravilhado pelo extraordinário, esperando que isto o ajude a subir no despenhadeiro social. Tenta convencer-se de que gosta do que deve ser gostado e não gosta do que gosta. Entra no Salão já meio curvado: não está acostumado com a pompa do lugar. Percorre várias salas procurando sentir alguma coisa, não sabe o quê... e leva um susto quando se depara com *Olympia*. Normalmente, habituado a engolir a dose cotidiana de inutilidades indiferentes só para não perder o hábito de engolir, nem teria dado muita atenção a ela. Uma tela sem ação, história, fogos de artifício e nenhum *trompe-l'oeil* chamativo etc. Mas ouviu dizer que tem que não gostar e mostrar desaprovação. De fato — pensa, ou pensa o que deve pensar — parece malfeita, mal-acabada. Por enquanto, tudo o que foi acostumado a admirar é feito com capricho, liso, sem marca de mão fabricadora a não ser para indicar exaltação do gênio. Ainda por cima, a mulher pelada parece a vizinha! O que ouviu dizer é verdade. Uma descarada! O pintor, um sacana! Isto é coisa de bordel. Porco, fora nojento, há crianças aqui... mas, por que esta comichão? Que putinha danada... gostosinha... tira o olho... mais uma olhadinha... porco sou eu... vamos embora! O que incomoda o visitante é sua incapacidade em ser como deveria ser e o rebuliço de seus fragmentos desconjuntados. Em geral, descarrega suas cacofonias, o desacordo entre o que deve ser e o que vê dentro de si, acanalhando-se no *café-concert*, no Folies Bergère, por exemplo. Mas, ali no Salão...)

Sob o manto de *Olympia*, a pintura revela sua outra verdade. Desde Ticiano, Giorgione, as ninfas etc., as artes plásticas vendem seu serviço. A prostituta é a arte. *Olympia*, sua metáfora. A antiga negociação de seu corpo, da carne mesma que a forma, aparece agora sem mais disfarces, sem os *glacis* das "dádivas" mútuas entre pintor e mecenas. O novo sistema emergente descrito pelos White, comandado pelos marchands e pelos críticos, retira os véus do falso pudor da nova arte liberal — como Manet os de Ticiano. A pintura mergulha de corpo inteiro, quase às cegas, no ainda incipiente e relativamente desconhecido mangue da mercadoria. Seu fundamento de insubordinação mancha-se dos respingos da prevaricação. As flores que porventura receba, brotando dos jornais, exalam perfumes inquietantes.

Citações

F.

> "A revolução é o momento em que a herança que condiciona a atividade prática é simultaneamente reativada com maior intensidade e modificada brutalmente para fazer face aos desafios da hora."
>
> Pierre Dardot e Christian Laval, *Marx, prenome: Karl*[24]

Nos termos de Gérard Genette, *Olympia* seria um hipertexto e *Vênus de Urbino*, seu hipotexto. Não sei como transpor estes termos para o campo da plástica. A transformação feita por Manet no hipotexto seria, ao mesmo tempo, uma paródia ("[...] [modificação] do texto sem modificação do estilo: [introdução] de um tema vulgar sem atentar contra a nobreza do estilo, que conserva [...] ou restitui"[25]) e uma reformulação burlesca ("modificação do estilo, sem modificação do tema"[26]). Genette observa que a mudança simultânea do texto e do estilo enfraquece tanto a carga paródica como a burlesca. Realmente nada — a não ser o gato eriçado no lugar do cachorrinho dorminhoco, alegoria da infidelidade substituindo a da fidelidade e provável alusão a Baudelaire — sugere humor. Talvez esta neutralização típica da paródia burlesca explique por que a referência a Ticiano foi tão pouco notada em seu tempo. Mas há transformações evidentes na passagem do hipotexto (*Vênus de Urbino*) ao hipertexto (*Olympia*). São as mais comentadas pela crítica, as mais óbvias.

F.1. A vulgarização (reformulação burlesca)

Tanto *Vênus* de Ticiano como *Olympia* têm conotações sexuais. Mas a primeira tela foi encomendada pelo marido para a esposa inexperiente, destinada à intimidade do casal. *Olympia* é uma obra destinada ao público, feita para o Salão anual, voluntariamente provocadora a des-

---

[24] Pierre Dardot e Christian Laval, *Marx, prenome: Karl*, Paris, Gallimard, 2012, p. 264.

[25] Gérard Genette, *Palimpsestes. La littérature au deuxième degré*, Paris, Seuil, 1982, p. 35.

[26] *Idem, ibidem.*

peito dos protestos de Manet. A relação da jovem esposa com Vênus é de identificação e mimese. O olhar pressuposto é feminino. Olympia não convida à imitação: é objeto de desejo. O olhar pressuposto é masculino, concupiscente. Por outro lado, o olhar de Vênus é sedutor, convidativo, cúmplice. O de Olympia, difícil de descrever, mistura altivez, desafio e sarcasmo. Vênus é uma deusa, eleva a esposa que a copia, seu erotismo é sagrado. Olympia é uma contemporânea qualquer (T. J. Clark afirma que seu corpo é de proletária — uma proletária com empregada!), provoca (não convida) pulsões proibidas, o que incomoda o espectador tentado.

F.2. Modernização

Já mencionamos parte desta transformação: Olympia é proletária (?). Manet elimina todos os artifícios idealizadores de Ticiano: a ortopedia classicizante que corrige o modelo, o modelado doce, a expressão suave, a pátina unificadora, a luz dourada etc. Tudo enfim que localiza a tela na Veneza do século XVI e seu clima ideológico, seu imaginário elitista. Olympia repousa num apartamento parisiense, provavelmente de classe média, bem menor e modesto que o salão/quarto de Vênus. Ganha chinelos, roupão japonês, buquê de flores embrulhado em jornal, um colar de fita etc. Em vez da sublimação de Ticiano, Manet recorre a uma fatura crua, a uma luz de ateliê que corta abruptamente a forma sem passagens intermediárias, pouca modulação etc.

F.3.

Duas transformações drásticas, portanto. A primeira, diegética. A segunda, de estilo. Entretanto, nelas interfere um elemento pouco comum: Victorine. A passagem entre hipotexto e hipertexto não é direta, pois há a mediação de Victorine — o que a crítica menos considera. Ela posa para Manet na posição da *Vênus de Urbino* — mas sem deixar de comportar-se como Victorine.[27] Manet detesta qualquer pose "artística".

---

[27] Caravaggio também procedia assim. Ver Mina Gregori (org.), *Come dipingeva il Caravaggio. Atti della giornata di studio*, Milão, Electa, 1996; em particular o artigo de Keith Christiansen, "Thoughts on the Lombard Training of Caravaggio", *op. cit.*, pp. 7-28.

Citações

Antonin Proust festeja uma disputa sobre isto ainda durante seu aprendizado com Thomas Couture. Mesmo em sua vida privada e em seu comportamento social, evita os sinais exteriores convencionais da profissão de artista.[28]

Comparando a *Vênus de Urbino* com *Olympia* podemos constatar o que esta última deve a Victorine: um corpo menos canônico, postura menos sofisticada, pés não retocados "à maneira grega" etc. Victorine interfere na transformação. Introduz uma espécie de segundo hipotexto diferente mas próximo do primeiro. Manet, além da *Vênus de Urbino*, tem diante de si um corpo de verdade sob a luz do ateliê. Muito do primeiro hipotexto é coado nesta travessia, sobretudo as convenções de cor, valor e textura. Mas o mais importante, a meu ver, é o seguinte: Manet reproduz em seu ateliê as condições de produção de Ticiano ao pintar sua Vênus (como fez ao pintar *O tocador de pífano* e *Faure no papel de Hamlet*): modelo mais ou menos na mesma posição, meios de trabalho semelhantes (as mesmas ou quase as mesmas tintas a óleo, pincéis, tela etc.) e técnica virtualmente idêntica. Não somente transforma um resultado: repete transformando o processo produtivo. Como a prática material, a maneira de pintar ainda seguem em princípio os mesmos passos que a de Ticiano, portanto com as mesmas possibilidades e a mesma sequência de elaboração, Manet pode, a cada etapa produtiva, manter, modificar ou suprimir o que Ticiano fez no mesmo momento. Por exemplo: antes de modelar suavemente a carnação, Ticiano passa por uma etapa em que o contraste entre luz e sombra é muito mais pronunciado; num segundo tempo, amansa a passagem entre uma e outra. Por um motivo qualquer, Manet pode decidir eliminar este segundo tempo: o esquematismo do contraste pode convir mais, a figura ganha um suplemento de evidência plástica, o procedimento é menos ocultado etc. Talvez por isto tenha mudado a posição da luz. A iluminação frontal é mais cortante sem ser dramática como a de Tintoretto, Caravaggio ou mesmo Couture. O exemplo é imaginário — e Manet já recorre ao contraste marcado e à luz frontal antes de *Olympia*. O que quero sugerir com o exemplo é que, ao reproduzir as condições de produção e não somente seu resultado, Manet am-

---

[28] Ver B. A. Brombert, *Manet. Un rebelle en redingote, op. cit.*, p. 140: "[...] ele não adota no seu modo de vestir a aparência negligente do artista *bohème*, mesmo diante de seu cavalete [...]. Seus contemporâneos comentam sua elegância discreta, seu aprumo, sua boa educação".

plia as possibilidades e o alcance das transformações, importando o ímpeto modificador para o interior do ato produtivo.

Vamos olhar mais de perto. Disse acima que Manet segue em princípio as mesmas etapas produtivas que Ticiano. Entretanto, cada um as gerencia a seu modo. Ticiano percorre pelo menos três tempos: esboço em branco e espera da secagem; coloração, modulação e outro intervalo para secagem; *glacis* e alguns empastamentos. Manet trabalha de modo contínuo, não esboça em branco e, em geral, suprime os *glacis*. Algumas vezes, não espera a secagem, em outras, muda de tela. Estes dois modos de trabalhar conduzem a resultados diferentes. Paradoxalmente, as interrupções do processo produtivo por Ticiano não impedem que as etapas desapareçam sob a unificação final da imagem produzida pelos *glacis*. Ao contrário, a continuidade produtiva de Manet não permite o mesmo efeito de unificação: as marcas do trabalho não podem ser abolidas com a mesma facilidade. Se tentasse aboli-las (o que não é o caso), as camadas inferiores ainda frescas, misturadas com as superiores, levariam a uma espécie de lama parda indesejada (há sinais disto em alguns detalhes mais elaborados). Ora, tanto a *Vênus de Urbino* como *Olympia* pressupõem poses estáticas do modelo. Mas, como o modo de produzir de Manet deixa marcas, ele não obtém o mesmo efeito unificador de Ticiano. Começa então a aparecer no resultado uma bifurcação (de muito futuro) ainda limitada entre a postura estática da figura e o movimento da feitura gravado na fatura.

Victorine posa como posam os modelos de fotografia da época: uma pose confortável para poder ser mantida longamente, o que reforça a sensação de imobilidade. A dinâmica migra: sai da representação e invade a feitura. A ação passa ao pincel. Manet abandona o compromisso de Delacroix, Daumier ou Millet, cuja fatura movimentada acompanha representações agitadas. Cria assim um universo estranho, imobilizado mas percorrido por uma inquietude do fazer que destoa com ele. Meier-Graefe, no livro citado acima, faz observações cruciais sobre o deslocamento da dinâmica da figuração para a fatura/feitura. No plano da imagem domina a atonia, enquanto no do índice o gesto torna-se agitado. Há antagonismo entre enunciado e enunciação. A tônica e o dinamismo trocam de lugar.

A transformação essencial, a meu ver, é esta: a inovação de Manet não é um novo modo de representar que seria mais adaptado a seu tempo, nem a substituição temática. Estas alterações foram feitas por artistas que o precederam de pouco. Sob as transformações diegéticas e de estilo,

Citações

uma outra, de modo ainda discreto, abre caminho: um sutil deslocamento de enfoque. Sem que abandone o cuidado com a imagem, dá destaque à produção, à feitura — ao trabalho vivo. O objetivo da pintura, pelo menos, diverge. Não é mais o de Ticiano da *Vênus de Urbino*: somente o espetáculo de uma aparição. Ela divide agora seu espaço com um outro, heterotópico, não narrativo — o da *trace*, da marca que resiste à sua subserviência ao imaginário. O gesto técnico recusa, em boa parte, sua ressemantização. A feitura começa a ter vida própria, independente da imagem ou da metáfora. Esta lição, semente do modernismo, marcará impressionistas e neoimpressionistas.

F.4.

Vamos ampliar as últimas observações.

A produção plástica do classicismo é teleológica. Parte de uma *idea* que o pintor deve figurar com relativa autonomia. Esta é uma característica específica do classicismo. Didi-Huberman nota que Vasari "reivindica na prática pictural uma ordem da ideia", contrariamente a Plínio, o Velho, e a tradição medieval, que adotam uma ordem da matéria — um corolário da oposição que instaura entre arte e *ars*, entre a prática artística e o antigo artesanato das corporações.[29] Neste caso, o percurso produtivo pode ser esquematizado assim: *idea* > produção > *idea'*. Em geral, a *idea* é ditada pelo cliente, algum membro da elite. Mesmo quando não há cliente, o artista acomoda-se ao ideário dominante, precaução quase obrigatória. Este esquema prevalece até a primeira metade do século XIX. Hegel observa em 1820:

> "A arte da época moderna [...], tratando de temas religiosos ou históricos, e dispondo de representações e de pensamentos já existentes, exprime, segundo sua própria ideia, o conteúdo, que já está expresso integralmente a seu modo."[30]

---

[29] Ver Georges Didi-Huberman, *Devant le temps*, Paris, Minuit, 2000, pp. 62-3.

[30] Georg W. F. Hegel, *Leçons sur l'histoire de la philosophie*, tomo I, Paris, Gallimard, 1954, p. 65.

Entre a *idea* já expressa integralmente e a *idea'*, isto é, tal como ressurge na figuração do artista, a passagem pela produção deixa poucas marcas — ou deixa marcas que pouco interferem na *idea*. A diferença entre *idea* e *idea'* pode ser comparada com a que existe entre o capital e o mais-valor: um acréscimo de mesma natureza, nos melhores casos. No próximo ciclo produtivo, a *idea'* pode ser incorporada à *idea* inicial como *Vênus de Urbino* une-se a Victorine no lançamento de *Olympia*.

Este percurso, entretanto, entra em crise no decorrer do século XIX. Veremos depois por quê. Num primeiro momento, os artistas tentam remediá-la mudando o teor das *ideas*. Em vez de batalhas e outras festas elitistas, voltam-se para o "povo", como fazem Courbet, Daumier e Millet, ou para a natureza, avizinhada pela nova rede ferroviária, como fazem os paisagistas de Fontainableau, Corot e Boudin. A manobra é de pouco alcance, apesar de provocar muito barulho. A relação teleológica permanece, mesmo se a escolha da *idea* é agora do artista. O pressuposto de base continua operante: o material e a feitura subordinam-se à expressão de algo exterior e anterior. Mas há um ganho: como a temática substitutiva é prosaica, menos sublimada que a da elite, material e feitura podem começar a se liberar dos tiques de sua autodenegação, com o que emergem novas possibilidades plásticas. Courbet empasta com a espátula, Daumier solta o traço carregado, Millet desentrava a textura encorpada, Corot suprime valores intermediários etc. O *métier*, com eles, afasta o adocicado, o meloso, o sem marcas. Começa o lento processo de desmistificação, de desdenegação do material e da feitura.

Manet então dá o grande passo. Se a mudança de posição da *idea* provocou renovação e franqueza no uso dos materiais, por que não inverter a correlação? *"Partir para o desconhecido" para que, da aventura da feitura com materiais desimpedidos, emerja a* idea, *uma* idea *não pre-estabelecida*. Partir, sem dúvida (ainda) de um esboço de *idea* — mas permitir que o trabalho de formação a desloque segundo seu andamento. Um pouco como fazem os paisagistas, menos comprometidos com a fidelidade ao ponto de partida. O esquema clássico sofre uma primeira alteração: torna-se (*idea*) > produção > *idea 2*. Em parte os artistas sempre agiram assim para "enriquecer" a *idea* prescrita. Trata-se agora de radicalizar e confiar ainda mais na capacidade inventiva, inovadora, desbravadora do trabalho efetivo, liberado de sua dependência da determinação exterior.

Cruzamos aqui com mais uma função da citação: servir, numa espécie de bricolagem (no sentido usado por Lévi-Strauss) na qual o citado ocupa inicialmente o lugar daquilo que ainda não foi achado, o x dos matemáticos. Forço um pouco nesse paralelo, mas não muito. Evidentemente há alguma empatia que favorece a escolha do citado. Manet pressente em Ticiano (ou em Andrea del Sarto, Rafael, Velázquez etc.) a semente do que precisa ou quer. Mas reparem: o x já não tem mais o *status* da *Vênus de Urbino* nos Uffizi, o tesouro do capital simbólico de nossas artes plásticas. Encarnada por Victorine, subordina-se a uma outra lógica, entra num outro momento da atividade plástica como material a ser transformado em profundidade, ressituado num novo universo enquanto presença da memória histórica do *métier*.

No esquema produtivo clássico, o pintor prepara seu material em regime de *feedback*, de retroversão. O que deverá ser retorna ao ponto de partida, comanda previamente a escolha dos meios. Manet não o predetermina. A crítica em geral tem dificuldade em admitir isto. Diz que, ao transformar *Vênus de Urbino* em Victorine, Manet já projeta chegar em Olympia — a possível prostituta; afinal, qualquer produção procede assim. Ora, é por isto mesmo que Manet inverte o vetor, restaurando a negatividade fundamental das artes plásticas entre nós. Não tem meta precisa — o que o leva a desmontar um dos melhores exemplos de engenharia teleológica, a *Vênus de Urbino*. Mas veremos isto melhor mais tarde, com a análise de *Um bar no Folies Bergère*.

G.

Antoine Compagnon elaborou uma teoria sobre as estruturas elementares da citação, a partir de Frege.[31] Para ele, a citação não visa imediatamente o sentido do citado. Denota prioritariamente o texto citado em si — no nosso caso, o quadro *Vênus de Urbino* que está nos Uffizi de Florença, a fonte material da citação, como indicamos acima. O sentido inicial desta denotação é salientar a transferência daquilo que é citado ao novo contexto. A citação "substitui ao sentido de uma palavra, o sentido da repetição desta palavra".[32] Mas Compagnon torna a formulação mais precisa:

---

[31] Antoine Compagnon, *La seconde main ou le travail de la citation*, Paris, Seuil, 1979; Gottlob Frege, *Écrits logiques et philosophiques*, Paris, Seuil, 1971.

[32] A. Compagnon, *La seconde main ou le travail de la citation*, op. cit., p. 86.

"Se a consequência lógica da citação de uma palavra é de manter à distância o sentido desta palavra e substituí-lo pelo sentido da repetição [...] o sentido da palavra citada não é radicalmente eliminado. Ele sobrevive à citação: ele continua lá, adormecido ou em reserva [...] o sentido da palavra é duplamente afastado da citação, mas a corrente que os liga não foi cortada."[33]

A citação não é a simples reapresentação do sentido do citado. Sem que seja anulado o sentido da *Vênus de Urbino* — o que ao quadro foi conferido por Arasse — a ênfase desloca-se: a) para a obra, a tela de Ticiano e b) para a transposição, o ato e seu efeito. Nos termos da análise literária, para a intertextualidade. Nos de Hegel, para a lembrança interiorizada e a distância diferencial. Hoje, poucos conhecem o sentido original da *Vênus de Urbino* — e desconfio que mesmo Manet o desconhecia. Pouco importa. Por enquanto, importa a tela como a vemos: a moça deitada, nua, acariciando seu sexo, num cenário luxuoso etc. Em seguida, há que examinar a transposição — a distância entre a *Vênus de Urbino* e *Olympia*, como já fizemos. A citação é comentário, diz ainda Compagnon, que se refere a Foucault: "Ele [o comentário] interroga o discurso sobre o que ele diz e quis dizer [...] trata-se, enunciando o que foi dito, de redizer o que jamais foi pronunciado".[34]

Enunciando (de novo) "o que foi dito", mas sem os recursos da retórica denegadora de Ticiano e de seu cliente (a cobertura pseudorreligiosa) e com a mediação de Victorine, Manet rediz o que jamais foi pronunciado, a crua solicitação sexual da tela de Ticiano. O escândalo que *Olympia* provocou não deveria atingir Manet (somente) e sim (também) Ticiano — se há efetivamente escândalo. Manet simplesmente revelou o que Ticiano velou parcialmente. E revelou retirando o véu encobridor específico da pintura: as astúcias denegadoras do *métier*. Examinemos lado a lado as duas obras. Ticiano é bem mais pornográfico que Manet. Este teve o cuidado de transferir o que é explicitamente sexual para o universo subterrâneo das quase-formas que passam despercebidas pela consciência. Ou seja, não pronuncia o que, assim mesmo, diz. E inverte, no interior da citação, o protocolo da citação. Vale concluir com uma citação,

---

[33] *Idem, ibidem*, p. 87.

[34] *Idem, ibidem*, p. 136.

Citações

onde é dito o que não deve ou não deveria ser dito (sobre *O almoço na relva*, mas aplicável também a *Olympia*): "O que não devia ser dito, e menos ainda mostrado, mesmo sob a cobertura de uma citação [...] é que a beleza [...] é sempre, de algum modo, necessariamente indecente".[35]

H. Parataxe

H.1.

As citações em Manet constituem palimpsestos. *Pablo de Valladolid* está por trás de Faure que representa Hamlet; o músico de *O tocador de pífano* é Léon Leenhoff, filho ou irmão de Manet, irmão e depois filho de Suzane; sob *Olympia* há Victorine, a *Vênus* de Ticiano, a de Giorgione e, talvez, ninfas etc. Os desdobramentos acumulam-se: ator aqui, personagem lá, variações da mesma deusa etc. Estes deslocamentos, repetições, semelhanças ou contrastes condensados no mesmo perfil desestabilizam as identificações e provocam o que alguns consideram a "inexpressividade" de Manet. Algo entre a decepção pática e a ataraxia emotiva. A aparência não sugere ser o vero ícone de nada definido. A citação, de hábito uma garantia, um seguro de nível avalizado por alguma autoridade (a *auctoritas* dos discursos teológicos), em Manet desassegura. Paradoxalmente, o acúmulo de oportunidades de identificação impede a captação imaginária. A representação em Ticiano converge para um mesmo núcleo significativo, pelo menos à primeira vista. Como observa Panofsky, há coerência anagógica.[36] Em Manet, os sentidos sucessivos não se encaixam, eles dispersam sua diversidade num mesmo plano. A esfoliação do palimpsesto de *Olympia* descobre figuras antagônicas: deusa pagã, alegoria cristã, "proletária" laica, modelo que não é nada disto. Sua atitude nos escapa, esquiva qualquer identificação estável. As citações empilhadas misturam heterotopias, chocam sistemas semióticos, sobrepõem níveis de realidade. Não há mais como ser inteiriço. Somente a pin-

---

[35] Hubert Damisch, *Le jugement de Pâris*, Paris, Flammarion, 1992, p. 64. Obra indispensável para a análise de *Le déjeuner sur l'herbe*, que não faremos aqui.

[36] Erwin Panofsky, *Le Titien. Questions d'iconologie*, Paris, Hazan, 1989.

celada, a unidade mínima gráfica e gestual, junta ainda o desconexo — mas junta por esfarelamento generalizado.

H.2.

> "Dire cela, sans savoir quoi."
>
> Samuel Beckett, *L'innomable*

> "A composição [...] isola os personagens sem reuni-los com a coerência de uma narração."
>
> Francesca Castellani, *Manet et les origines de l'Impressionnisme*[37]

As citações de Manet, sobrepostas como palimpsestos, são também — ou por isto mesmo — paratáxicas: elas se acumulam sem explicitação dos laços que poderiam uni-las. As várias referências cruzadas, dispersas no tempo, heterogêneas e heteróclitas, desafiam as tentativas de síntese — do mesmo modo, aliás, que sua fatura. Há quiasmo: simultaneamente aumenta a densidade enroscada das citações e desaparecem as articulações entre elas — ou distendem-se demais. Daí decorre a estranha mistura entre abundância e refluxo do sentido. *Olympia* remete a várias fontes, como vimos, mas sua constelação não forma um todo convincente. Apresentando a sequência que desemboca em Victorine, deixei de lado outras possíveis referências. Aponto uma delas, fornecida pelo próprio Manet. No *Retrato de Émile Zola* (Museu d'Orsay, Paris, 1868), no canto superior direito, uma "citação" de *Olympia* avizinha-se de duas outras: de uma gravura de Goya, ela mesma por sua vez uma citação de *O triunfo de Baco*, de Velázquez (Museu do Prado, Madri, 1626) e de uma estampa japonesa de Kuniaki II, representando um lutador de sumô. Ora, por si só, *O triunfo de Baco* é um enigma iconográfico.[38] A explicação mais

---

[37] Francesca Castellani, *Manet et les origines de l'Impressionnisme*, Paris, Figaro, 2008, p. 45.

[38] Não posso discuti-lo aqui. Para os que quiserem verificar, remeto a José Lopes--Rey, *Velasquez. Catalogue raisonné*, 2 vols., Colônia, Taschen/Wildenstein Institute, 1996; António D. Ortiz, Julián Gallego e Alfonso E. P. Sánchez, *Velasquez*, Paris, Hersher, 1991; Yves Bottineau e Pietro M. Bardi, *Tout l'oeuvre peint de Velasquez*, Paris, Flammarion, 1969.

Citações

frequente é insatisfatória. Zola e Manet apreciavam a arte espanhola e a japonesa como muitos então — e Zola defendeu *Olympia* numa brochura reproduzida por Manet no retrato do escritor, perto das "citações" mencionadas acima.[39] Explicação exterior, casual, que evita considerar as razões de sua copresença na economia da obra e sua dinâmica paratáxica. Ou seja: o que há que procurar não são costuras mais ou menos arbitrárias e exteriores para injetar unidade na dispersão do material pletórico — mas o que leva Manet a esta dispersão que fundamenta sua prática.

Um outro costume de Manet aponta na mesma direção, tratado pela crítica também de modo anedótico. Costume, aliás, compartilhado por Courbet: o de cortar telas prontas ou de reunir numa tela fragmentos de outras. Segundo alguns críticos, isto indicaria hipotética falta de talento para compor. Esta hipótese tem um pressuposto: compor é uma necessidade permanente, trans-histórica. Ela esquece que compor, a partir do Cubismo Analítico (no sentido que dou a este termo mais adiante), pode ser redundância suspeita. E que, antes do gótico, esta noção, tal como a entendemos hoje, é anacrônica. Compor, no seu sentido comum e genérico, é uma astúcia das artes separadas das outras práticas sociais: trata-se de sugerir um universo fechado que justificaria sua separação e os privilégios que daí decorrem. Compor, no sentido tradicional de formar um todo, não é nada inocente. Trata-se de um dos pilares (ou pedestais ou molduras) para separar as artes dos outros produtos sociais. O argumento que sustenta a hipótese de falta de talento para compor é o seguinte: se o fragmento recortado vale como obra autossuficiente, temos que concluir que a obra da qual provém o fragmento era mal composta (isto é, mal isolada). Numa boa composição nada pode ser válido por si somente. Cada "componente" depende interiormente do todo que o integra. A ideologia do todo orgânico serve aqui à proteção do particular, a um campo que busca bem delimitar seu território para poder expulsar os "bárbaros", o corpo estranho, o outro. Décio Pignatari lembra com acerto:

> "[...] a luta entre a hipotaxe hegemônica e dominante contra a parataxe colonizada e dependente, a primeira a comando de um Hierarkos, o chefe sagrado, a segunda sob o descoman-

---

[39] Ver Hélène Adhémar e Anthony M. Clark (orgs.), *Centenaire de l'Impressionnisme*, Paris, Éditions des Musées Nationaux, 1974, p. 115.

do de Anarkos, o sem chefe, por baixo, permanentemente subversivo, pois que é impossível eliminá-lo."[40]

Curiosamente, o mito do todo orgânico se fortalece em situações sociais de pouca organicidade, nas quais predomina a hipotaxe, princípio de subordinação e de dependência. Ele serve, então, de cobertura para seu contrário, o estado centralizado, por exemplo, separado da sociedade da qual não é mais expressão. Como o Segundo Império de Napoleão III, a quem a burguesia foi forçada a delegar seu poder e que encarna um simulacro de interesse geral, segundo Marx. A Comuna, por isto mesmo, "[...] constitui sua 'negação cortante': 'Foi uma revolução contra o Estado mesmo, [...] a retomada pelo povo e para o povo de sua própria vida social'. Em outros termos, a forma da Comuna era emancipadora porque [...] ela não constituiu um Estado [...]".[41] Kristin Ross compara a seguir as *Iluminações* de Rimbaud à organização militar da Comuna:

> "[...] os poemas são organizados de maneira paratáxica, à imagem da organização militar adotada pelos *communards* — esta 'fantasia guerreira' — para retomar a expressão de Louis Barron — que redobra por vezes a desordem [...]. Parataxe vem da palavra grega significando 'pôr em ordem em vista do combate' — dispor as colunas, colocar lado a lado. As proposições (no caso do poema de Rimbaud) são 'associadas' umas às outras, mas sua associação não é hierárquica."[42]

A figura da parataxe recobre assim uma constelação de manifestações associadas — na produção de Rimbaud e Manet, na "fantasia guerreira" e no antiestado da Comuna, na abolição passageira das hierarquias em 1870-71 etc. Mesmo após a repressão desproporcional da Comuna e, talvez, como resposta a ela,[43] a pulsão revolucionária manteve-se, de

---

[40] Décio Pignatari, *Semiótica & literatura*, São Paulo, Ateliê, 2004, p. 188.

[41] Kristin Ross, *Rimbaud, la Commune de Paris et l'invention de l'histoire spatiale*, Amsterdã, Les Prairies Ordinaires, 2013, pp. 42 e 187. A frase entre aspas no início da citação é de Karl Marx, *La Guerre Civile en France, 1871*, Paris, Éditions Sociales, 1953, p. 257.

[42] *Idem, ibidem*, p. 187.

[43] "[...] houve mais mortos no curso da última semana de maio de 1871 que du-

modo cauteloso ou aberto — e com ela a "concepção negativa da liberdade: não há liberdade senão contra um obstáculo ou um entrave".[44] "Concepção negativa da liberdade", o fundamento libertário das artes plásticas responsáveis, da qual a parataxe é uma das figuras essenciais.

H.3.

Abandonar o mito do todo orgânico, entretanto, não é fácil. O próprio Manet parece hesitar e, contraditoriamente, quando recorta telas prontas. Os três fragmentos que nos restam dos *Ciganos* de 1861-62, recortados em 1865-67 (*O bebedor de água*, Art Institute of Chicago; *O boêmio*, Museu do Louvre Abu Dhabi; e a *Natureza-morta com sacola e alho*, Museu do Louvre Abu Dhabi) provêm de uma tela conhecida através de uma água-forte de Manet (Wildenstein & Co., Nova York). Esta obra rompia com uma das regras de composição clássica, a do equilíbrio lateral das massas em torno de um eixo central. Por sua vez, *O homem morto* (também conhecida como *O toureiro morto*, National Gallery of Art, Washington D.C.) e *A tourada* (Frick Collection, Nova York) são fragmentos de outra tela na qual um *raccourci* drástico da perspectiva digno de Parmigianino (ver, por exemplo, *Madonna com menino e anjos*, também conhecida como *Madonna do pescoço longo*, Galleria degli Uffizi, Florença, 1534-40) desobedecia outra regra clássica, a da continuidade espacial. Nela, Manet colava abruptamente dois planos afastados e alternava dois pontos de vista.[45] Em outras ocasiões, entretanto, estas anomalias e outras do mesmo gênero não o assustam (ver, por exemplo, *Senhorita Victorine Meurent em traje de toureiro*, Metropolitan Museum of Art, Nova York, 1867). Duramente criticadas na época, elas são sintomas de uma inquietude ainda indeterminada, de rejeição sem alvo bem

---

rante qualquer combate da guerra franco-prussiana, ou que em qualquer outro 'massacre' da história francesa anterior." K. Ross, *Rimbaud, la Commune de Paris et l'invention de l'histoire spatiale, op. cit.*, p. 16.

[44] *Idem, ibidem*, p. 150.

[45] A comparação com Parmigianino não é abusiva. Os maneiristas também recorriam com frequência à citação e às acumulações paratáxicas. Patrick Mauriès, em seu estimulante livro *Maniéristes* (Paris, Lagune, 1995), parece glosar a frase de Beckett, citada acima, ao comentar um dos traços marcantes do maneirismo: "[...] o sentido está lá, que me olha, mas do qual eu não poderia, no fundo, dizer nada" (p. 45).

preciso. Por enquanto, o esgarçar paratáxico da norma desestabiliza o estereótipo, desfaz as relações habituais ou as multiplica para além de qualquer controle, rompe o encadeamento habitual do sentido, impede conclusões unívocas, o momento afirmativo, apodíctico etc.

Adorno vincula a parataxe à negação determinada:

> "As correspondências hölderlinianas, os bruscos relacionamentos de lugares e personagens modernos e antigos têm ligações profundas com o procedimento da parataxe. Beissner choca-se com o gosto de Hölderlin pela mistura de épocas, pela ligação de coisas distantes sem contato entre si [...] é o caminho da negação determinada do sentido que conduz então [isto é, no caso da parataxe] ao conteúdo de verdade."[46]

Parataxe e negação determinada são complementares — ou duas faces do mesmo impulso. Elas se entrelaçam corroendo a univocidade do sentido no exato momento em que o artista deve assumir a responsabilidade pela *idea*. Mesmo se a negação, por ser determinada por seu outro, escapa ao mau infinito, nem por isto evita a dispersão relativa dos caminhos que toma. De modo algum converge na direção de um todo orgânico pressuposto pelo sentido tradicional de *idea*. O "todo orgânico" é um dos primeiros alvos da aversão de Manet. Rejeição tensa e problemática pois "o princípio organizador, unificador de toda obra de arte é com efeito emprestado à racionalidade da qual ela deseja frear a ambição totalitária".[47] Empréstimo e rejeição, momentos da negação determinada que os interioriza para negá-los. Para pôr em crise "o todo orgânico". Para provocar a "subversão da compreensão", como diz Gilles Moutot.[48] Um dos instrumentos desta rejeição focalizada é a parataxe: evocar convergência diferindo sua emergência. A *idea* interiorizada inaugura sua nova situação tornando-se turva, escapadiça ou terra a terra, banal. Ou

---

[46] Theodor W. Adorno, "Parataxis", *Notes sur la littérature*, Paris, Flammarion, 1984, pp. 338 e 311. Ver também: Marc Jimenez, *Adorno et la modernité*, Paris, Klincksieck, 1986, capítulo V; Gilles Moutot, *Essai sur Adorno*, Paris, Payot, 2010, pp. 370-413.

[47] T. W. Adorno, "Engagement", *Notes sur la littérature*, *op. cit.*, p. 302.

[48] Gilles Moutot, *Adorno, langage et réification*, Paris, PUF, 2004.

Citações

ainda dilui-se em fumaça de misteriosos simbolismos. Os artistas a incorporam pois, finalmente, tornam-se mestres em seu domínio — mas a submetem a uma espécie de purgatório para lavá-la de sua antiga arrogância.

H.4.

Façamos um resumo provisório.

Incorporar a *idea* à produção do pintor, ampliar a área de sua autonomia produtiva: este é o propósito genérico dos artistas contemporâneos de Manet — o mais coerente neste empenho. Como veremos adiante, este propósito não surge do nada.

Esta mutação em andamento passa por algumas etapas. Vamos esquematizá-las, o que nos obrigará a algumas repetições.

1. Num primeiro momento, Courbet, Daumier, Millet e alguns outros não aceitam mais a heteronomia da *idea*. Eles mesmos as propõem. Se as *ideas* propostas à inervação plástica anteriormente promoviam sobretudo os interesses das classes dominantes, as destes artistas põem-se do lado dos dominados. São pintores engajados, como dizíamos.[49] Quase nada é alterado quanto à posição da *idea* no processo de produção das artes plásticas. Mesmo se o artista a escolhe, ela comanda de fora este processo. Ela precede, determina a produção e, no resultado, reaparece como conteúdo representado, mesmo se ganha nuances durante sua elaboração. Cabe, entretanto, uma observação. O engajamento destes pintores sucede o de uma corrente que começa por Jacques-Louis David (*O juramento dos Horácios*, Museu do Louvre, Paris, 1785), passa por Goya (*O 3 de maio de 1808*, Museu do Prado, Madri, 1814), volta para a França com Théodore Géricaux (*A balsa da Medusa*, Museu do Louvre, Paris, 1818-19) e prossegue com Delacroix (*A liberdade guiando o povo*, Museu do Louvre, 1831), faz uma pausa com Courbet (*O ateliê do pintor. Alegoria real que define uma fase de sete anos de minha vida artística e moral*, Museu d'Orsay, Paris, 1855). Nesta corrente, os artistas afirmam solidariedade com os grandes impulsos revolucionários ou de veemente contestação. Mas, a partir de 1830 e, sobretudo, de 1848, quando

---

[49] Ver T. J. Clark, *Une image du peuple. Gustave Courbet et la Révolution de 1848*, Dijon, Les Presses du Réel, 2007.

burguesia e operariado separam-se e desfazem o amálgama do Terceiro Estado, este tipo de engajamento, que dá seguimento à grande pintura histórica, desaparece. Em 1848, Delacroix, o homem da Liberdade guiando o povo, se escandaliza com os acontecimentos. A obra de Millet, ou a de Daumier, não tem a pretensão à grandiosidade heroica: comenta com simpatia os sofrimentos do trabalhador. Quanto a Courbet, o melhor é consultar o livro de T. J. Clark, *Une image du peuple*, já citado. As formas do espetáculo dramático elitista são incompatíveis com o dia a dia da morte lenta dos incorporados pelo capital.

2. Num segundo momento, Corot, os artistas de Fontainebleau, Boudin etc. deslocam a *idea* de outro modo. Na linha de Constable e Turner, voltam-se para a paisagem onde quase naturalmente as *ideas* perdem precisão e se inclinam para a vizinhança das sensações e impressões. A imprecisão das *ideas* permite maior abertura para os achados da feitura. Esta escolha pode ser considerada como uma primeira reação contra o crescimento tendencial da taxa de rigor da prescrição exaustiva em quase toda a produção social. Entretanto esta reação é limitada, somente quantitativa. Como já disse, a pintura até então procede desta maneira, com alguma contribuição da feitura para a determinação da *idea* — um absurdo para a direção da produção contemporânea às voltas com a implantação da subordinação real do trabalho. Nos dois casos, a e b, a obra terminada ainda remete ao exterior enquanto representação — a qual absorve quase toda a atenção do observador. Por isto, vários artistas do grupo b, como depois os impressionistas, ainda se tornam conhecidos por suas proezas representativas: Corot é o rei das paisagens de outono; Boudin, das praias e dos céus; e Monet, da água e das variações de luz etc. A produção continua a ser orientada pela coisa a ser representada, mesmo se a feitura não se inibe mais em chamar a atenção.

3. Manet dá um passo decisivo. Não deixa que nenhuma *idea* clara e precisa preceda e determine seu processo produtivo: "parte para o desconhecido". Mas não permite também que se destaque no fim do processo como algo indiferente à sua formação. Não é mais nem causa suficiente, nem resultado isolável. Fecha a saída com a esfoliação dos sentidos, a acumulação das citações e a parataxe. O que nos obriga a retornar à sua obra e a investigá-la de novo e de novo.

Citações

I. Mutações da *idea*: imersão na feitura

I.1.

Em Manet, citações e parataxe desarranjam o funcionamento semiótico, a transitividade comportada dos signos plásticos. As citações embaralham a legibilidade dos *representamens* icônicos (aproximadamente os significantes). A parataxe perturba as interpretações. Os dois polos da relação diádica, *representamen*/objeto (imediato, dinâmico e final, os três tipos de "significado") tornam-se de tal modo complexos e instáveis, prolixos e indistintos, que o interpretante (os interpretantes) não consegue assegurar nenhuma relação predominante entre eles. "Subversão da compreensão" é isto: desarrumar a mecânica interpretativa sem a qual não há constituição assegurada dos signos. A trinca semiótica entra em crise. Por outro lado, no nível da primeiridade (o material, suas ocorrências e a regra destas ocorrências) não há constância alguma: a fatura de Manet é irregular e heterogênea, assistemática. No nível da secundidade, não somente há congestão, como vimos, mas a irregularidade prossegue. A relação icônica (de semelhança) alterna fidelidade especular (imagem) com a sugestão distante (diagrama), às vezes no interior da mesma figura. A relação indicial (a de contato) atravessa toda a gama que vai do "liso" (ausência de marcas de trabalho) ao pastoso, sem que possamos atinar por que Manet recorre a um ou outro. A relação simbólica pode ser a mais corriqueira (o gato de *Olympia* = luxúria) ou a mais absconsa e tortuosa (a prostituição, como logo veremos com a análise de *Um bar no Folies Bergère*). Há mais, mas estas indicações bastam. O que descrevemos é, quase literalmente, o "desregramento sistemático de todos os sentidos" pregado por Rimbaud — conselho também polissêmico.[50] A pintura de Manet entrava, pouco a pouco, sua tradicional vocação representativa, entrave que terá altos e baixos até a eclosão do modernismo. A *idea* interiorizada começa por se obscurecer antes de encontrar seu lugar junto ao fundamento das artes plásticas. Seu lugar, repito.

---

[50] Ver cartas a Georges Izambard (13/5/1871) e a Paul Demeny (15/5/1871), in Arthur Rimbaud, *Oeuvres complètes*, Paris, Gallimard, Bibliothèque de La Pléiade, 1972, pp. 249 e 251.

I.2.

> "Gênese e validade não podem [...] ser separadas sem contradição. A validade objetiva conserva o momento de sua emergência que continua em permanência agindo nela."
>
> Theodor W. Adorno, *De Vienne à Frankfort*[51]

Interiorizar a *idea* não é simples. Fracassa se se tornar autoencomenda, um enclave diretivo. A citação em Manet é um recurso eurístico para uma interiorização verdadeira. Ao citar, adota a posição do crítico segundo o modelo dos primeiros românticos, Friedrich Schlegel e Novalis. A obra citada é considerada como uma primeira reflexão a partir da qual ele desenvolve sua própria reflexão — em outro nível. Como esclareceu Fichte, ponto de partida destes autores, esta segunda reflexão situa-se no nível da forma.[52] A reflexão prática é a atividade que retorna sobre si mesma, o pensar-se do fazer. Mas somente assume sua plena significação no segundo grau: no pensar do primeiro pensar. "No segundo pensar ou 'razão', para empregar a palavra de Friedrich Schlegel, é de fato o primeiro pensar, transformado, que volta num grau superior: tornou-se forma da forma como conteúdo".[53] Mas é dever da "[...] reflexão artística [...] expor também a si mesma em cada uma de suas exposições e em toda parte ser, ao mesmo tempo, poesia e poesia da poesia", afirma Schlegel.[54] Transpondo para o campo da plástica, teremos: a reflexão segunda de Manet (razão plástica) sobre a primeira de Ticiano (que já derivava de outras), a qual é pintura e pintura da pintura (pintura sobre, a partir de outra pintura), torna-se forma da forma como conteúdo. Notem-se dois pontos essenciais. Primeiro, a reflexão nas artes plásticas

---

[51] Theodor W. Adorno, Karl Popper e outros, *De Vienne à Frankfort*, Bruxelas, Complexes, 1979, p. 23.

[52] Walter Benjamin, *Le concept de critique esthétique dans le romantisme allemand*, Paris, Flammarion, 1986 [ed. bras.: *O conceito de crítica de arte no romantismo alemão*, São Paulo, Iluminuras, 2011, 3ª ed.]; ver também Pedro Duarte, *Estio do tempo: Romantismo e estética moderna*, Rio de Janeiro, Zahar, 2011.

[53] W. Benjamin, *Le concept de critique esthétique dans le romantisme allemand*, *op. cit.*, p. 59.

[54] Friedrich Schlegel, "Athenäum", in *O dialeto dos fragmentos*, São Paulo, Iluminuras, 1997, p. 89.

Citações

opera no *medium* das artes plásticas, isto é, como pintura sobre pintura. Não é discurso sobre a pintura ("Seu modo de estudo era uma meditação [com] o pincel na mão", diz Émile Bernard sobre Cézanne). Segundo, seu objeto é a forma da forma como conteúdo. Pedro Duarte ilustra este deslocamento:

> "Pensávamos que o sentido estava no que era contado, mas somos deslocados para o lugar onde aquilo que é contado está: a própria obra. Só que a obra singular faz parte da (ideia de) arte em geral, estando em conexão com outras obras. Somos, assim, deslocados pela segunda vez. Primeiro, fomos do conteúdo da obra para sua forma. E, agora, vamos desta a seu pertencimento à ideia de arte."[55]

Ticiano representa Vênus e pensa como representá-la, pensa a forma desta representação. Manet repensa esta forma (pensa com o pincel na mão), tendo em vista a situação das artes plásticas de seu tempo. O que faz é, através de sua própria elaboração formal, de seu processo de formação, refletir sobre a forma da *Vênus de Urbino* de Ticiano, que passa a ser, assim, conteúdo desta segunda reflexão. Sua *idea*, deste modo, é forma, ou melhor, formação da forma posta como conteúdo. Brincando com as palavras, poderíamos dizer que a nova *idea* começa a tomar forma. A citação não é capricho em Manet: é caminho para atingir o fundamento, já quase maduro. Mas Manet não sabe que está chegando lá.

I.3.

Vamos retomar estas questões difíceis de reter firmemente. O que interessa Manet em *Vênus de Urbino* não é o que interessa (em parte) a Arasse — as conotações ideológicas da obra de Ticiano. Interessa sua forma, a forma da moça nua que nos olha acariciando seu sexo, a empregada etc. Ou seja, o que encontra agora na pose de Victorine, esquecidas as justificações supostamente religiosas. Sua própria pintura começa assim num segundo tempo, após a redução da *Vênus* a um *schema* (no sentido kantiano) anterior à sua associação com algum conceito. Ela consiste,

---

[55] P. Duarte, *Estio do tempo: Romantismo e estética moderna*, op. cit., p. 132.

portanto, na re-formação, em uma outra formação do que, em princípio, já havia sido formado, *Vênus de Urbino*. Durante este processo, o *schema* é re-determinado, re-formado, encaminhado (não intencionalmente) na direção de outros conceitos — Olympia, a prostituta que recebe flores de um cliente, sendo o mais evidente. Entretanto, como o *schema* é ainda o de Ticiano, por abdução, o novo conceito cola-se por sua vez sobre o que Arasse nos descreveu a propósito da *Vênus*. No seu comentário, Manet formula o que Ticiano não pronunciou — mas disse. Mas vai muito além do comentário. *Olympia* não ilustra, não é simples imagem de uma prostituta. Sua dimensão erótica não procede da esfera icônica — mas de sua feitura. Enquanto imagem, é menos provocante que *Vênus*, já observamos. Sua feitura, entretanto, como também vimos acima, é praticamente um coito e o *pennello*, um *phallus* imaginário — mas bem ativo. Forma a forma — forma, formação que retêm em si o conteúdo que é ela mesma, rara verificação da tese hegeliana segundo a qual ela é o desenrolar do conteúdo (o que pressupõe o trabalho livre).

Os primeiros românticos, tão diferentes dos românticos posteriores, dizem ainda: reflexão é transformação. Como diz Schlegel: "Esta crítica [reflexão prática] poética [plástica para nós] exporá de novo a exposição, dará forma nova ao que já tem forma [...] e a obra [primeira reflexão], ela a rejuvenescerá, a completará, a construirá de novo [segunda reflexão]".[56] Transformar no mesmo *médium* a obra citada de tal modo que a forma obtida retome a primeira — mas enquanto *schema*.[57] Manet reelabora, como vimos, o *schema* da *Vênus* de Ticiano. Ou seja, a *idea* interiorizada é agora transformação da forma — pois o *schema* (ainda) não contém conceito. Ou melhor: a *idea* interiorizada é *idea* anteriormente exteriorizada, a que decorreu da separação passada entre pensar e fazer. Por isto mesmo, requer a citação, modo de interiorização do que foi anteriormente exteriorizado. O citado, assim, é o que deve ser interiormente negado — mas somente no que tem de exterior (no caso de *Olympia*, tudo o que *Vênus* deve, tanto na forma como no conteúdo, ao século XVI e que se tornou exterior, obsoleto no século XIX). Ele, o citado, é essencial nos momentos de ruptura: pois representa no interior, em parte, o objeto, o objetivo da ruptura. Sem ele, sem a identificação do que

---

[56] W. Benjamin, *Le concept de critique esthétique dans le romantisme allemand*, *op. cit.*, p. 112.

[57] *Idem, ibidem*, p. 144.

Citações

deve ser negado, superado, a negação permanece indeterminada, ou seja, aleatória e errática, Tânatos desgarrado (um dos maiores problemas do modernismo, exacerbado na arte contemporânea). O objeto da ruptura agora, para Manet, é (quase, cada vez mais) a exterioridade da *idea* enquanto tal, independentemente de seu conteúdo ou categoria desde que se apresente como separável do processo de formação. Ou seja, para ilustrar, tudo o que caracteriza o projeto arquitetural a partir de então.

I.4.

Todos sabemos que Vênus não está lá, deitada em sua cama etc. Diante de nós, temos uma pintura, uma organização formal que pretende representar Vênus. Tem a aparência da Vênus, reflete Vênus (primeira reflexão). A crítica, diz Schlegel, reflete sobre esta primeira reflexão: é portanto reflexo de reflexo (segunda reflexão), re-apresentação da aparência — re-aparição da aparência ou ainda, aparência vista, posta como aparência. Se, num primeiro momento, podemos cair na ilusão e alucinar Vênus a partir da *Vênus de Urbino*, logo nos damos conta de que se trata de uma construção destinada a fornecer sua aparência somente, não sua presença efetiva. Eliminada a eventual alucinação, sobra diante de nós, para nosso exame e reflexão (segunda), para nossa crítica ou citação transformadora, a aparência enquanto somente aparência, isto é, enquanto artefato destinado a representar. Mas ver o artefato como artefato (e não como alucinação ou ilusão) significa vê-lo como produto, como produto de um trabalho, como resultado de um processo de formação... Se, portanto, a crítica (a citação) for prática, ela será a re-forma da formação primeira da aparição: seu conteúdo será a (re)forma(ção) da forma(ção) inicial.

O nervo da reflexão "de um objeto é, ao mesmo tempo, o devir deste objeto".[58] No nosso caso, um devir em quiasmo: enquanto, no nível do objeto imediato, há queda da *Vênus de Urbino* em imagem possível de prostituta, no nível do objeto dinâmico há desmonte da denegação da feitura. O operador deste devir é a ironia (no sentido destes autores): "destruição [...] da ilusão na forma". Ao revelar seus artifícios, a ironia

---

[58] *Idem, ibidem*, p. 100.

"ataca a ilusão sem a destruir",[59] "representa a tentativa paradoxal de construir ainda a obra demolindo-a".[60] A feitura revelada corrói a ilusão realista e, simultaneamente, a hipócrita fantasia religiosa — corrosão que des-cobre sob a *Vênus de Urbino* sua verdade: *Olympia*.

Mas atenção: na medida em que o devir da *Vênus de Urbino* desemboca no coito em *Olympia*, na interação exemplar entre o pintor e "seu" objeto graças ao trabalho praticamente livre de pintar sem rédeas, esta verdade é o inverso do que tem ar de ser. Olympia/Victorine assume a aparência da prostituta somente porque acorda pulsões eróticas, fusionais, em seu processo de formação essencialmente interiorizado e no qual o conteúdo não é mais o outro da forma, mas é a forma ela mesma. Ou ainda, o trabalho de re-formação que devolve a Vênus sua carne re-acordada pela mão produtora sobre a matéria entregue a ela. Ora, no tempo da subordinação real, a que desce ao fundamento, fusão com "seu" objeto soa como baixa pornografia. E as fantasias das quase-formas, acompanhamentos ingênuos e estimulantes do coito anunciado, são empurradas para os porões do inconsciente em que se reunirão com os restos dispersos do improvável indivíduo, o separado de sua própria força de trabalho. A verdade da *Vênus* é a pintura na posição da amante, simplesmente. O que, entretanto, não pode ser admitido. Se todos procurarem realização de desejo em seu trabalho, como aceitariam ainda a castração implícita na subordinação, sobretudo a real? Eis o escândalo de *Olympia*: o convite ao prazer — inclusive e principalmente durante a feitura material. Um prazer que, para o capital, e portanto para quase todos, confunde-se com abominável perversão. (As análises que exponho neste texto derivam em grande parte de "pinturas de pinturas", pinturas sobre obras que estudo segundo o modelo dos primeiros românticos apontado aqui.)

As condições da modernidade estão postas em seus traços fundamentais, com seus avanços, ambiguidades e armadilhas. O desdobramento reflexivo terá inúmeros desenvolvimentos no modernismo em todas as artes. Naturalmente mais explícito em literatura — desde a *mise-en-abyme* de Gide à autorrepresentação do *nouveau roman* —, ele é um pressuposto do minimalismo e do pós-minimalismo, por exemplo. Sua semente, entretanto, já presente nos escritos dos primeiros românticos sob a forma

---

[59] *Idem, ibidem*, p. 131.

[60] *Idem, ibidem*, p. 134.

Citações

da dupla reflexão no fim do século XVIII, somente mais tarde surgirá em pintura. Anunciado em O *ateliê do pintor* de Courbet, o desdobramento reflexivo emerge em Manet. Nas mãos de Manet (depois nas de Van Gogh) as citações são operadores do retorno da pintura a si mesma. Um retorno que pressupõe anterior saída de si, o sacrifício de sua carne raptada pela *idea*. Nas citações de Manet, a *idea* é reabsorvida pela carne da pintura, num caminho inverso ao do rapto. A partir de uma primeira encarnação da *idea* (citada ou de sua própria autoria), ele produz uma segunda reflexão, re-encarnação de encarnação: forma (re-encarnação) da forma (encarnação) como conteúdo (que não é mais a *idea*, mas o movimento da encarnação da *idea*). Volta, portanto, a partir da fatura, à feitura.

3

Feitura e fatura

> "A transformação do trabalho em capital é, em si, o resultado do ato de troca entre capital e trabalho. Esta transformação é posta apenas no processo de produção mesmo."
>
> Karl Marx, *Para a crítica da economia política, Manuscrito de 1861-1863*[1]

Esta anotação de Marx é essencial para meus estudos. Se "em si" o trabalho é formalmente transformado em capital pelo ato de troca em que o capitalista compra a força de trabalho do trabalhador, esta transformação só é "posta", efetivada, quando o valor de uso desta força entra, é utilizado, no processo concreto de produção como trabalho vivo face ao trabalho morto condensado nos meios e instrumentos de produção. Ora, o trabalho "livre" da arte, "em si" negação determinada da subordinação do trabalho social provocada por esta troca, também só se põe efetivamente, concretamente, durante um processo de produção — como oposto, contraditório em relação ao processo produtivo subordinado. *Somente enquanto processo produtivo vivo, em ato, a arte pode ser considerada efetivamente como negação determinada da produção social subordinada.* A resposta à subordinação tem que ser feita lá onde a subordinação exerce seu poder. E assumir formas contrárias às que a subordinação adota. Assim, o modelo de resposta adequada é a alegria no trabalho aspirada por John Ruskin e William Morris em pleno inferno da condição operária na segunda metade do século XIX na Inglaterra.[2] Ou seja, a arte plástica enquanto modelo esquemático de trabalho autogestionário. As outras formas possíveis de oposição, válidas, pressu-

---

[1] Karl Marx, *Para a crítica da economia política. Manuscrito de 1861-1863, cadernos I-V*, tradução de Leonardo de Deus, Belo Horizonte, Autêntica, 2010, p. 180.

[2] Ver John Ruskin, *La nature du gothique*, Paris, Sandre, 2012; William Morris, *Political Writings*, Londres, Lawrence and Wishart, 1979; William Morris, *Nouvelles de nulle part/News from Nowhere*, Paris, Aubier, 1976.

põem forçosamente esta oposição fundamental, isto é, oposição no nível do fundamento no qual há transformação real do trabalho em capital. Por isto creio que toda crítica que permanece amarrada somente ao resultado deixa de lado o que mais importa. *A obra "pronta", "acabada", talvez tenha sido, mas não é mais negação determinada da produção social subordinada.* Esta mesma posição guia também minha crítica da arquitetura. O papel subordinador do desenho separado na arquitetura, sua função primeira enquanto instrumento de dominação para o capital, manifesta-se essencialmente durante sua aplicação no canteiro de obras — mesmo se, "em-si", já contenha os pressupostos para tal instrumentalização enquanto efeito da separação. Por esta razão, as relações entre artes plásticas, arquitetura e embasamento socioeconômico diferem das que caracterizam as outras artes. Seu processo material de produção as vincula a este embasamento de modo menos mediado. Tanto a adesão da arquitetura ao poder subordinador como seu oposto, a resistência das artes plásticas à subordinação (nos limites do exigido, no primeiro caso, ou do possível, no segundo), somente provocam seus efeitos concretos quando são postas na efetividade da produção. Nos dois casos, as relações recíprocas entre estas atividades e seu embasamento socioeconômico pressupõem proximidade de universos inexistente com as outras artes, o que permite a passagem mais direta de questões que agitam o universo da produção social ao das artes plásticas (se é que a arquitetura ainda pode ser considerada arte).

A.

> "'Em arte, o que se pode dizer em palavras não conta'. Ele [Matisse] me diz 'Vou provavelmente por uma mancha de cor, e depois tudo seguirá'. Ele insiste sempre fortemente (mas como um operário, e não sistematicamente) sobre esta unidade viva e vital, orgânica, da obra de arte em gestação."
>
> Marie-Alain Couturier, *Se garder libre. Journal (1947-1954)*[3]

---

[3] Marie-Alain Couturier, *Se garder libre. Journal (1947-1954)*, Paris, Cerf, 1962, p. 65.

> "[...] não devemos procurar essencialmente a relação da arte com a sociedade na esfera da recepção. Esta relação é anterior e se situa na produção."
>
> Theodor W. Adorno, *Théorie esthétique*[4]

> "Uma arte [...] é uma maneira de fazer, e tratando-se de compreender um pintor, é preciso saber que trata--se de compreender uma maneira de fazer [...] tanto quanto possível, é preciso retornar ao ato de pintar."
>
> Pierre Bourdieu,
> *Manet, une révolution symbolique*[5]

A distinção que costumo fazer entre feitura e fatura não consta claramente em alguns dicionários. O *Novo Aurélio* mistura os dois termos. Feitura = "Ato de fazer [...] efeito de fazer [...] obra". Fatura = "[...] ato, efeito, modo de fazer; feitura". Em francês, *facture* no sentido moderno e somente aplicado às obras de arte, data de 1548. Antes queria dizer fabricação, como em latim. Na forma popular: *faiture*, ação de fazer.

Para nós aqui, feitura = ato de fazer (*faiture*); fatura = efeito, resultado do fazer (*facture*). A feitura lembra a *gepräge Form* de Goethe, forma que traz a marca, a *trace*, de seu fazer, de sua origem. Paul Klee insiste, em outros termos, nesta distinção — e atribui prioridade à feitura sobre a fatura. A caminhada decide o caminho e o destino: "A obra de arte [...] é em primeiro lugar gênese, não a apreendemos jamais simplesmente como produto".[6] Curiosamente, mesmo a crítica marxista não considera, em geral, esta diferença. Imaginem Marx omitindo o processo produtivo, ocupando-se somente com a mercadoria pronta, com o produto! Com a fatura somente, deixando a feitura de lado! "É completa-

---

[4] Theodor W. Adorno, *Théorie esthétique*, Paris, Klincksieck, 1989, p. 290.

[5] Pierre Bourdieu, *Manet, une révolution symbolique. Cours au Collège de France (1998-2000), suivis d'un manuscrit inachevé de Pierre et Marie-Claire Bourdieu*, Paris, Seuil, 2013, p. 490.

[6] Paul Klee, *Théorie de l'art moderne*, Paris, Denoël-Gonthier, 1975, p. 38; ver também Gérard Bensussan, *Moses Hess: la philosophie, le socialisme (1836-1845)*, Paris, PUF, 1985; Jacques Derrida, "La langue et le discours de la méthode", *Récherches sur la Philosophie et le Langage*, n° 3, USSG, 1983, introdução a seu seminário na École Normale Supérieure no ano letivo de 1982-1983, no qual discute os conceitos entrelaçados de caminho e método, dos gregos a Heidegger; Viktor Chklovski, "L'art comme procédé", in Tzvetan Todorov (org.), *Théorie de la littérature*, Paris, Seuil, 2001.

mente errado [...] reter [...] somente os resultados finais, sem o processo que os mediatiza [...]."[7] É verdade que ele e Ricardo excluem as obras de arte e os artigos de luxo do mundo das mercadorias "normais" e do cálculo habitual do valor. Já discutimos isto. Mas esta exclusão não implica uma perda de hegemonia do processo produtivo. Ao contrário. Quando nossas artes plásticas separaram-se dos outros ofícios corporativos, sua estratégia limitou-se no começo a preservar e aprimorar tudo o que as antigas corporações estavam perdendo em capacidade produtiva por causa de sua decomposição provocada pela subordinação. Preservar, aprimorar e concentrar o *savoir-faire*, isto é, resguardar suas forças de produção como condição para manter posição respeitável nas relações de produção. Esta oposição evolui em contradição, em negação determinada, e se põe como fundamento de nossas artes até, pelo menos, a arte contemporânea: fundamento, portanto, situado no plano da produção.

As histórias das artes plásticas, em geral, dão um salto sintomático ao tratarem do começo de nossa arte. Falam de *ars* como um termo comum aos vários *métiers* de produção material até quase o fim da Idade Média — válido mesmo para as artes plásticas. Depois reservam o termo arte (já distinto de *ars*) para as "belas-artes" e esquecem a questão do *métier*, do trabalho material, ou passam rapidamente por cima. Seguem nisto os esforços dos próprios artistas para afastar de si o espetáculo deprimente da degradação das corporações provocada pelo capital invasor. Esforços para serem outros, diferentes dos artesãos em decadência. E foi o que aconteceu: tornaram-se os outros dos desqualificados e de seu trabalho degradado. O que em lógica dialética significa: fizeram-se sua negação determinada etc. Repito, pois este ponto é essencial: muitos historiadores destacam completamente as artes plásticas dos outros trabalhos materiais a partir do Renascimento. Depois, quebram a cabeça para reunir o que separaram. Esquecem que "[...] o princípio de unificação que é o termo mediano não é tal senão pondo-se estruturalmente como princípio de diferenciação da unidade primeira".[8] Esquecem que o que impõe separação estabelece por isto mesmo um vínculo entre o separado, que a barra de distinção reúne negativamente o que distingue. Esquecem que é a partir do terreno comum das *ars* que arte e trabalho social bifurcam em

---

[7] Karl Marx, *Manuscrits de 1857-1858, dits "Grundrisse"*, Paris, Éditions Sociales, 2011, p. 158.

[8] Gwendoline Jarczyk, *Système et liberté dans la Logique de Hegel*, Paris, Kimé, 2001, p. 115.

direções opostas, isto é, diferenciados por negação recíproca. Que *ars* é *poietiké episteme*, conhecimento e saber-fazer que inervam o produzir. Que, portanto, é nesta área da prática, área em que a separação torna-se efetiva, que está o fundamento das mais íntimas relações entre arte plástica e sociedade. Que todas as outras relações entre elas são sobredeterminadas por este fundamento. Aquilo que deveria ser estudado, a constituição negativa do novo campo separado, o das artes plásticas, raramente os ocupa.

Em meados do século XIX, com a nova responsabilidade pela *idea*, os artistas reexaminam criticamente seu *métier* cujos elementos fundamentais pouco haviam evoluído desde o século XVI. A feitura adquire então outro porte. Nunca antes as diferenças entre arquitetura e artes plásticas foram tão marcadas. No século XIX, elas evoluem em quiasmo. Enquanto os trabalhadores da construção começam a sofrer a pressão crescente de simulacros de subordinação real e assistem à decomposição de seu *métier* sob a hipóstase crescente da *idea* arquitetônica, do projeto inteiramente heterônomo, a *idea* nas artes plásticas, ao contrário, abandona totalmente sua exterioridade anterior e passa a ser cria do processo de produção. Enquanto as sobras da *poietiké episteme* dos *métiers* da construção são invadidas pela lógica da dominação e transformadas em recheio para ordens de serviço, a *idea* em arte faz-se ação "livre" exemplar. Onde mais os artistas encontrariam suporte para a nova *idea*, para "sua *idea*", para uma *idea* dissemelhante às que lhes foram impostas durante séculos, senão no interior de uma nova *ars* finalmente autônoma (em princípio)?

B.

A história do *métier* das artes plásticas faz parte da história geral dos *métiers* em posição singular desde o Renascimento. Durante a Idade Média, o *métier* é um patrimônio comum dos artesãos organizados em corporações ou estruturas semelhantes. Pressupõe instituições, regulamentos, critérios de admissão, de formação, de exercício do ofício e de mercantilização, todos coletivos e específicos, sob a responsabilidade da comunidade dos mestres, aos quais todos devem obediência e dos quais esperam proteção. A prática corporativa do *métier* preserva e aprimora seu saber e seu saber-fazer. *Métier* isolado, sem este acompanhamento, não tem sentido.

Feitura e fatura

No começo da Renascença, parte da corporação dos "fazedores de imagens" (os quais dividiam sua corporação com os farmacêuticos) continua a tradição. Entretanto as condições econômicas e sociais mudam: o capital e sua lógica ainda incipientes penetram nos ateliês, em parte devido à prevaricação dos mestres. Surge uma nova e nefasta divisão do trabalho, mais favorável à sua exploração econômica. O *métier* entra em decadência.

Outra parte dos "fazedores de imagem" desenvolve práticas alternativas fora do âmbito das corporações e em constante conflito com elas, apontadas no primeiro volume de *Artes plásticas e trabalho livre*. Esta parte dota-se de instituições específicas, mais adequadas à sua pretensão: tornar-se arte liberal. O *métier* adaptado continua a ser patrimônio comum, apesar de variantes introduzidas por um ou outro mestre. *Métier*, portanto, compartilhado e específico dos artistas plásticos organizados, altamente especializado e extremamente exigente em habilidade e saber-fazer: preparado crescentemente para favorecer relativa autonomia produtiva e o prestígio de seus membros. Permanece praticamente inalterado até quase metade do século XIX.

C.

> "A ordem exata, a aplicação rápida são sempre coroados pelo mais belo sucesso [...] um só espírito basta para mil mãos."
>
> Goethe, *Faust et le second Faust*[9]

> "[...] Ure diz: 'quando o capital recruta a ciência para seu serviço, a mão rebelde da indústria aprende sempre a ser dócil'."
>
> Karl Marx, *Para a crítica da economia política*[10]

Durante o período que corresponde ao classicismo, a forma de produção dominante é a manufatura. Nela, a subordinação do trabalho é somente formal. Isto é, depende essencialmente dos *métiers*. Ela os de-

---

[9] Johann W. Goethe, *Faust et le second Faust*, Paris, Garnier, 1968, p. 279.

[10] K. Marx, *Para a crítica da economia política*, *op. cit.*, p. 396.

grada, divide e deforma. Mas não pode prescindir deles. O saber-fazer está ainda nas mãos dos trabalhadores. Na segunda metade do século XIX, na França, é plenamente atual a perspectiva visionária do segundo Fausto: constitui a meta e a esperança do capital maduro mobilizado para superar a manufatura pela indústria. Prescrição exaustiva (a ordem), cientificamente preparada (exata) por um poder totalmente centralizado (um só espírito), dirigindo o trabalhador coletivo obediente (mil mãos) e pronto para produzir sem pestanejar (aplicação rápida). Sequência perfeita entre concepção dirigente e execução domesticada, "coroada pelo mais belo sucesso": o nirvana para o capital que procura levar às últimas consequências a nova forma de subordinação, a real!

Mas a meta e a esperança literárias esbarram com o mundo efetivo. Em muitos setores da produção a indústria, ponta de lança do capital maduro, coabita com a velha manufatura, por vezes mesmo em seu próprio espaço. Em alguns destes setores não pode penetrar por razões técnicas ou não deve penetrar para evitar desastres econômicos (a construção, por exemplo). Convém lembrar que "em 1864, o proletariado industrial não representa senão 5% da classe operária parisiense".[11] Diante das condições objetivas de produção, o capital industrial tem que contar, em larga escala ainda, com os velhos *métiers*. Em geral, isto não constitui um obstáculo muito preocupante. Empobrecidos, mutilados por séculos de subordinação formal, reduzidos a um pacotinho de receitas elementares, os *métiers* raquíticos podem em geral ser rapidamente ensinados a qualquer um. Mas, quando pressupõem experiência, encadeamento complexo ou não previsível de decisões operacionais, habilidade especial, massa maior de saber e saber-fazer, a substituição urgente e eficaz dos trabalhadores pode ser problemática. Quando trabalhadores deste tipo de *métier* (pedreiros, carpinteiros, tipógrafos, metalúrgicos etc.) fazem greve, não há como preparar outros sem muita perda de tempo ou encontrar *jaunes* (amarelos, os fura-greves no jargão popular francês) à altura. Estes *métiers*, por isto, tornam-se poderosas armas de luta. David Harvey os caracteriza como *métiers* monopolizáveis. Segue nisto uma tradição que vem de longe, do universo do *compagnonnage*: por vezes "[...] 'todos em conjunto abandonam seu trabalho'. É o que se chama então [século XVI] 'monopólio' ou 'tric' [...]. Assim o movimento profis-

---

[11] Mathieu Léonard, *L'émancipation des travailleurs. Une histoire de la Première Internationale*, Paris, La Fabrique, 2011, p. 44.

sional transforma-se facilmente em rebelião".[12] Estes monopólios são perigosos como os do capital, mas em sentido inverso. Constituem um pesadelo para o capital produtivo, um escolho inaceitável para o ideal faustiano de controle absoluto. Como nota Harvey: "Habilidades monopolizáveis são anátemas para o capital [...] Marx foi o primeiro a admitir que a herança histórica da destreza e da habilidade artesãs era fortemente resistente aos ataques urdidos pelo capital".[13]

Boa parte do festejado progresso das forças produtivas vem daí. Como indica Marx, várias máquinas de importância foram desenvolvidas para contornar greves duras e longas destes *métiers* monopolizáveis — quando a violência policial não resolvia o impasse:

> "[...] desde 1825, quase todas as novas invenções foram o resultado de colisões entre o operário e o empresário que buscava a qualquer custo depreciar a especialidade do operário. Depois de cada nova greve, mesmo de pouca importância, surgia uma nova máquina [...]. Na Inglaterra, as greves deram lugar regularmente à invenção e à aplicação de algumas máquinas novas. As máquinas foram, pode-se dizer, a arma que os capitalistas empregaram para abater o trabalho especializado em revolta. A *save-acting mule*, a maior invenção da indústria moderna, pôs fora de combate os tecelões revoltados."[14]

Esta é uma das razões pelas quais nossa análise permanece atenta principalmente às alterações das relações de produção, mais determinantes nos campos que nos interessam, construção e artes plásticas, do que o "progresso das forças produtivas". O maquinário tem papel reduzido na manufatura da construção e nenhum em artes plásticas até, pelo menos, Nikolaus Pevsner e Naum Gabo já no século XX. Estas atividades permanecem numa situação pré-industrial, mesmo se este "atraso" é im-

---

[12] Georges Lefranc, *Histoire du travail et des travailleurs*, Paris, Flammarion, 1975, p. 183.

[13] David Harvey, *Limits to Capital*, Londres, Verso, 2006, p. 59 [ed. bras.: *Os limites do capital*, tradução de Magda Lopes, São Paulo, Boitempo, 2013]. Acho forçada a afirmação; monopólio ou *tric*, lembra Georges Lefranc, já vigoravam desde as origens do *compagnonnage*.

[14] Karl Marx, *Miséria da filosofia*, São Paulo, Ícone, 2004, pp. 159-60 e 207.

posto objetivamente por contradições inerentes ao próprio "progresso das forças produtivas". Por isto, nestes setores, as relações de produção e suas consequências tornam-se híbridas, na encruzilhada das que decorrem da subordinação formal e da real.

Após a Comuna de Paris e a bárbara repressão dos *communards* vencidos, a violência direta e ostensiva contra as manifestações operárias começa a ser malvista. A fragilidade da Terceira República não permite mais recorrer a ela com tanta frequência. As greves, reprimidas com maior dificuldade, crescem em quantidade e intensidade. As organizações operárias podem, em parte, sair da clandestinidade, adotar estruturas de luta mais duradouras e acolher mais militantes. No começo, retomam as divisões tradicionais dos *métiers* como princípio de filiação. Mais ainda, prolongam suas formas históricas de luta, experimentadas e transmitidas de geração em geração. De qualquer modo, nem a vivência industrial, nem a incipiente classe operária permitem então a elaboração de formas específicas de luta ou sua suficiente implantação. A pregação libertária, a tática da ação direta e o impulso anarquista dominante remetem ao universo do *métier*. E mais: um século de revoluções que acabaram sempre por trair o primeiro objetivo de seus principais autores, a "questão social" (isto é, a resolução das contradições do mundo do trabalho), ensinou-lhes a desconfiar da política burguesa, a responsável pela traição. Buscam exemplo, então, entre os seus, os que se revoltaram e asseguraram os melhores momentos de 1789, de 1830 em Paris, 1831-34 em Lyon, de 1848 e de 1870-71 de novo em Paris, todos em situação pré-industrial.

Trunfo de um lado, pesadelo do outro, paradoxalmente o *métier*, sobretudo o monopolizável, ocupa o centro das lutas sociais no momento em que a industrialização e seu inseparável projeto de subordinação total do trabalho iniciam sua ascensão à hegemonia. A ofensiva do capital e a resistência contra ela mobilizam tempos diferentes. O sincronismo da confrontação presente apoia-se na diacronia: no passado que definha (defesa agressiva do *métier*) e no futuro fantasmado (industrialização completa). Duas miragens combatem entre si, enquanto o real fundamento dá as cartas. "Heterocronia" dos beligerantes, igualmente determinados, mas em sentido inverso, pelo anacronismo de suas ideias — ideias fora de seu tempo, parafraseando Roberto Schwarz. Um sintoma da situação inorgânica da instável república, que pena até o fim do século para instalar-se com alguma credibilidade e continuidade. Situação que põe a arquitetura e as artes plásticas no centro da pororoca provocada pela

Feitura e fatura

passagem da hegemonia da subordinação formal do trabalho à hegemonia da subordinação real — o que justifica nossa insistência sobre ela.

A industrialização em sentido restrito, isto é, a introdução do maquinário na produção, não se generaliza imediatamente: seu atraso na França é conhecido. Mas seu modelo de gestão, seu método,[15] a centralização total das decisões e do saber técnico (real ou imaginário), transborda rapidamente seu lugar de origem. Invade manufaturas apesar de sua mecanização limitada, passa ao comércio nos recentes *grands magasins*, chega à administração social, inspira o positivismo, fascina as artes etc. Este modelo, o da subordinação real, da ruptura idealmente total entre concepção e realização, tende a dominar mesmo onde não há condições objetivas para sua implantação.[16] Montadas na posse e na absorção total dos meios materiais e imateriais de produção, as agências do patronato começam a detalhar ao extremo todos os passos da execução. Teoricamente (mas não na prática) a ciência e a tecnologia deveriam substituir com vantagem os saberes e o saber-fazer dos *métiers* — mesmo onde os *métiers* continuam indispensáveis. O sucesso econômico efetivo e/ou imaginário da indústria afrouxa o bom senso e fortifica a fantasia de seus admiradores. Tudo se passa então como se a totalidade dos *métiers* seguisse o mesmo caminho que o dos *métiers* realmente suprimidos pela indústria. Nestes casos, o capital destrói e incorpora em suas máquinas os restos de *métier* — o que não ocorre onde não há mecanização. Pouco importa a verdade ou a falsidade empíricas: o que ocorre na indústria é suposto ocorrer em todas as áreas nas quais penetra seu modelo gerencial. Em outros termos: a subordinação formal sobrevivente na era industrial é artificialmente considerada como real. E o *métier*, na sua globalidade, é então suposto historicamente obsoleto — mesmo o das artes plásticas.

---

[15] "[...] a metodologia, isto é, o devir-técnico do pensamento, do discurso e do caminho [...]", J. Derrida, "La langue et le discours de la méthode", *op. cit.*, p. 47.

[16] Ver, em particular, o capítulo sobre o "trabalho abstrato e trabalho concreto" no indispensável livro de David Harvey, *Paris, capitale de la modernité*, Paris, Les Prairies Ordinaires, 2012 [ed. bras.: *Paris, capital da modernidade*, tradução de Magda Lopes, São Paulo, Boitempo, 2015].

D.

"Nada força nenhum artista a fazer o que faz. Isto é o que distingue o trabalho artístico de todos os outros [...] um trabalho que não é senão forçado é a mais extrema maldição [...] ao contrário, o trabalho artístico é a forma patente [...] da liberdade."

François Fédier, *L'art en liberté*[17]

"[...] há homens raros que preferem morrer a trabalhar sem que o trabalho lhes forneça alegria [...] desta espécie de homens raros fazem parte os artistas."

Friedrich Nietzsche, *Le gai savoir*[18]

"O limite não é [...] diferente da coisa qualquer; este não ser é [...] seu fundamento, e faz dela o que ela é [...] mas, tal como o limite é em verdade, a saber, como determinidade, ele o é porque coisa qualquer é o que é [...] quando uma outra determinidade toma o lugar de uma outra, então coisa qualquer ela mesma é uma outra."

G. W. F. Hegel, *Science de la logique — L'être*[19]

Esta "forma patente [...] da liberdade [...] distingue o trabalho artístico de todos os outros". Fédier reconhece o que a maioria dos críticos teima em não ver: há uma comunidade de gênero entre trabalho artístico e trabalho "forçado", sendo que ela coexiste estruturalmente com sua própria distinção como espécies opostas, uma alegre, outra maldita. Um trabalho normal, outro anormal... mesmo se o que parece normal, o da maioria absoluta, deveria ser considerado como absolutamente anormal, se a razão prevalecesse neste ponto.

Entretanto, este fundamento de nossas artes plásticas parece desabar com a crise geral dos *métiers* no século XIX. Não há mais sentido em

---

[17] François Fédier, *L'art en liberté*, Paris, Univers Poche, 2006, p. 69.

[18] Friedrich Nietzsche, *Le gai savoir*, in *Oeuvres*, Paris, Robert Laffont, 1993, p. 79 [ed. bras.: *A gaia ciência*, tradução de Paulo César de Souza, São Paulo, Companhia das Letras, 2001].

[19] Georg W. F. Hegel, *Science de la logique*, 3 vols., *L'être*, 1º tomo, livro 1º, Paris, Aubier, 1972, p. 100.

opor as façanhas de um *métier* livre à decadência dos outros, os subordinados, quando todo e qualquer *métier* entra em obsolescência histórica, verdadeira ou suposta. Opor espécies quando seu gênero comum, a antiga *ars* ou seu resto, perde seu interesse histórico. O *métier* clássico das artes plásticas perde o chão: seu oposto, aquilo que ele não quer ser, aparentemente se foi. Esta modificação da relação com sua alteridade, repercute no seu fundamento, o qual é a identidade da identidade e da diferença com este seu outro. A centralidade do universal "trabalho" é idêntica na arte e na produção social (até então se tratava de trabalho qualificado típico dos *métiers*) — mas é alegre na primeira ("livre" em princípio), maldito na segunda (subordinado).

Vamos insistir, pois a mudança de predicado (qualificado, isto é particular, ou universal) terá enormes consequências: no meio do século XIX assistimos ao fim da estrutura trabalho "livre" x trabalho "formalmente subordinado". Ela passa a trabalho "livre" x trabalho "realmente subordinado". Em função desta mudança de "seu" outro, o trabalho "livre" também passa por transformações substanciais correlacionadas ("coisa qualquer" torna-se outra). A nova oposição sai do âmbito da *ars*, do *métier*. Passa ao do trabalho como categoria genérica, "o" trabalho. Somente então, a definição da arte como trabalho "livre", que emprego desde que falo do Renascimento, adquire seu pleno sentido: está agora fundada regressivamente em função de sua (in)determinação progressiva, como ensina Marx na célebre consideração sobre este tema na "Introdução geral" a *Para uma crítica da economia política*.[20] O grande salto que fundará o modernismo, entretanto, requer uma última reviravolta.

As modificações decorrentes da posição negativa das artes plásticas com relação ao novo *habitus* pouco a pouco convergem, sem propósito deliberado, para uma espécie de contraproposta de método produtivo, em oposição ao novo modelo baseado na subordinação real. No lugar da rígida separação entre pensar e fazer, vimos como Manet mergulha no "desconhecido" e não separa a concepção da realização. Mesmo assim, evita que a *idea* (enquanto *idea* exterior, emanação da representação), a que porventura brote do processo produtivo, ganhe autonomia suficiente para destacar-se completamente de seu vir a ser. Citações em palimpsestos e parataxe bloqueiam a eventual *idea* em formação no interior da feitura, impedem sua separação como conteúdo distinto da forma.

---

[20] Karl Marx, "Introduction générale à *La critique de l'économie politique*", in *Oeuvres I*, Paris, Gallimard, Bibliothèque de La Pléiade, 1963, p. 260.

A qual, ao deixar expostas no resultado as pinceladas e outras testemunhas do processo produtivo, finca pé no *non finito*. Mas desta vez o *non finito* não remete mais a nenhuma transcendência enquanto signo do irrepresentável, como já foi apontado no primeiro volume de *Artes plásticas e trabalho livre*: permanece como gesto técnico que resiste à denegação. A mão produtora que desaparece na produção social afirma aqui seu direito de aparecer, não mais como assinatura do virtuose ou do bom artesão (a maioria dos novos artistas deixa de frequentar os centros oficiais de ensino), mas como força viva de produção, essencialmente insubordinada, avessa a procedimentos constantes. Pouco a pouco, somem o cuidado e o capricho artesãos, ainda presentes no classicismo, manifestações de respeito ao *métier* que permanece prestigiado como arma de defesa durante a resistência à subordinação formal. A fatura torna-se voluntariamente mais tosca, explicitamente antiartesanal, avessa ao apuro de execução. O inimigo é o que apaga o trabalho, que o retira da vista por ser considerado indigno, o que o faz mero serviçal da máquina e da prescrição. A nova plástica reage prestigiando seu inverso: com o fim do *métier* denegador, e o descrédito que ameaça qualquer outro que pretenda substituí-lo com a mesma amplitude, o trabalho que ela comemora é o antigenérico, pessoal, idiossincrático — por enquanto. O não hábil, sem *tour-de-main* sábio, sem espertezas convencionais. Um trabalho com cheiro de *regain* (palavra francesa intraduzível: primavera selvagem, retorno da fertilidade do natural), se a utopia agreste fosse ainda possível.

> "[...] o artista [do século XIX] é o que, num século em que se realiza a profecia bíblica da maldição do trabalho, reivindica o trabalho como boa imagem de si e liberdade."
>
> Joan Borel, *L'artiste roi*[21]

O antigo *métier* autodenegador, obsoleto, desagrega-se substituído por vários outros, personalizados e veementemente mantidos aparentes para que sua aparência remeta claramente ao que a fundamenta, sua essência, o trabalho efetivamente vivo, universalmente insubordinado (em tese). "Ele percorre mudanças de forma nas quais, no entanto, ele se con-

---

[21] Joan Borel, *L'artiste roi*, Paris, Aubier, 1990, p. 355.

Feitura e fatura

serva e, por isso, aparece como sujeito", diz Marx sobre o valor no processo de troca.[22] O mesmo pode ser dito sobre o trabalho plástico. Na produção social, o trabalho concreto só aparece no *quantum* de valor e sob a forma de hora abstrata de trabalho social médio. Na nova plástica, o trabalho concreto deixa índices seus por todo lado, o que faz deles a categoria semiótica predominante: precisamente a categoria do sujeito segundo Charles S. Peirce. Lá, alienação absoluta; aqui, exteriorização... singularizada? Veremos depois. De qualquer modo, os artistas plásticos continuam a trabalhar como não trabalham os trabalhadores da produção social seus contemporâneos — mas aproximam-se deles por perderem também a qualificação específica de seus *métiers* anteriores.

Tudo isto fica de ponta-cabeça na circulação. As obras de arte, enquanto tesouros, servem como lugar de repouso para o excedente de capital, segundo David Harvey. Um capital que deixa momentaneamente de ser capital, torna-se reserva com a certeza de poder voltar a ser capital. Se possível, valorizado especulativamente sob a forma de um "ativo", na expressão de Luc Boltanski e Arnaud Esquerre.[23] Ouro posto de lado, valor imobilizado mas capaz de render — e agora sem a desculpa e a cobertura de *ideas* sublimes. A coleção de vestígios do trabalho concreto (crescentemente desqualificado mas paradoxalmente ultravalorizado por ser considerado singular) representa então, literalmente, uma certa quantidade (mais que abusiva, se considerarmos a quantidade efetiva) de horas de trabalho abstrato. Há colisão de universos incompatíveis... Ou não: o que aparece é o que vemos todo dia, a conversão sorrateira e trapaceira da hora viva de trabalho específico em hora abstrata e neutra de trabalho social médio. A fascinação (os altíssimos preços) da arte moderna faz do embuste, aura. Temos a sensação de assistir ao vivo o milagre da transubstanciação e multiplicação dos pães, de modo mais palpável que nas missas: o faturamento (econômico) aparentemente imediato da feitura quase crua imobilizada na fatura plástica. O mundinho das artes não admite, em geral, sua correlação estrutural com o universo do trabalho social — correlação negativa, mas ainda assim correlação. Mas, agora, o objeto de arte aurificado (a sombra de Benjamin é voluntária) despenca do Parnasso e afunda na m..., no equivalente do ouro segundo

---

[22] K. Marx, *Para a crítica da economia política*, op. cit., p. 24.

[23] Luc Boltanski e Arnaud Esquerre, "La collection. Une forme neuve du capitalisme. La mise en valeur économique du passé et ses effets", *Les Temps Modernes*, n° 679, jul.-set. 2014.

Freud. Esta função maior da arte, a de tesouro econômico, põe às claras, inadvertidamente, sua íntima relação e consanguinidade com os outros trabalhos sociais. Os maiores críticos das névoas da estética são os ricos colecionadores: eles desvendam o real valor de uso da arte hoje — mas Petrarca já falava disto. O que há de novo na comercialização imediata da arte é o salto abrupto que ela impõe entre o registro do gesto produtivo quase intransitivo e o valor. A consanguinidade denegada volta no real — mas desfigurada por oposição exterior. Dentro e fora da moldura a mesma tinta crua — mas anônima, lisa e sem vestígios por fora (= de pouco valor); assinada, carnuda e com sinais de feitura por dentro (= de muito valor pois rarificada ao extremo).

E.

Entre o momento em que surgem os primeiros sinais de crise e o tempo de Manet, uma tensão crescente começa a corroer o acordo entre as determinações centrais de nossa arte até então. Um acordo, é bem verdade, desigual: a hegemonia da função mimética impõe grande discrição à manifestação do *métier*. Ora, com a interiorização da *idea*, esta hegemonia perde peso. Formam-se dois blocos principais, cada um valorizando enfaticamente um dos extremos. O bloco dos acadêmicos valoriza obviamente o polo da mimese. O outro, o que nos importa aqui, é promovido pelos antiacadêmicos: o da feitura. Dito de outro modo: os acadêmicos escolhem o objeto imediato, a causa exterior; os antiacadêmicos, a causa interior, o objeto dinâmico.

Os antiacadêmicos, entretanto, enfrentam uma situação complicada. No começo, por inércia, eles continuam a valorizar o *métier*, um *métier* exercido com "liberdade", sem a tirania da velha mimese — isto é, aberto às aventuras da feitura. Mas o *métier* disponível é o preservado pela Academia — o autodenegativo ao serviço da mimese. Por isto, os não acadêmicos, desde Delacroix, aplicam-se no seu progressivo (em sentido literal) desmonte, estudam artistas de veia heterodoxa (alguns venezianos, Velázquez, Rembrandt, Goya etc.), de outras culturas (os gravuristas japoneses), alternativas técnicas (a fotografia) etc. Em geral, provocativos, tendem a valorizar o que a Academia vê com maus olhos. No ímpeto de seu afastamento em relação a ela, deixam também de lado todo o aparato institucional sem o qual nenhum *métier*, mesmo alternativo, sobrevive. Os eventuais agrupamentos destes artistas são casuais e instáveis,

Feitura e fatura

como os que organizam as poucas exposições dos impressionistas. Os raros ensaios de organização coletiva, promovidos pelos artistas mais politizados, têm vida efêmera. Courbet organiza a Fédération des Artistes de Paris, durante a Comuna de 1871. Chega a reunir mais de quatrocentos artistas, com a missão de "atribuir o governo do mundo das artes aos artistas".[24] Evidentemente, a Federação dura pouco. As exposições dos impressionistas são irregulares (os expositores variam, poucos expõem em todas) e pouco numerosas: seis somente, entre 1874 e 1886, data da última. A partir de 1880, começa a dispersão. Sem dúvida formam-se pequenos cenáculos que frequentam alguns cafés ou o ateliê de um ou outro. Mas, irregulares e excessivamente informais, misturando pintores, escritores e intelectuais diversos, não têm condições para construir ou reconstruir um fundamento técnico e institucional comum. "[...] Babel da arte [após a falência da Academia], onde cada artista quer falar sua língua e se põe como personalidade única", diz Zola em 1881.[25] Mais tarde, após a efêmera Société Cooperative des Artistes Peintres, Sculpteurs, Graveurs, que conta com os principais pintores impressionistas, chega a vez de Signac tentar sua Société des Artistes Plastiques — a qual dura um pouquinho mais, mas sem grande impacto.[26] O resultado desta desestruturação institucional será a divergência progressiva dos *métiers* cada vez mais individualizados. Começa a diáspora técnica e o período dos artistas com pouca ou nenhuma formação específica. Os operários industriais, sem mais *métier* de envergadura, passam a organizar-se por setores de produção. Os artistas, sob este aspecto também, reagem negativamente: sob a pressão do mercado, perseguem a diversidade até atingirem a simples indiferença recíproca da pura diferença como traço substitutivo de união. Pagarão caro por este deslize: serão os únicos membros de um campo (disperso e sem especificidade interna) a serem dirigidos por membros de um outro campo, este sim, em crescente estruturação: genericamente, o dos marchands e críticos encarregados (teoricamente)

---

[24] *Apud* Robert Tombs, *Paris, bivoac des Rèvolutions. La Commune de 1871*, Paris, Libertalia, 2016, pp. 161-2.

[25] Émile Zola, *Mon Salon — Manet*, Paris, Flammarion, 1970, p. 55.

[26] Pierre Bourdieu, em seus cursos sobre Manet no Collège de France, exagera a meu ver a importância destas precárias sociedades, possivelmente em função de suas teorias sobre a estrutura dos campos simbólicos, a qual requer um complemento institucional. Ver P. Bourdieu, *Manet, une révolution symbolique, op. cit.*, p. 217.

de defendê-los, já que, por si coletivamente, são incapazes de fazê-lo.[27] Posteriormente, os críticos cederão seu lugar à dominação de um corpo de administradores organizados coletivamente, também encarregados (outra vez em teoria) de promover os interesses dos artistas.[28] Um bom exemplo de "hegemonia às avessas", conceito promovido pelo estimado Francisco de Oliveira. Mas isto é assunto para bem mais tarde.

O *métier* passa de quase denegado a provocadoramente ostentado e, no mesmo movimento, de compartilhado a privatizado. Com isto, o campo das artes plásticas, cujo fundamento técnico até então era a comunidade de seu *métier* específico, tende a desaparecer. A enfática dispersão do *métier* provoca o início da diluição das antigas fronteiras do campo. E, com esta diluição, cresce o descuido com as estruturas, também específicas, indispensáveis a seu funcionamento e defesa. Mas, ao mesmo tempo, esta privatização, que serve aos interesses do mercado nascente das artes plásticas (o mercado de luxo requer singularização), provoca um efeito inesperado. A supressão da particularidade do *métier*, mediador interno do campo, induz sua polarização contraditória: por um lado, sua singularização e privatização; por outro sua universalização, sua abstração como qualificação em geral. Desaparece a particularização — mediação que será ocupada logo pelos "ismos" e vanguardas e, nos dias atuais, pelas diferentes versões da curadoria.

---

[27] Ver, de novo, Harrison White e Cynthia White, *La carrière des peintres au XIXe siècle*, Paris, Flammarion, 1991, capítulos III e IV.

[28] Jérôme Glicenstein, *L'invention du curateur. Mutations dans l'art contemporain*, Paris, PUF, 2015.

4

O *métier* de Manet

Paradoxo: tudo se passa como se a representação não quisesse mais iludir, pois expõe seus recursos, desfaz sua trama, des-denega. Há ironia, no sentido do primeiro romantismo. Entretanto, como nota Michael Fried, esta representação desiludida é... representada. Teatro que encena a teatralidade do teatro. Ora, o teatro no teatro, ao forçar seus mecanismos e artifícios para distinguir-se do que o inclui, reforça por oposição a credibilidade deste último. O teatrinho de Hamlet, bem artificioso, empresta mais verossimilhança à peça *Hamlet* no seu conjunto. Quando Manet e os impressionistas apresentam abertamente seus meios — pinceladas, matéria, cores "puras" etc. — temos a sensação que são mais "realistas" que Greuse ou Bouguereau. A teatralidade que permeia o que nos mostram acentua seu "realismo" mimético. Mas há outro desdobramento: a relação entre, de um lado, os atores que assistem à representação do teatrinho e, de outro, o teatrinho, é uma sinédoque da relação entre o público e a peça representada (*Hamlet*) como um todo.

A.

> "O pintor se empenha em que a figura que ele pinta, que não é mais que um pouco de cor artificiosamente posta sobre um suporte, [...] que ela consiga enganar parcialmente ou totalmente os olhos dos espectadores, fazendo-os crer que ela é o que ela não é [...]."
>
> Giovanni Boccaccio,
> *Il comento alla Divina Commedia*[1]

---

[1] Giovanni Boccaccio, *Il comento alla Divina Commedia*, Domenico Guerri (org.), Bari, 1918, tomo III, p. 82.

O que é a denegação clássica? Após Boccaccio (para provar que a questão vem de longe), deixo a palavra a Louis Marin, com quem eu discutia estas coisas:

> "[...] a invisibilidade da superfície-suporte [...] é a condição de possibilidade da visibilidade do mundo representado. A diafaneidade é a definição técnico-teórica do écran plástico de representação [...] a (de)negação do dispositivo reflexivo-refletor: o quadro, a representação enquanto mimese não se efetiva senão através dela. Antes mesmo que o quadro de história opere a (de)negação do sujeito da enunciação-representação, esta denegação já foi operada no nível do dispositivo representativo mesmo."[2]

A "denegação [...] no nível do dispositivo representativo" implica o apagamento, a anulação de todo o andamento produtivo. A "possibilidade da (perfeita) visibilidade do mundo representado" requer um *métier* capaz de autocamuflar-se completamente. De fazer-se "janela" sem sujeira no vidro.

Manet capricha na sujeira. Des-denega. Repõe o "sujeito da enunciação-representação". E repõe com ênfase. Não somente enuncia a história, mas deixa claramente ver que é seu autor. Mostra-se contando enquanto a inventa, sem fornecer conclusões. Mostra o contar, a feitura.

Fatura é feitura imobilizada. Mas na mercadoria fetichizada desaparecem os sinais de feitura real ocultados pela fatura manhosa. Fatura que pode indicar uma feitura diferente da real: tudo convém para desacolher sinais do trabalho efetivo. Quando a essência do movimento social é decidida na produção, a aparência do produto tenta negar o que ele é, aparição desta essência. Põe no seu lugar uma outra aparência — apagando os vestígios da produção ou deslocando sua interpretação, fazendo parecer aparição de outro tipo de produção ou de nenhuma produção. Com o que a falsa aparência indica indiretamente a verdade da produção: ela é de tal sorte que deve esconder-se, não pode aparecer tal como é na realidade. Produção que teria vergonha de si se aparecesse sem mais. Mas é este "mais" que indica ironicamente o escondido, traindo assim a ocul-

---

[2] Louis Marin, *Détruire la peinture*, Paris, Galilée, 1977, p. 61.

tação.[3] Este último caso é frequente em naturezas-mortas: nelas, por vezes, a fatura aparente provém de um gesto técnico de tal modo preparado que ela (a fatura) "desaparece" sob a mimese ilusionista apesar de não desaparecer realmente. Esta finta embutida em outra finta pode ser encontrada nas extraordinárias "tapeçarias" de Pier Francesco Cittadini ou em determinados objetos de Luis Meléndez. Convém perfeitamente às representações da *vanitas*.

Em oposição ao mascaramento da produção comum, Manet e os impressionistas apresentam enfaticamente seu procedimento produtivo. Este é o primeiro sentido de suas pinceladas: elas constroem, conformam, moldam obviamente tudo o que a tela oferece. (Há um segundo sentido ou um duplo sentido: elas serão a marca distintiva da mercadoria obra de arte.) Rosalind Krauss constata alguma coisa semelhante, mas generaliza demais o que começa a despontar como prioridade somente a partir de Manet:

> "A obra de arte acabada é o resultado de um processo de formação, de fabricação, de criação [...] ela é a prova do término de um processo, como a marca no solo [...] é a prova da passagem de um indivíduo. A obra de arte é portanto o *index* de um ato de criação que tem suas raízes na intenção de fazer uma obra. A intenção é compreendida (contida) numa espécie de acontecimento preexistente."[4]

Mas, dito assim, a observação é válida tanto para Veronese como para Mondrian (descontando a inevitável teleologia que quase invalida a observação). Manet vai além. Ele nos diz o processo de produção acentuadamente na própria obra, expõe a gênese do resultado no próprio re-

---

[3] "[...] o hegelianismo crítico [...] permite a Marx forjar a estranha concepção de uma forma de aparição que torna invisível o essencial que ela manifesta, de um aparecer que torna invisível a coisa mesma da qual é o aparecer — para não mencionar esta concepção ainda mais estranha de uma forma de aparição que indica o contrário do essencial que ela manifesta, de um aparecer que afasta ou inverte o essencial ou o real dos quais ela é, entretanto, o aparecer." Franck Fischbach, *Philosophies de Marx*, Paris, Vrin, 2015, p. 179.

[4] Rosalind Krauss, *L'originalité de l'avant-garde et autres mythes modernes*, Paris, Macula, 1995, pp. 38-9.

sultado, resultado que, fundamentalmente, é a exposição de sua própria gênese (outra vez, a filogênese bisa a ontogênese).

Na *sprezzatura* o pintor empresta a presença física do registro do gesto técnico, a pincelada por exemplo, para constituir a "presença" fictícia de algum detalhe da imagem — como a pincelada gorda de matéria faz de conta que é uma prega no tecido branco do braço que avança do São Gregório de Rubens (*O êxtase de São Gregório*, Musée des Beaux--Arts, Grenoble, 1606-07). A pincelada então se adapta à conformação do detalhe e à sua evidência figurativa. Em Manet, a tela cobre-se toda com a presença dos inúmeros índices do processo de formação. A pincelada adapta-se menos à imagem, faz-se mais metafórica ou diagramática. Enquanto sujeito da enunciação, Manet aponta tanto para si quanto para o que enuncia. Esta manifestação intensa da feitura na formação das figuras teatrais sustenta paradoxalmente a sensação de maior realismo. Como na *sprezzatura*, há transferência, deslocamento da presença do índice para a imagem, mas agora isto ocorre em toda a tela e não somente em alguns detalhes — e em várias passagens nem há deslocamento. Com muito maior intensidade e vigor que no classicismo, a dimensão indicial concorre com a icônica.

B.

Comparemos o processo de produção de Manet com o de um clássico. Depois o compararemos com o dos neoimpressionistas. Espero que assim nos aproximemos mais da especificidade de Manet.

Não citei Rubens acima por acaso. Quase todos os estudiosos da pintura consideram Rubens como um dos melhores mestres do *métier* clássico. A regularidade de seus procedimentos, sua coerência no uso dos materiais e gênero de feituras, a lógica rigorosa da sequência produtiva, a constante adequação da escritura à natureza dos componentes plásticos, a justa economia dos meios etc., formam um sistema coeso e claro de inter-relações construtivas. Graças a esta sistematização perfeitamente adaptada ao imaginário clássico, Rubens pôde aplicar em seu ateliê uma feliz divisão técnica do trabalho: organizou uma pequena manufatura flexível e racional (quase uma manufatura liberada do capital que a inventou). Com exceção de tarefas elementares mas necessárias à formação dos aprendizes — preparação de suportes, de chassis, de cores etc. — todas as outras permitiam uma boa dose de liberdade. A codificação das operações, a distribuição de faturas segundo a coisa figurada, a flexibilidade deixada à execução permitem a coabitação de diversas habilidades pessoais. Vários de seus colaboradores são excelentes pintores: Jan Wildens, Jan Brueghel, Frans Snyders, Paul de Vos, Van Dyck... Mesmo o toque final virtuose cabe na divisão do trabalho. Geralmente reservado a ele, Rubens, poderia ser aplicado por qualquer de seus melhores ajudantes: bastaria que sobressaísse com relação ao resto da fatura como é esperado neste tipo de intervenção de prestígio. Seu tratamento do *métier* comum tornou-se um dos principais paradigmas da herança coletiva dos artistas clássicos.

Nada mais contrário à prática da maturidade de Manet. Não há como imaginar qualquer divisão manufatureira em seu ateliê de um só pintor. Sua prática não admite sistema, recorrência ou regularidade, nem mesmo no interior de uma única obra. Seu modo de pintar requer constante mutação, como afirma em suas conversas com Antoine Proust, Zola e Mallarmé. Desde cedo vai neste sentido ou não sentido: para não ser Delacroix, Ingres ou Courbet, o primeiro passo é afastar-se deles — mas sem rumo preciso. Para marcar seu antiacademismo, recusa seu traço maior, o *métier*, o receituário congelado, seu modo de tudo regrar previamente. Nos Salões oficiais, cada artista procura, reunindo alguns empréstimos, a marca pessoal a reprisar para ser reconhecido, ou seja, alguma diferença que carregará para sempre como seu logotipo artístico e/ou comercial, crescentemente convergentes. Baudelaire diagnostica: "A individualidade, esta pequena propriedade, corroeu a originalidade coletiva [...] o pintor [...] matou a pintura".[5] O espetáculo das salas enfileiradas, cobertas até o teto pelas diferenças indiferentes em combinações de obsolescências, sufoca. Manet, sempre a contracorrente, abdica também da "pequena propriedade", para o desespero de Baudelaire e de Zola, que esperam dele o sistema, a maneira de captar a modernidade. "Jamais pintar uma paisagem e um retrato da mesma maneira, com o mesmo método e o mesmo *métier*." Faz da inconstância sua constante. Somente a injunção do que surge na tela determina como prosseguir. Todo o resto deve ser "recolhido, ignorado ou afastado". De outro modo não é possível "gozar de sua autonomia pessoal". Mas não há elogio do despreparo. No meio das citações lembradas mais acima, Mallarmé observa: "A mão, é verdade, guardara alguns segredos adquiridos de manipulação".

---

[5] Charles Baudelaire, *Salon de 1846*, in *Oeuvres complètes*, Paris, Seuil, 1968, p. 259.

O *métier* de Manet

Seus modelos são Giorgione, Ticiano, Velázquez, os mestres do *métier* vivo.

Manet é lugar-tenente, como diz Adorno. Mas quem ou o que defende? No ateliê, responde ao que sua produção em andamento propõe, atento exclusivamente a ela. Nada pronto, predeterminado, interfere em seu fazer. Mergulha na "substância determinada" de sua obra, renovando a cada vez o caminho da necessidade construtiva particular. Agora, ouçamos Marx:

> "Na organização corporativa, artesanal, do trabalho [...] onde o capital ele mesmo tem ainda uma forma limitada, ele permanece mergulhado numa substância determinada e, portanto, não é ainda capital enquanto tal, o trabalho aparece como ainda mergulhado na determinidade particular; ele não é ainda em sua totalidade e sua abstração 'o' trabalho enquanto faz face ao capital [...]. Esta relação econômica [do capital plenamente desenvolvido] [...] este caráter do qual os capitalistas e os trabalhadores, considerados como extremos de uma relação de produção, são portadores, é [...] desenvolvido de modo tanto mais puro e adequado quando o trabalho perde todo caráter de arte."[6]

Com Manet, "quando o trabalho (tende a perder) todo caráter de arte" (no sentido de *ars*), a perder a especificidade de um *métier*, a arte tende a se pôr como trabalho, como "o" trabalho. Ainda em trânsito na direção desta tendência, sua fatura torna-se o relatório de sua feitura. Um relatório não mais escrito na língua do *métier* obsoleto — mas na que está nascendo a partir da rejeição das alterações que o modelo gerencial do capital introduz nas áreas que está conquistando, ou seja, em quase toda a extensão das atividades sociais. O terreno que sobra para a atividade artística reduz-se a um mínimo: a indicialidade e o esquematismo quase brutais, ainda não cooptados pelo capital (serão cooptados um pouco mais tarde). A arte, nesta arrancada contra a voracidade crescente do capital, faz-se exemplo exagerado, como se compensasse com rudes provocações a estreiteza crescente de seus meios. Absolutiza seu exemplo, aproxima-o do extremo assim como está indo ao extremo seu oposto, a

---

[6] Karl Marx, *Manuscrits de 1857-1858 dits "Grundrisse"*, Paris, Éditions Sociales, 2011, p. 257.

"totalidade e a abstração d'o' trabalho". Singulariza seu trabalho tanto quanto pode, agarrando-se de modo maníaco a pedaços do que lhe resta. Não em nome do indivíduo Manet, como sua "pequena propriedade". Mas enquanto candidato a sujeito que emergiria da produção autodeterminada, do fazer autônomo desejado — no qual crê enquanto imagem invertida do indivíduo anulado na produção industrial que se instala. Ao trabalho social que se transforma em pura aplicação da força de trabalho genérica (em teoria) como complemento do maquinário, a arte opõe um outro, moldado por sua negação determinada. Ou seja, se o primeiro colmata as insuficiências provisórias do avanço da "razão instrumental" a caminho da automação total, o segundo sabota o *métier* herdado na esperança de... alguma solução inédita. Enquanto a organização científica do trabalho dispensa qualquer relação empática entre trabalhador, material e os novos instrumentos crescentemente dominadores, Gauguin mergulha no universo supostamente selvagem das ilhas do Pacífico em busca de recomeço e Van Gogh desce nos poços do Borinage descrendo cada dia mais das promessas de remissão que veio repetir.

O *métier* de Manet

5

Nota sobre a representação em Manet

> "[...] a matéria tem mais importância que o tema, os objetos e a literatura [...] os pintores parecem aliás, atualmente, preocupar-se bastante pouco com o tema e dar mais importância à técnica, ao *métier*, à matéria."
>
> Paul Signac, *D'Eugène Delacroix au Néo-Impressionnisme*[1]

As transformações da feitura/fatura e da função representativa na pintura do século XIX francês formam um quiasmo. Enquanto o primeiro par se expande, a segunda encolhe. A feitura/fatura não sugere somente com discrição o potencial libertário do antigo *métier* insubordinado. Desprega-se também da função de servente do imaginário ou de caixa de ressonância das paixões. Como num eco mordaz à nova hegemonia do capital produtivo, a arte põe com alarde a feitura em seu próprio centro. O acento tônico, a instância dominante, passa ao momento produtivo também nas artes plásticas. Isto torna-se evidente se compararmos Delacroix ou, sobretudo, Ingres do começo do século com Matisse no fim. Por sua vez, a figuração da modernidade exterior, pregada por Baudelaire, não compensa a desimportância crescente da função ilustrativa. Ela empalidece, anêmica — e quase desaparece. Alguma coisa a corrói ou dispensa.

Manet está na posição do eixo da báscula que inverte as prioridades. Ocupa o lugar tenso do equilíbrio instável entre o antigo e o novo.

A.

Manet já suspeita da aparente evidência da função representativa entendida como ilustração de *ideas* prontas com enfeites renovados...

---

[1] Paul Signac, *D'Eugène Delacroix au Néo-Impressionnisme*, Paris, Hermann, 2014, pp. 178-80.

Passa a examinar os artifícios de sua montagem. Os estudos de Michael Fried são preciosos a este propósito. Manet encena a própria representação. Seus personagens posam ostensivamente, sabem que Manet os olha — e nós depois. Posam frequentemente com roupa de teatro, mas como atores que não colam a seus papéis, sob a luz frontal de um proscênio. Deixam o universo de Stanislávski, passam ao de Brecht. A representação não quer mais iludir, destrói qualquer possibilidade de "absorvimento". Parafraseando Adorno, após o horroroso massacre da Comuna de 1871 não há mais campo para o fingimento de dores ou sentimentos sublimes: e representação é fingimento. Mesmo a empatia, se muito exposta, passa a ser suspeita de hipocrisia. Como diz Michael Fried:

> "Parece que a arte de Manet visava negar os valores e efeitos do fechamento próprios às representações de personagens absorvidos por suas tarefas ou pensamentos [...] pontuando [...] o fim desta tradição, ele insiste como jamais antes sobre esta 'verdade da pintura', a saber, que esta última é feita para ser olhada [sic] [...] um certo número de sinais testemunham, nos anos 1870 e 1880, sobre um deslocamento retórico sutil e uma acentuação do valor de experiência oferecida pela obra; tudo ocorre como se passasse de um julgamento [...] binário [...] a propósito da natureza da representação em geral [...] a um tipo de julgamento aparentemente menos ideológico [...] e que afirmasse valorizar o que logo seria chamado 'qualidade intrínseca da pintura em si'."[2]

Manet desdobra a representação: representa e representa a representação. Pinta e pinta estar pintando. Pinta Hamlet representado por Faure e Faure representado por sua pintura. Pinta alguma coisa evidentemente encarnada por outra. Pinta alguém na pele de um outro sem que haja identificação. Faure na pele de Hamlet, Olympia na pele da *Vênus de Urbino* de Ticiano. Mas Faure e Olympia parecem saber que não são nem um nem outra. A desmontagem da ficção continua: em nenhum momento Manet nos deixa esquecer que Faure e Olympia estão tão ausentes quanto Hamlet ou Vênus. Que temos diante de nós uma pintura metafórica de sua própria produção num ateliê. E mais, não transfigura — ou

---

[2] Michael Fried, *Le modernisme de Manet*, Paris, Gallimard, 2000, pp. 234, 242 e 248-9.

pouco — a pincelada em grafia expressiva, um outro tipo de ficção. Teatraliza entretanto a técnica, desdobrando-a em técnica de representação e de autoapresentação. Como vimos, este enfileiramento de distâncias, de não identificação, de esfoliação das camadas sucessivas da representação, esquiva de qualquer sentido unívoco. Cada camada se desobriga daquilo que a próxima sugere como interpretação. Sobra o deslizamento, a supressão do que vem de ser dito, a suspensão de certezas e evidências, a impossibilidade de colar um só rótulo às coisas. Paradoxalmente aumenta a quantidade e o modo do dizer, numa rara abundância de possibilidades interpretativas — mas, ao mesmo tempo, não há como somar denotações ou conotações; o movimento é dispersivo: Hamlet — não, Faure — não, pintura... Atravessando todas as camadas até sair do quadro e nos atingir, algum olhar dirigido a Manet, a nós, como um espeto imaterial que ao contrário do resto não é desdito, parece escapar da pintura. Mas nós, sob sua inquisição, nos sentimos desfeitos: atingidos por um olhar de Górgona, o qual, em vez de nos petrificar, nos liquefaz, nos inquieta pois não sabemos quem nos olha: Hamlet? Faure? Vênus? Olympia? A tela?... Ao representar a representação, num movimento de autorreflexão, Manet desdobra, distancia necessariamente o representado de sua própria representação. Pensando bem, toda representação implica distância (portanto redução do pático, do expressivo) e desdobramento (entre representado e seu representante). Mas Manet insiste, acentua a descamação.

Émile Benveniste estabelece uma distinção entre discurso e narração histórica: "Pela escolha dos tempos do verbo o discurso se distingue nitidamente da narração histórica. O discurso emprega livremente todas as formas pessoais do verbo, tanto o eu/tu como o ele. [Na narração histórica] o narrador não intervém, a 3° pessoa não se opõe a nenhuma outra, uma ausência de pessoa".[3] Esta distinção relaciona-se tanto com a vinculação entre a *idea* clássica e o "liso", o *métier* autodenegador, como com a vinculação oposta entre a diluição/distúrbio da *idea* e a *sprezzatura* e o *non finito* a partir de Manet. Como tem também com o par "absorvimento"/"liso" e seu oposto, o par "teatralidade"/"indicialidade". O clássico poderia ser aproximado da narração histórica, descontados ligeiros traços de *sprezzatura* e *non finito* e o primeiro modernismo, rico em índices e *shifters* plásticos, teria afinidades com o discurso, desconta-

---

3 Émile Benveniste, *Problèmes de linguistique générale I*, Paris, Gallimard, 1966, p. 242.

das ligeiras ocorrências de *ideas* exteriores. No classicismo, um narrador anônimo conta alguma lenda ou fato histórico, o gênero mais elevado da pintura, segundo a Academia; no modernismo, um emissor individualizado dirige-se diretamente a nós — e a narração histórica tende a desaparecer das artes plásticas, bem como a univocidade dos interpretantes. Mas o emissor tende a não dizer mais nada, a encolher-se num apelo para ser escutado, sem mais.

B. A planaridade

Boa parte dos críticos associa o desmonte da representação ilusionista à emergência ou ao anúncio da emergência do plano, do suporte, de maneira explícita em pintura. Tudo se passaria como se o fundo da cena avançasse na direção do proscênio, obrigando os atores fictícios a pularem do palco juntando-se a nós, sob a forma de índices palpáveis. O que estaria de acordo com a passagem da narração histórica e do seu espaço ilusório do "era uma vez" ao discurso que pressupõe a presença de todos no mesmo lugar. Nesta linha, a análise pioneira de Clement Greenberg ainda tem sucesso. (Ela confirma o esquema de interpretação do modernismo proposta por Alfred H. Barr Jr., até hoje dominante.) Michel Foucault, Georges Bataille e muitos outros aderem a esta análise. Em parte, eu também. Segundo Greenberg, a emergência do plano assinala conscientização a propósito da essência da pintura. O que a distinguiria de todas as outras artes seria a "planaridade", sua vocação a condensar-se em torno do suporte. Seu elemento sensorial seria a "visualidade". E o modernismo, o desenvolvimento, a purificação desta descoberta. "Mais que qualquer outra coisa, é a acentuação da planaridade inelutável do suporte que foi fundamental para o processo pelo qual a arte da pintura procedeu à crítica e à definição de si no modernismo. Porque somente a planaridade era única e exclusivamente própria à arte pictural."[4] Em "Towards a Newer Laocoon", Greenberg declara:

"Guiando a si mesmas, consciente ou inconscientemente, através da noção de pureza derivada do exemplo da música, as

---

[4] Dominique Chateau, "La peinture moderniste", in Dominique Chateau (org.), *À propôs de "La Critique"*, Paris, L'Harmattan, 1995, p. 321.

artes da *avant-garde* [...] atingiram uma 'pureza' e uma delimitação radical de seus campos de atividade das quais não há exemplos anteriores na história da cultura. As artes descansam protegidas agora, cada uma no interior de seus 'legítimos' limites e a livre circulação [entre as artes] foi substituída pela autarquia. Pureza na arte consiste na aceitação, aceitação voluntária, das limitações do *medium* específico de determinada arte."[5]

É preciso, entretanto, corrigir a interpretação corrente. Como aponta Thierry de Duve:

"Mil vezes Greenberg foi acusado de pregar — isto é, de prescrever — a planaridade da pintura modernista como se ela fosse um critério e uma garantia de qualidade válida sempre e em todos os lugares. E mil vezes Greenberg se defendeu dizendo que em 'Modernist Painting' (e todos os seus outros textos) tinha somente descrito um processo histórico tal como ocorreu, o qual não revela sua tendência inelutável à planaridade senão no fim como um tropismo involuntário, e jamais como um programa."[6]

Acho curiosa esta linha de interpretação: ela aquieta depressa demais a escorregadia incerteza em que Manet nos afunda, com a pressuposição de um providencial, estável e bem implantado plano anunciado para logo. Não há dúvida, Manet evidencia o suporte — mas tanto quanto o denega com vários gêneros de figuração. Creio que a insistência sobre a "planaridade" tende a anular a complexidade fugidia do trabalho de Manet, esta não identidade das coisas com elas mesmas. Principalmente — o que contraria a hipóstase prematura do plano nestas análises — a nega-

---

[5] Clement Greenberg, "Towards a Newer Laocoon", in Francis Frascina (org.), *Pollock and After*, Routledge, 2000, p. 66. Toda a primeira parte deste livro é dedicada a uma polêmica entre T. J. Clark e Michael Fried a partir de Greenberg. Esta insistência sobre "pureza" soa sombriamente se lembrarmos que este texto foi publicado pela *Partisan Review*, em 1940. Esta observação não implica, obviamente, nenhuma suspeita quanto ao texto de Greenberg.

[6] Thierry de Duve e Clement Greenberg, *Entre les lignes. Suivi d'un débat inédit avec Clement Greenberg*, Paris, Dis Voir, 1996, p. 28.

tividade incessante implícita na sua prática, a qual desafia qualquer fixação que ela mesma tenha provocado, a interdição que ele impõe a si mesmo de aceitar qualquer achado seu como coisa assegurada.

Neste ponto, prefiro a interpretação de T. J. Clark. Sem negar a base da análise de Greenberg — o que não teria sentido — critica seu formalismo imanentista, a autopurificação da pintura. Ele tem mais interesse pela indeterminação semântica ou pelas inconsistências provocadas pelo desmonte dos recursos representativos. Para ele, esta indeterminação pode ser considerada expressão da situação instável das classes sociais na França da segunda metade do século XIX, uma abdução curta demais segundo Bourdieu. Quanto à "planaridade", Clark afasta com meia frase irônica sua associação com o mundo do trabalho (ou seja, o que proponho) e, no mesmo embalo, com a mística teosófica e geométrica. Ligeireza estranha num crítico tão cuidadoso. Finalmente a considera como mais um recurso retórico possível.

Michael Fried discute a veracidade histórica da interpretação de Greenberg: a "planaridade" e a "visualidade" seriam achados impressionistas somente mais tarde atribuídos a Manet. Para ele, mais que o plano, o que conta é a "frontalidade antiabsorvimento" (*issues of facing*) e suas consequências para a relação da obra com o espectador, sua presença (*presentness*) frente a ele.

Estas análises hoje clássicas, somente indicadas aqui, e que merecem estudo muito mais aprofundado, parecem resvalar em seu objeto. Será que podemos aceitar a redução de Manet a um elo (mesmo se fundamental) numa construção autárquica e cujo herói é a "planaridade", a hipóstase do suporte posto como essência da pintura, como sua marca específica, vinda à tona sem outras explicações no final do século XIX? Greenberg diz: "Os quadros de Manet tornaram-se as primeiras obras modernistas em virtude da franqueza com a qual ostentam a superfície sobre a qual a pintura era posta".[7] O que importa não parece ser a franqueza do procedimento, mais que a ostensão da superfície? A não denegação do trabalho? Greenberg mesmo afirma: "A divisa do pintor da Renascença, *Ars est artem celare*, foi trocada [pelos pintores da vanguarda] por *Ars est artem demonstrare*".[8] Mas, mesmo a franqueza, trata-se de um valor

---

[7] Citado em M. Fried, *Le modernisme de Manet*, *op. cit.*, p. 250.

[8] C. Greenberg, "Towards a Newer Laocoon", in F. Frascina (org.), *Pollock and After*, *op. cit.*, p. 68.

em si? O padeiro não é franco porque a farinha desaparece no pão? Se o plano conta — e conta — não conta pelo que é em si, mas porque é meio de produção. E a produção não se resume a seus meios. A essência da carpintaria não é nem a madeira, nem o serrote, nem alguma hipotética "madeiridade".

Não creio que a substituição por Fried da "planaridade" pela *presentness* resolva as dificuldades. Certo, chama a atenção para a relação da obra com o observador e sua transformação histórica; neste sentido é convincente. Mas a velha mania de extrair de certos fenômenos complexos uma categoria, isolá-la de seu contexto, e depois sair andando por aí com ela, esquecida de sua origem concreta, ressurge aqui. E mais: nestes passeios, a "planaridade" ou a *presentness* encontram outras irmãs, tão arbitrariamente isoladas quanto elas, como a "restância" (restos resistentes à hermenêutica, o real de Freud desgarrado do imaginário e do simbólico) ou a "objetidade" minimalista, geradora de carradas de livros e de artigos exuberantes em exotismos metafísicos. A origem destas categorias reificadoras desaparece: são efeitos decorrentes de um certo tipo de trabalho que não procura esconder-se e revelam as hesitações, as sobras de um processo de produção não determinado por um projeto exaustivo nem pela obrigação de acabar, de polir o feito. São índices de produção aberta. Por isto, depois de separados e entificados, podem servir para nos fazer crer que tiveram esta origem sem que seja verdade. É o caso da "restância". Reduz-se às vezes a aplicação de matéria pastosa, de escorrimentos ou de pinceladas aleatórias, gratuidades frequentes em pintores que querem fingir muito trabalho sob o que mostram. Couture costuma proceder assim — e o próprio Manet, no início de sua carreira. Neste caso, a "restância" — separada, reificada, antigo resto não simbolizável ou não simbolizado do fazer — não resiste mais à hermenêutica e passa a significar muito trabalho o qual, por isto mesmo, não precisa mais existir pois é significado... Do mesmo modo, a *presentness*, se implica o reconhecimento do espectador em seu face a face com a obra, esquece que deriva da crítica à denegação do *status* de artefato (desdenegação) da obra de arte e passa, outra vez, para o nível de um valor em si. *What you see is what you see*, como mais tarde na tautologia de Robert Morris, caindo em cheio na certeza sensível, cuja abstração oca demonstrada por Hegel é o oposto da plenitude suposta da presença.

A hipótese central do texto de T. J. Clark sobre Manet ("na qual este livro como um todo é baseado"), segundo a qual "as inconsistências tão cuidadosamente preparadas devem ter sido sentidas como sendo apropriadas às formas sociais que o pintor escolheu mostrar", esconde um pressuposto discutível.[9] A pintura seria a imagem (no sentido escolástico, imagem = aquilo que procede de outra coisa, *ex alio procedere*) de "formas sociais". Sem contar que em parte as "inconsistências" são inconsistências das análises da crítica desde a época de Manet (ver mais adiante minha análise de *Um bar no Folies Bergère*), este gênero de relação direta (obra x "formas sociais"), apesar do refinamento de sua apresentação, remete à teoria do reflexo especular. Arte é o reflexo da sociedade, afirma a *doxa* com o infeliz respaldo de Engels. Manet teria escolhido um objeto determinado — as "formas sociais" — o qual traduz sobretudo com suas "inconsistências cuidadosamente preparadas". Pierre Bourdieu critica este atalho em Clark, como indiquei acima. "É o gênero de interpretações, de análises que cometem o erro do curto-circuito: como se pudéssemos passar diretamente das causas sociais, dos fatos gerais à particularidade a mais particular de uma obra."[10] E cita, como exemplo de curto-circuito, uma passagem do livro de Clark: "[...] vemos neste quadro [*Música nas Tulherias*, National Gallery, Londres, 1862] a resistência da sociedade ao Império".[11]

A teoria do reflexo, sem outra precaução, é perigosa: tende a desconhecer a natureza das mediações entre as partes refletidas e refletoras. T. W. Adorno, em *Dialética negativa*, critica com veemência a teoria do reflexo: "O critério [...] da intuição sensível [...] não deve ser aplicado ao que é radicalmente mediatizado, à sociedade". Caso contrário teríamos somente "fotografias da objetividade" ou "descrição da fachada".[12] Se, mais acima, indicamos que as relações entre artes plásticas e embasamento socioeconômico podem ser pouco mediadas, falávamos de momentos similares de processos produtivos (prescrição, feitura) ou de relações de trabalho (autonomia, heteronomia). Comparávamos produções materiais. É perigoso atar as artes plásticas, artes anfíbias, a uma classe qualquer: têm raízes no trabalho material mas somente elas fazem emergir

---

[9] T. J. Clark, *The Painting of Modern Life. Paris in the Art of Manet and his Followers*, Princeton, Princeton University Press, 1999, p. 252 [ed. bras.: *A pintura da vida moderna. Paris na arte de Manet e seus seguidores*, tradução de José Geraldo Couto, São Paulo, Companhia das Letras, 2004].

[10] *Idem, ibidem*, p. 398.

[11] *Idem, ibidem*, p. 64.

[12] Theodor W. Adorno, *Dialectique négative*, Paris, Payot, 2003, pp. 248-52.

(durante sua produção e não como simples significado) o "sujeito" substancial. Com relação à teoria do reflexo, elas são ao mesmo tempo muito mais e muito menos mediadas. Muito mais, pois elas exigem descer da aparência à aparição da aparência e daí ao fundamento contraditório. Muito menos, pois este fundamento é simplesmente trabalho como qualquer outro — mas na contramão.

Mas o posicionamento de T. J. Clark envolve outros parâmetros. Sem pretender de modo algum esgotar a questão, alinho algumas citações que são pertinentes para nossa indagação aqui:

> "[...] Arte, no modernismo, é o fato da negação [...]. Seguramente a dança da negação tem a ver com [...] o declínio das elites da classe dirigente, a ausência de 'base social' para a produção artística, o paradoxo envolvido em fazer arte burguesa na ausência de uma burguesia. A negação é o sinal no interior da arte desta vasta decomposição [...]. [Greenberg] acredita que a arte pode substituir ela mesma os valores que o capitalismo desvalorizou. [A recusa de T. J. Clark em aderir a esta crença de Greenberg tem por base] três observações. Primeiro, a negação está inscrita na prática do modernismo como forma na qual a arte aparece para si mesma como valor. Segundo, a negatividade não aparece como prática que possa garantir sentido [...] mas, ao contrário, a negação aparece como um fato absoluto e que tudo circunscreve, algo que uma vez iniciado é cumulativo e incontrolável [...]. Por outro lado a negação é sempre o vazio: esta é a mensagem que o modernismo não se cansa de repetir [...]. [Mas] esta negação vazia é por sua vez negada [...]. [A arte] envolve esta espécie de volta sobre si que Greenberg descreveu exaustivamente. Mas envolve também [...] a busca de outro lugar na ordem social. A arte quer dirigir-se a alguém, quer alguma coisa para fazer; quer resistência, precisa de critérios, assume riscos para encontrá-los, inclusive o risco de sua própria dissolução."[13]

A meu ver, este debate — envolvendo ao mesmo tempo "planaridade", negatividade e teoria do reflexo ou da representação — está mal en-

---

[13] T. J. Clark, in F. Frascina (org.), *Pollock and After*, *op. cit.*, pp. 82-3.

Nota sobre a representação em Manet

caminhado. Cada arte, diz Greenberg, possui uma essência exclusiva e o modernismo é o processo que põe em evidência estas essências. Mas, pouco depois que esta tese foi enunciada, surgem nos anos 1960 movimentos de diáspora que subdividem cada arte em inúmeras subespécies. Achar o conceito adequado a cada subespécie tornou-se problemático. Bem antes disso, entretanto, por volta da metade do século XIX, um movimento inverso de convergência pôs sob a cobertura de um só conceito genérico e abstrato quase todas as atividades sociais: o conceito de trabalho sem especificação, conceito que sustenta a teoria do valor e todas as trocas econômicas. Com este movimento, as antigas diferenças substanciais encarnadas pelos *métiers* entram em crise e as novas passam a ser espécies, particularizações de um único gênero, espécies de trabalho, de "o" trabalho. A partir de então, as correlações fundamentais entre instâncias sociais deslocam-se para outro nível. Não há mais espelhamento, reflexo ou coisa parecida que possam ser estabelecidos sem passar pela mediação deste gênero, deste universal absolutamente dominante em nossa sociedade. A noção de material, central na reflexão sobre a arte hoje em dia, pressupõe obviamente seu complemento, o trabalho que sua transformação requer. As mediações substanciais, das quais os polos da representação e do representado são o desdobramento, implicam todas, de algum modo, "o" trabalho ou outra categoria de mesma amplitude. Note-se que esta dominante caracteriza nossa sociedade, o que não significa ter validade para sempre. No caso de nossas artes plásticas (as únicas a que me refiro por prudência), repiso mais uma vez, a mediação fundamental, a que implica o fundamento, é "o" trabalho e suas determinações, suas oposições, subordinado ou "livre", oculto ou aparente, feliz ou massacrado etc. Por isto, para nós, "planaridade" é o nome acanhado de plano de trabalho, e "reflexo" seria, no melhor dos casos, o nome de posição comparável positivamente ou negativamente no mundo do trabalho. Dito de outro modo, somente a posição no processo de trabalho, categoria hoje universal e hegemônica, determina identidades, diferenças, oposições ou contradições essenciais nas relações recíprocas entre arte e produção social. A teoria do reflexo desconhece estes diversos modos de relação e somente destaca o de identidade formal ou homeomorfose exteriores implicadas na especularidade. Obviamente "o" trabalho entre nós hoje nada mais tem a ver com algum possível sentido. Daí o vórtice que desemboca no plano, no real do plano no qual tentamos inscrever no real da matéria nossa dor não simbolizável. Como nas garatujas de Cy Twombly ou nos arranhões de Antoni Tàpies.

O tratamento da negação em Greenberg e Clark é sintomático desta dificuldade. Para Greenberg, negação é sinônimo de purificação: o negado é a interferência de uma das artes, de sua essência exclusiva, sobre outra, a qual deve purificar-se afastando de si esta intromissão indevida e perturbadora. A negação de Greenberg é higienista: ela descasca para encontrar o núcleo puro de cada arte. Lembra a escultura *per levare* de Michelangelo. Para Clark a negação é uma espécie de processo degenerativo em que o *métier* perde pouco a pouco seus meios — perda que refletiria (?) a descaracterização da classe (ou "das formas sociais") à qual a melhor pintura faria referência. Por exemplo, a partir de 1871, o desvio da burguesia por tentações aristocráticas. Thierry de Duve pergunta:

> "[...] com que direito, e como mandatária de quem, e diante de qual assembleia a 'planaridade' da pintura se põe como representante da burguesia enfraquecida? Sem dúvida Clark responderia que não é a burguesia, mesmo enfraquecida, que a 'planaridade' representa mas o enfraquecimento da burguesia, 'a falta de uma classe dirigente adequada à qual se referir' — o que ocasiona o vazio da representação [...] uma falta por outra [...]."[14]

Há desvio na utilização do conceito de negação. Para Greenberg, o processo de negação chega a um saldo aparentemente positivo. O que sobra depois da exclusão da intromissão indevida das outras artes? A "planaridade" na posição de essência da pintura. A negação desemboca numa *Aufhebung*. Mas, uma vez efetuado o salto, temos a impressão de que chegamos a um beco sem saída: o que fazer a partir daí? A partir da positividade obtusa do plano? A dificuldade de Greenberg para determinar o *status* da "planaridade" e de seu destino apontam este impasse: o caráter estático e a-histórico da "planaridade", categoria do entendimento. Para Clark, a negatividade, numa espécie de movimento quântico devastador, segue dois caminhos simultaneamente. *Métier* e perfil de classe se desagregam simultaneamente — simultaneidade que Clark põe como reflexo. Mas cabe evidentemente a pergunta de De Duve: por que a burguesia "enfraquecida" torna-se o outro do *métier* desagregado e, inversamente, por que o *métier* desagregado torna-se o outro da burguesia

---

[14] Thierry de Duve, in T. de Duve e C. Greenberg, *Entre les lignes. Suivi d'un débat inédit avec Clement Greenberg*, *op. cit.*, p. 57.

Nota sobre a representação em Manet

"enfraquecida"? Clark responde que a arte quer dirigir-se a alguém. Tem razão, pelo menos no plano comercial. Mas, em seu livro sobre Manet, o outro é a classe média e sua constituição hesitante — e não a burguesia aristocratizada. Em qualquer caso, entretanto, para Clark "a estratégia da negação e recusa não é uma resposta desarrazoada para a civilização burguesa desde 1871 [...] Mas, permanece o problema [de saber] se a arte nela mesma tem alguma coisa a oferecer senão o espetáculo da decomposição".[15] Além disso, a relação reflexiva parece valer num único sentido, as artes plásticas refletem, espelham "formas sociais" — mas estas "formas" não entretêm nenhuma relação especial com a decomposição das artes plásticas. Nenhuma relação que assegure mediação interna entre o reflexo e o refletido. A relação reflexiva permanece exterior e somente pode fornecer "fotografias da objetividade" ou "descrições de fachada".

Nosso posicionamento das artes plásticas como trabalho "livre" estabelece uma relação recíproca entre elas e o trabalho social, relação de negação contraditória mútua entre extremos de "o" trabalho, "livre" ou subordinado, na qual cada extremo é o outro do outro extremo. Esta relação tornou-se fundamental (de fundamento), e sobredetermina a relação direta entre arte e "formas sociais" escolhidas (o termo é de Clark, citado acima: "[...] *the social forms the painter had chosen to show*") como alvo de representação. Na medida em que se constituem categorias universais, como a de "o" trabalho, alteram-se também os critérios de validade dos relacionamentos que anteriormente pareciam pertinentes mas menos abrangentes. No caso, passamos da mera abdução (a implícita na noção de escolha de relacionamento por semelhança ou simultaneidade da decomposição) à identificação contraditória.

Michael Fried declara logo no início de seu texto no debate com Greenberg e T. J. Clark: "No centro do ensaio de Clark ["Clement Greenberg's Theory of Art"] há a afirmação segundo a qual as práticas do modernismo nas artes são fundamentalmente práticas de negação. Esta afirmação é falsa".[16] Mais adiante detalha:

---

[15] T. J. Clark, "Arguments about Modernism. A Replay to Michael Fried", in F. Frascina (org.), *Pollock and After*, *op. cit.*, pp. 103-4.

[16] Michael Fried, "How Modernism Works. A Response to T. J. Clark", in F. Frascina, *Pollock and After*, *op. cit.*, p. 87.

"Eu gostaria de argumentar que a ininteligibilidade em Manet, longe de ser um valor em si como mera negação do significado, está a serviço de objetivos e aspirações que têm em vista uma nova, profunda e [...] positiva concepção do fato de pintar. [Neste caso] há, no máximo, um 'momento' negativo cuja significação só pode ser compreendida [...] em termos de relação com um conjunto de valores, convenções fontes de convicções mais abrangente e fundamental."[17]

Em nota, acrescenta: "Eu associo estes valores e aspirações à procura de um novo [...] modelo de unidade pictural como também com o desejo de obter uma relação mais específica entre a pintura e o espectador".[18] Como exemplo, aponta a "ininteligibilidade da ação ou da situação [em *O almoço na relva*] que promove um efeito de instantaneidade [nova entificação, *instantaneousness*], não da ação em si, mas da percepção da cena, a pintura, como um todo".[19]

Mais uma vez há dificuldade no trato da negação. É evidente que o "momento" negativo pressupõe o "momento" positivo, o dos "valores e aspirações", e vice-versa. O "momento" negativo, em princípio, é o que desfaz a estaticidade dos conceitos do entendimento, "valores e aspirações" congelados, sua imobilização embrutecedora: é o momento propriamente dialético, o da razão. Na lógica especulativa de Hegel, o "momento" seguinte volta a ser positivo, mas positividade advinda, resultante de todo este movimento precedente. Logo, entretanto, há esquecimento do vir a ser passado e retorno a nova estaticidade etc. Desculpem o condensado mais que insuficiente. O que quero apontar, somente, é a valorização indevida de "positivo" e a desvalorização também indevida de "negativo", tanto em Greenberg, como em Clark e Fried. Em Greenberg, o negado, o suprimido é a intromissão de outra arte e o positivo, a pureza resultante. Em Clark, o negativo toma a forma da decomposição e da decadência. Em Fried, o negativo restringe, e tem que ser relacionado com "um conjunto de valores e convenções fontes de convicções mais abrangente e fundamental". Neste meu estudo, ao contrário, o "momento" negativo, o da negação determinada, é o mais valorizado, momento

[17] *Idem, ibidem*, pp. 88-9.

[18] *Idem, ibidem*, p. 97.

[19] *Idem, ibidem*.

de resistência à brutalidade positiva feroz do capital, motor do que a arte tem de melhor desde a Renascença. Vejam, por exemplo o caso do *non finito* de que tanto falo: "Quando [...] nós dizemos que o infinito é o não finito, já expressamos com isto a verdade, porque o não finito, já que o finito é ele mesmo o primeiro negativo, é o negativo da negação, a negação idêntica a si, e consequentemente ao mesmo tempo afirmação verdadeira".[20]

O finito neste caso já é negativo, pois limita o infinito, o qual, por ter agora limites, deixa de ser infinito. O não finito, apesar do "não", é portanto positivo, pois nega uma negação. Este é o percurso lógico do desenvolvimento histórico. No Renascimento, ao momento do virtuosismo, sucede o do "liso", o do acabamento ilusionista mais "realista" possível. O "liso" caracteriza o primeiro momento da produção de Leonardo, de Michelangelo e de Ticiano. Segue o momento do *non finito*, proposto mais tarde pelos mesmos artistas, valorizando o "inacabamento" e a forte indicialidade das evidentes marcas do trabalho.[21] O *non finito* seria então o positivo, o oposto do "liso" denegador das marcas do trabalho e da "planaridade". Entretanto, para a percepção comum, o *non finito* parece não acabado — negativo portanto. Mas ele aparece em oposição ao trabalho social: o "inacabamento" opõe-se ao acabamento obrigatório da mercadoria, revelando o fazer denegado pela forma fetichizada e sua aparência de coisa não produzida. E o "inacabamento" traz de volta o momento produtivo, fazendo-se então "desacabamento", função positiva de negar a negação do trabalho no "liso". Negativo e positivo passam frequentemente um ao outro.

Outra passagem de Hegel: "A deve ser ou +A ou -A; por isto já está expresso o terceiro [termo], o A que não é nem + nem -, e que está posto tanto quanto +A e -A. [...]. Todos os dois [positivo e negativo] são portanto a contradição posta, todos os dois são em si a mesma coisa [...]".[22]

Toda a dificuldade está em determinar este A, cujos extremos são +A e -A. Para nós aqui, A é "o" trabalho, cujos extremos são o trabalho so-

---

[20] Georg W. F. Hegel, *Encyclopédie des sciences philosophiques, I, La science de la logique*, Paris, Vrin, 1970, p. 528.

[21] Sérgio Ferro, *Artes plásticas e trabalho livre: de Dürer a Velázquez*, São Paulo, Editora 34, 2015.

[22] G. W. F. Hegel, *Encyclopédie des sciences philosophiques, I, La science de la logique*, *op. cit.*, pp. 220-1.

cial massivamente subordinado e o da arte, o "livre".[23] Para Greenberg os extremos estão situados no interior do campo A das artes: o extremo positivo é o da "pureza" e o negativo o da mistura das artes, ambos com características fixas. Para Clark, há dois A, que entram em sintonia numa queda negativa paralela, -A e -A'. Para Fried, pode haver um -a (com a minúsculo) operando como estopim para a eclosão do +A muito mais importante. Os dois, mais uma vez, internos ao campo A das artes. Em nenhum deles aparece o processo, a dinâmica dialética do A. Ela é reduzida ou à confrontação dos dois extremos reificados, ou, no caso de Clark, à dupla disparada incontida de um deles. Em nenhum momento a contradição parece importar (fora na análise dos pequenos planos de Cézanne onde Clark aponta com pertinência a identidade e a diferença simultâneas entre suas implicações materiais e fenomenológicas, a possibilidade de responderem a dois interpretantes opostos). Entretanto é a contradição, enquanto característica da inquietude do "momento" negativo e dialético, que empurra a história para a frente. Nosso A identifica o trabalho artístico com o social como duas ocorrências de "o" trabalho, o qual se diferencia em subordinado e "livre", primeiro como opostos, depois como contraditórios. O que temos que seguir é esta identificação numa só efetividade contraditória entre a unidade de "o" trabalho genérico e a diferença de espécies "livre" x subordinado. Mais adiante veremos como a inversão do momento negativo em positivo no começo do século XX com o Cubismo Analítico, "em si a mesma coisa", abre uma *Aufhebung* que, imediatamente, inverte outra vez o positivo "livre" em negativo privilégio... e assim por diante. Greenberg e Fried permanecem trancados no campo das artes; Clark considera como paralelas a evolução das artes e a das "formas sociais"; nós voltamos ao campo das artes mas examinamos como elas interiorizam contraditoriamente em seu trabalho "livre" seu outro invertido, o subordinado e sua história.

Peço que me desculpem por este item intrincado — mas não é fácil falar destas coisas. Elas são, entretanto, fundamentais.

---

[23] Um dos raros pesquisadores a pensar de modo semelhante, além de Walter Benjamin citado no começo deste trabalho, é Meyer Schapiro, um marxista não ortodoxo, segundo ele mesmo; ver, por exemplo, "The Liberating Quality of Avant-Garde Art", in *Art News*, vol. 56, nº 4, verão de 1957, pp. 213-26.

Nota sobre a representação em Manet

C. Crise da *idea*

> "Todo o conteúdo da relação [entre capitalista e operário], como o modo de manifestação das condições de seu trabalho, estranhadas ao trabalho, encontram-se [...] em sua forma econômica pura, sem nenhum adorno político, religioso etc. Ela é pura relação monetária. Capitalista e trabalhador. Trabalho objetivado e capacidade de trabalho viva. Não senhor e servo, sacerdote e laico, suserano e vassalo, mestre e oficial etc. [...]. Mas todas essas relações se diferenciam do capital pelo fato de que essas relações são adornadas, aparecem como relações de senhores com os servos, dos homens livres com os escravos, dos semideuses com mortais etc., e existe como tal relação na consciência de ambos os lados: somente no capital esta relação é despojada de todos os adornos políticos, religiosos e outros adornos ideais. Ela é reduzida — na consciência dos dois lados — à simples relação de compra e venda."
>
> Karl Marx, *Para a crítica da economia política*[24]

Já me referi várias vezes à crise da *idea* no século XIX sem dizer com precisão do que se trata. Agora, após uma rápida visita a alguns dos melhores estudos sobre a representação em Manet (insuficiente, eu sei, mas meu tema é outro), podemos avançar um pouco — mas somente um pouco.

A citação de Marx acima é, a este propósito, perfeitamente adequada. A relação entre capitalista e operário, entre o capital e o trabalho, entre o capital e o resto da economia aparece como uma relação cristalina, puramente econômica, entre possuidores do capital e possuidores da sua própria força de trabalho, os quais a vendem como mercadoria "livremente" ao capital por seu "justo" valor, se descontarmos variações de preço. Passado o tempo da acumulação primitiva do capital, afastados os trovões e a fúria desse período, as relações de produção impostas pelo capital têm a aparência de uma troca equilibrada entre vendedores e compradores de força de trabalho. A extrema violência que sustenta esta troca considerada equilibrada ou ficou para trás (a destituição dos vendedores desta força de todos os outros meios e instrumentos de trabalho) ou é enterrada sob a falsa evidência de conceitos como taxa de lucro,

---

[24] Karl Marx, *Para a crítica da economia política. Manuscrito de 1861-1863, cadernos I-V*, tradução de Leonardo de Deus, Belo Horizonte, Autêntica, 2010, p. 146.

preço do trabalho (em vez de valor da força de trabalho), remuneração do capital e mil outros — os quais tecem uma rede de ocultamento que engana os mais ladinos. Mesmo sinceros revolucionários acreditaram que bastava apropriar-se das forças produtivas sem alterar as relações de produção para fazer a revolução. Espero que estas coisas hoje sejam conhecidas. Foram denunciadas por Marx há 150 anos, pelo menos. O absurdo central é considerar a força de trabalho como mercadoria igual às outras, não somente sob o ângulo ético, mas porque esta "mercadoria" tem o exclusivo poder de criar mais valor que o valor pelo qual é comprada — diferença constituinte do mais-valor que o capital engole sem pagar nada por ela. Como este lado escabroso fica na sombra da embrulhada dos conceitos que justificam com aparente racionalidade a "justiça" das trocas entre capital e trabalho, esta relação não requer mais "adornos políticos, religiosos e outros adornos ideais". Reis, príncipes, papas, bispos, senhores, suseranos, semideuses etc., ao contrário, requerem todos estes adornos. Seu poder, sua exploração, sua violência não estão ancorados em nada cuja constituição objetiva tenha pelo menos a aparência de racionalidade. Somente Moisés faz exceção: exibia dois chifres luminosos, conta a lenda. Todos os outros dominadores não dispõem de sinais exteriores de direito ao poder. Por isto dependem inteiramente da violência física e/ou simbólica. Quando a violência física pode atenuar seu exercício, a violência simbólica ocupa seu lugar: os adornos de que fala Marx. Entre eles, nossas estimadas artes plásticas.

Ora, as *ideas* que até a metade do século XIX orientavam a produção de nossas artes plásticas, em sua quase totalidade, eram variações diversas destes adornos. Direta ou indiretamente, de modo explícito ou latente, sob forma "real", mitológica ou religiosa, as *ideas* eram panegíricos destinados a garantir a pressão simbólica. Cabia aos artistas encená-las, representá-las. Vimos no primeiro volume de *Artes plásticas e trabalho livre* as dificuldades de El Greco decorrentes de suas encenações pouco ortodoxas. Ou como Michelangelo e Velázquez tiveram que manobrar discretamente para infiltrar em suas *mises-en-scène* um pouco de seu descontentamento. E como a *sprezzatura* e o *non finito*, meros detalhes técnicos para o público habitual, adquiriram valor de insubordinação. A maioria de nossa arte clássica, para não dizer quase toda, serviu à violência simbólica. O que não a impediu de defender como pôde e dar exemplo prudente de trabalho "livre" fora da dimensão representativa evidente.

O capital, ao contrário, quando obtém a hegemonia econômica e política, não precisa mais — ou melhor, não deve mais recorrer a este tipo de representação. Sua aparente racionalidade seria diminuída se precisasse destes sintomas de fraqueza que os "adornos" encarnam. O descrédito da Academia provém em parte da evidente falsidade de suas cenas de aurificação, de exaltação do que não necessita disto: da moça/indústria, do Hermes/comércio, da fada/eletricidade etc. O interesse maior dos capitalistas é naturalizar o capital. Fazer com que pareça uma força objetiva, tão real quanto a revolução dos planetas ou a sequência das estações e tão submetido a princípios objetivos quanto elas. Um gigantesco aparelhamento, regrado por leis obscuras e específicas, que ora nos gratifica, ora nos penaliza, sem que possamos desviar seus rumos. Uma espécie de destino que carrega no seu turbilhão nós todos, capitalistas, operários e os que não são nem um, nem outro. Misterioso, dele só percebemos os pés, as monstruosas acumulações de máquinas barulhentas e enfumaçadas. No mais, é irrepresentável como tudo que diz respeito ao sublime. Quanto mais inimaginável for, isto é, mais sublime, mais o capital assegura seu poder. Não precisa, como os insondáveis deuses antigos, proibir imagens de si — já que sentimos cotidianamente em nossa pele seu imenso e cego poder sem rosto. É naturalmente iconófugo, iconófobo.

Esta iconofobia tem fundamento objetivo. Lukács nota que:

> "[...] as leis da economia [do capitalismo maduro] dominam toda a sociedade, mas, por outro lado, são capazes de impor-se 'como leis naturais puras', em virtude de sua potência puramente econômica, ou seja, sem o auxílio de fatores extraeconômicos. Marx enfatiza frequentemente e com grande rigor essa diferença entre a sociedade capitalista e a pré-capitalista, sobretudo como diferença entre o capitalismo nascente, que luta por controlar a sociedade, e o capitalismo que já a domina. [...]. Ele [Marx] diz, 'a pressão silenciosa das relações econômicas sela o domínio do capitalista sobre o trabalhador. Com efeito, a violência direta e extraeconômica ainda é aplicada, mas apenas excepcionalmente. No curso usual das coisas, o trabalhador pode permanecer entregue às "leis naturais da produção" [...] diferentemente do período da gênese histórica da produção capitalista'."[25]

---

[25] Georg Lukács, *História e consciência de classe*, São Paulo, Martins Fontes, 2003, p. 423 (citação de Marx extraída de *O capital*).

Bem mais tarde, Jürgen Habermas repete (com menos vigor):

"Como a violência social dos capitalistas é institucionalizada como uma relação de troca sob a forma do contrato privado e que a apropriação do mais-valor disponível de maneira privada tomou o lugar da dependência política, o mercado adquire [...] uma função ideológica: a relação de classes pode tomar, sob a forma apolítica da dependência salarial, uma aparência anônima."[26]

(Nota. Uma exceção mal conhecida de retorno à violência simbólica no campo das artes é a horrorosa igreja do Sacré-Coeur em Paris: ela foi erguida para festejar a vitória vergonhosa da boa sociedade francesa contra o povo parisiense engajado na Comuna, a qual havia começado como resistência à invasão prussiana e contra a vontade de rendição desta boa sociedade. Sua repressão provocou mais mortes entre os revoltados que qualquer outro levante na França até a Primeira Guerra Mundial. Ninguém mais lembra — salvo Ernest Pignon-Ernest — que a esplanada onde hoje está situada a igreja do Sacré-Coeur foi o bastião da defesa de Paris pelos *communards* e um dos lugares em que foram barbaramente assassinados. Democratas franceses tentaram erguer junto à igreja um contramonumento dedicado à liberdade e aos *communards*: não foi possível. Seria uma réplica do monumento que orna a entrada marítima de Nova York — a estátua da Liberdade, ofertada por republicanos franceses à jovem democracia americana. Ironia da história: Nova York homenageia *communards* sem saber.)[27]

"No curso usual das coisas", a violência simbólica explícita e exageradamente espetacular, parte indispensável da violência social e da qual o classicismo participou, torna-se desnecessária e potencialmente prejudicial. Ela adotará outras formas, mais sorrateiras — como a embutida na pretensa "racionalidade" do capital.

Enquanto a função representativa da arte teve papel importante para a formação do poder autoritário no imaginário social, os artistas de

---

[26] Jürgen Habermas, *Raison et légitimité. Problèmes de légitimation dans le capitalisme avancé*, Paris, Payot, 1978, p. 44.

[27] Ver David Harvey, *Paris, capitale de la modernité*, Paris, Les Prairies Ordinaires, 2012, pp. 489-529 [ed. bras.: *Paris, capital da modernidade*, tradução de Magda Lopes, São Paulo, Boitempo, 2015].

renome não precisavam buscar outra clientela além da constituída por reis, papas e companhia limitadíssima. A iconofobia do capital triunfante acabou com isto. Na medida em que ele conquista a França durante o século XIX, desce a curva das encomendas oficiais e praticamente cessa pouco depois da queda de Napoleão III. Por um tempo os artistas voltam-se, como na Holanda burguesa do século XVII, para o retrato, a natureza-morta e a paisagem. Mas, ao contrário do que ocorreu na Holanda, este deslocamento cruza com o colapso do *métier* clássico, denegador — o traumatizado pela função representativa. Com o declínio das encomendas, as *ideas* exteriores correspondentes, agora desprovidas de função social, definham poeirentas — e as novas, por um tempo, oscilam entre o ridículo e a banalidade das alegorias óbvias.

Insensivelmente, entretanto, o vazio deixado pelo desmonte do antigo *métier* e o retiro progressivo de *ideas* a serem ilustradas deslocam e modificam a posição e o sentido destes termos na prática dos artistas. Sua reestruturação, entretanto, passará por desvios provocados pelo esquecimento temporário de seu fundamento: a pura negação determinada avessa a positivações antecipatórias. Esquecimento típico de vanguardas modernistas — salvo exceções. Num primeiro momento, as *ideas* mudam de pele, tornam-se sucessivamente *ideas* de fundo social, impressões, sensações, vagos simbolismos; depois desembarcam nos ateliês, penetram na produção fazendo-se reflexão interna. Nós as seguiremos de longe nesta metamorfose acelerada que precede a granda virada. Como nosso guião, entretanto, é a produção, começaremos pelo que substitui o antigo *métier*: os sistemas.

(Nota. "[...] desde que o procedimento do movimento dialético se reduz ao simples procedimento de opor o bom e o mal, de [...] tender a eliminar o mal e de considerar uma categoria como antídoto da outra, as categorias não têm mais espontaneidade [...] não há mais dialética, há no máximo a pura moral." Karl Marx, *Misère de la philosophie* [1847][28])

---

[28] Karl Marx, *Misère de la philosophie. Réponse à la Philosophie de la misère de M. Proudhon*, in *Oeuvres I*, Paris, Gallimard, Bibliothèque de La Pléiade, 1965, p. 82.

6
Os sistemas

Há pelo menos três posições a propósito do *métier* na França da segunda metade do século XIX.

A posição do capital industrial e dos ideólogos do progresso, a mais influente. Evidentemente, são contra, sobretudo contra os *métiers* monopolizáveis.

A dos operários. A favor, naturalmente, sobretudo dos monopolizáveis. Conta com aliados no mundo das artes: acadêmicos, partidários dos "neos" (neorromânico, neogótico etc.), ou de críticos da industrialização capitalista como John Ruskin e William Morris, na Inglaterra, e Viollet--le-Duc, na França.

A terceira posição, isolada, fraca ainda, é a dos artistas não acadêmicos que estudamos. Por um lado, lembra a do capital industrial: condena o *métier* acadêmico, passadista. Por outro, aproxima-se da posição operária ao buscar uma alternativa ao *métier* acadêmico: o sistema.

O sistema, ou melhor, os sistemas levam em conta a obsolescência do velho *métier* denegativo e sua outra face, a crise da função representativa. Enquanto proposições para conduzir a produção, demonstram simpatia em geral inconsciente pelo modelo de gestão industrial do capital que intoxica a *doxa* dominante. Reexaminam o *métier* à procura de seus componentes essenciais, redirecionam a representação para objetivos não tradicionais (sensações, simbolismos etc.).

Os sistemas, quase todos individuais (salvo o de Seurat), duram pouco: seus próprios autores os dinamitam. Entretanto, num passo típico da negatividade da arte tal como o jovem Hegel a descreve, sua explosão provoca um resultado inesperado: abre, com o que encontra sem esperar, o ciclo do modernismo.

Antes de discutir os sistemas, entretanto, vamos considerar o *métier* impressionista. Ele já apresenta sinais contraditórios que o Neoimpressionismo levará ao extremo.

A.

A reação dos impressionistas à falência do *métier* clássico prolonga a de Manet. Suas aparentes simplicidade e espontaneidade enganam. Antecipadamente nietzschianos, expõem na superfície de sua fatura uma inquietude contraditória que pode escapar à contemplação superficial.

O período presta-se pouco à tranquilidade e ao lirismo. Entre 1848 e 1880 a França vê passar duas repúblicas, um império, duas revoluções, algumas guerras, uma invasão humilhante e a amputação de parte de seu território. Uma pororoca histórica. Um mundo caduco desde 1789 teima em não morrer até 1890 — o da classe antigamente guerreira e o dos sacerdotes, ou seja, da aristocracia e da Igreja sempre imbricados. A fantasia de um Terceiro Estado reunindo burguesia e plebe, já bem estremecida em 1789 e 1830, cai por terra de vez em 1848. Em seu lugar aparece o que escondia, a luta feroz entre as duas classes postas pelo capital, burguesia (agora industrial) e proletariado, e que atinge seu auge sangrento com a tragédia da Comuna. No chão das fábricas multiplicam-se os conflitos cotidianos em que a primeira destas classes procura subordinar a outra de modo absoluto. Seu admirável mundo novo, fraco das pernas, recorre às muletas do mundo caduco (aristocracia e Igreja) mesmo após 1871 e só consegue andar sozinho, na garupa da "maioria" (censitária), depois de 1890. Um cenário que convém ao "transitório, o fugidio, o contingente".

(Nota: O livro de David Harvey sobre este período, citado acima, é o melhor complemento ao comentadíssimo de Walter Benjamin, *Paris, capitale du XIXe siècle. Le livre des passages* [Paris, Cerf, 1997]. Obviamente, as três obras-primas de Marx são indispensáveis: *Les luttes de classes en France* [Paris, Éditions Sociales, 1970]; *Le 18 Brumaire de Louis Bonaparte* [Paris, Éditions Sociales, 1969]; *La Guerre Civile en France* [Paris, Éditions Sociales, 1972]. Os livros já citados de T. J. Clark e de Pierre Bourdieu são os mais pertinentes na apresentação do contexto social e sua repercussão na situação geral das artes plásticas — mas decepcionam quando tentam analisar as obras de arte tomadas individualmente. Clark, como já apontei, salta rápido demais do contexto à obra; Bourdieu, que analisa maravilhosamente e em detalhe a formação do novo campo, parece paralisado ao aproximar-se das telas de Manet: repete chavões pescados em outros autores.)

Neste contexto, a aparência quase pueril do Impressionismo destoa. É bem verdade que sua década de ouro (1872-1880) coincide com os primeiros anos ressabiados da Terceira República, dirigida então por políticos que sonham em acabar com ela — o que gera um clima de atonia. Uma atonia ampliada inconscientemente diante da bárbara repressão à Comuna: sua violência assustadoramente desproporcional provoca uma espécie de paralisia afetiva, de denegação social. Não há como integrar — nem no plano imaginário, nem no simbólico — seu horror cru, nojento, sobretudo porque todos sentem obscuramente sua gigantesca injustiça. Os massacrados são os únicos que defenderam o país contra a invasão prussiana e a vilania do governo "republicano" de Adolphe Thiers, que bombardeia e depois chacina o povo cercado de Paris, provoca o asco mesmo nos invasores. (Nota: Insisto no que já sugeri de passagem, mas que não tenho suficiente habilitação para demonstrar: a irritação e o eriçamento da matéria nas artes plásticas deste período, seu levante sem álibi semântico aparente, remetem a meu ver em parte ao horror diante do recente agravamento da guerra de classes da qual o massacre dos *communards* é a mais asquerosa prova. O trauma denegado volta no real, como erupção do real.) No impasse, confundido defensivamente com relativa calmaria, o relaxamento da vigilância repressiva parece permitir dias melhores, antes que as lutas sociais voltem às ruas. Neste suspeito intervalo, o desafogo possibilitado pela ruptura com o mundo acadêmico cruza com um efêmero momento em que os *métiers* mais vizinhos das artes plásticas, os das artes aplicadas e os da construção, obtêm uma brecha para aparecer sem muitos entraves. Alguns exemplos em arquitetura são o Colégio Municipal Chaptal, em Paris, concluído em 1878; os escritórios da companhia dos Chemins de Fer de l'Est, Paris, 1887; a chocolateria Menier, Noisiel, 1871-72; o pavilhão do Ministère des Travaux Publiques na Exposição Universal de Paris, 1878 etc. A ostentação franca, eclética (no bom sentido de Jean-Pierre Epron) e correta dos materiais, principalmente na arquitetura não monumental pouco observada pela crítica, permite a cada *métier* apresentar-se sem deformações e abrir-se à ornamentação lúdica e apropriada, isto é, a que expande sua lógica produtiva por puro prazer. Este breve intervalo de calmaria opera como um pacífico estímulo para que a feitura desregrada e relativamente solta do primeiro Impressionismo abra seu caminho.

Logo, porém, os barquinhos no Sena tornam-se tão anacrônicos como os da Bossa Nova após 1964. Há risco de inoportunidade social: as coisas escurecem novamente. A paz despreocupada do *O baile no Mou-*

Os sistemas

lin de la Galette (Louvre, depois Museu d'Orsay, Paris, 1876) de Renoir cede seu lugar ao inquietante balé mecânico do *Uma tarde de domingo na ilha de Grande Jatte* (Art Institute of Chicago, 1884-86) de Georges Seurat. Ao riso sucede a seriedade carrancuda e ortopédica dos autômatos. E a fatura muda de rumo.

B.

> "A teoria da arte moderna é o ponto fraco da concepção baudelariana da modernidade."
>
> Walter Benjamin[1]

A hipótese de um sistema que compense ou contenha a vertigem da decomposição do classicismo e a agitação da modernidade precedem o Impressionismo, mas somente após a década de ouro deste elas começam a infiltrar-se na prática.

É conhecida a definição de modernidade por Baudelaire: "A modernidade é o transitório, o fugidio, o contingente, a metade da arte da qual a outra metade é o eterno e o imutável".[2]

O "eterno e o imutável": as supostas leis genéricas da arte, como, segundo ainda Baudelaire, as que Edgar Allan Poe formulou. Leis a serem encontradas sob as ruínas do classicismo. Quase vinte anos depois, em pleno período neoimpressionista, Zola replica: "Tudo foi alterado desde o começo do século pelos métodos positivos, a ciência, a história, a política, as letras. Por sua vez, a pintura foi carregada pela irresistível corrente. Os nossos pintores fazem sua revolução".[3]

Por trás da diferença de vocabulário, a mesma crença em verdades intemporais. Para compensar a instabilidade (o transitório..., tudo foi alterado...), a constante (o eterno..., métodos positivos...). Polarização extremada de conceitos: de um lado a fugacidade da modernidade, os escombros do classicismo; do outro, a certeza imóvel. A transformação de

---

[1] Citado em Antoine Compagnon, *Un été avec Baudelaire*, Paris, Équateurs/France Inter, 2015, p. 96.

[2] Charles Baudelaire, *Le peintre de la vie moderne*, in *Oeuvres complètes*, Paris, Seuil, 1968, p. 553.

[3] Émile Zola, "Après une promenade au Salon", in *Mon Salon — Manet*, Paris, Flammarion, 1970, p. 355.

Paris serve como metáfora: ruínas dignas de Piranesi e deslocamentos brutais de população (60% da cidade intramuros foi derrubada) contra a trama regular de edifícios semelhantes a perder de vista. Por baixo, mais determinante, o capital, com sua constituição bipolar de constância e movimento, de duas classes em luta.

Entre a poeira do passageiro e o rochedo do imutável não há mediação. Metade contra metade ou metade mais metade, pouco importa. Poderíamos supor troca, diálogo, adaptação mútua. Mas como o imutável mudaria? Como o eterno recolheria o passageiro? Por sua vez, o fugidio ou se deposita sobre o imutável como tintura, ferrugem e pátina ou é engolido pelo que não admite transformação — ou ainda esbarra de frente contra sua rigidez, numa confrontação sem saída. No melhor dos casos é integrado, metabolizado num todo indiferente a ele e se faz parerga kantiana. O confronto é desigual e um lado sempre perde: ou o transitório abdica de si ao entregar-se ao eterno, ou o eterno cede, ameaçado pela energia do transitório. A diferença extremada dos opostos não tem como assegurar um casamento igualitário, uma mediação qualquer. Esta dicotomia rígida, mais tarde, solapará o Neoimpressionismo.

O desequilíbrio atinge a técnica, mesmo em seu nível mais elementar, já no Impressionismo:

> "A técnica do óleo [...] é então completamente reconsiderada. Para trabalhar diretamente diante da natureza, os impressionistas adotam uma pasta mais opaca, menos gordurosa, para que seque mais rapidamente. Para desengordurar, eles espalham [...] a cor do tubo sobre mata-borrões antes de pô-la na tela [...]. Procuram até um suporte mais granulado e absorvente, pois não podem, com seu sistema, trabalhar sobre o fresco. Conduzidos a considerar toda a tela como um esboço, voltam ao princípio do gorduroso sobre o magro, mas dão a cada pincelada uma espessura [...] quase idêntica. As sombras não precisam mais ser [elaboradas em camadas] finas pois não são mais transparentes [...]. A execução rápida que exige a observação de um instantâneo luminoso favorece esta matéria seca e zebrada [...]. Afirmando a autonomia colorida de cada *touche*, os impressionistas impõem o quadro como uma realidade [...]."[4]

---

[4] Jean-Luc Daval, *La peinture à l'huile*, Genebra, Skira, 1985, pp. 80 e 79.

Os sistemas

A "matéria seca e zebrada", a "espessura quase idêntica" bem como a "autonomia colorida de cada pincelada" mesmo na sombra, "impõem o quadro como uma realidade". Em outros termos, enfatizam a corporeidade, a evidência material da obra, como observam quase todos os críticos. Ora, esta solicitação tátil da matéria farta e seca contradiz a natureza aérea do "instantâneo luminoso". O fugidio atola na "pasta mais opaca", no "suporte mais granulado". O efêmero é solidificado no corpo da matéria. A desespacialização, a tendência à coisificação são associadas por Wilhelm Worringer à angústia diante da instabilidade grave, do fluxo escapadiço de um real incontrolável e imprevisível. O espaço fictício amplo, denegativo da materialidade dos meios, seria mais adequado ao bem-estar no mundo, a uma liberdade gratificante. Mas as épocas de crise procuram valores seguros, palpáveis. Note-se bem: não se trata do plano em si, mas de redução marcada da profundidade, sua compressão junto à superfície. A coisidade tendencial da representação tem a estrutura do sintoma: ao mesmo tempo é sinal de angústia e remédio propiciatório contra ela. Dito de outro modo: os signos icônicos, principalmente a imagem, os da semelhança, por serem signos de um objeto ausente, implicam distância, afastamento, que não asseguram apropriação provável. Os signos indiciais, ao contrário, baseados no contato (do pincel com a tela, do dedo com a argila, do buril com o mármore, por exemplo), são marcas de relação próxima. São por isto mais calorosos, vizinhos, palpáveis. Worringer faz estas considerações a propósito da arte das cavernas, que aproveita os relevos das paredes para estabilizar com seu volume presente o bisão, o qual, na realidade exterior, tem a desagradável mania de escapar, de esquivar ou de atacar quando não migra para longe. O caçador do paleolítico desespacializa e acentua a matéria da representação, indicializa o ícone, como contrapeso à sua angústia diante do comportamento fugidio daquilo que lhe é essencial para sobreviver. Possivelmente, como magia propiciatória.

Se for assim, como creio, há paradoxo na técnica impressionista — ou a *doxa* da crítica engana-se. A feitura, voltada supostamente para a "observação do instantâneo luminoso", adota procedimentos cujo resultado — a matéria seca e espessa, quase áspera, não envernizada, homogeneamente pronunciada mesmo na sombra etc. — tende à imobilidade da coisa. O realce da corporeidade, dos valores táteis exacerbados, a multiplicação enfática das *touches* tecem uma espécie de malha bem manifesta. Uma rede que captura, prende em sua trama coesa o que deveria correr sem entraves, vibrar na sua transitoriedade. "Querendo fazer durar o efêmero — a vida — querendo salvá-lo da morte, as obras o matam."[5] Entretanto, nada disto tem ainda o acento rude que terá no Neoimpressionismo. Há tendência bem marcada, mas ainda juvenil. Mesmo assim, já é paradoxal. Se efetivamente o objetivo do Impressionismo fosse somente festejar o transitório, as técnicas de Watteau ou de Fragonard seriam mais apropriadas. Ou, como revela a preferência de Baudelaire por Constantin Guys, o *lavis* sumário. Nenhum pintor aceitaria involuntariamente a inapropriação entre a secura da pasta, a sensação de aspereza na aplicação do material e a fluidez do fugidio. Eles zelam pela sinestesia entre o gesto e o motivo do gesto, um dos principais recursos de sua expressividade diagramática, metafórica ou indicial, como vimos em *Olympia*. Monet, bem mais tarde nas *Ninfeias*, retorna a gestos e matéria mais compatíveis com um panteísmo tranquilo. Por enquanto, a instabilidade social e política do começo da Terceira República faz amarrar contraditoriamente o instável — que todos constatam — a alguma coisa que o ancore.

C.

Vamos retornar rapidamente a Zola, ao que diz a respeito da *touche* no Impressionismo e entornos. Algumas citações. Sobre Pissarro: possui "sobretudo a mão de um trabalhador, de um homem verdadeiramente pintor [...] possui a solidez e a amplidão de *touche*, pinta com empasto [...] como os mestres". Sobre Monet: "o que me atrai [...] é a franqueza, a rudeza de sua *touche*". Sobre Corot: "[...] a firmeza e a pasta de sua *touche*". A todo momento encontramos o mesmo tom a propósito da pincelada: "grande solidez da fatura"; "vigor do pincel"; "uma pincelada tão segura, tão larga"; "um trabalhador maravilhoso, com um *métier* farto [*gras*] e poderoso"[6] — e assim por diante. Como vimos, Baudelaire não fica atrás: "um fogo, uma embriaguez do pincel, parecendo fúria".

Estamos longe da versão adocicada, tipo caixa de bombom, da opinião comum sobre o Impressionismo e adjacências. As pinceladas muito mais agressivas dos movimentos posteriores — Neoimpressionismo, Fau-

---

[5] Theodor W. Adorno, *Théorie esthétique*, Paris, Klincksieck, 1989, p. 176.

[6] É. Zola, *Mon Salon — Manet, op. cit.*, respectivamente pp. 147-8, 153, 161, 263, 273, 318 e 348.

vismo e Expressionismo — atenuam nossa percepção da rudeza da *touche* impressionista. Entretanto, foi o que mais chocou seus contemporâneos, como atestam várias caricaturas da época (por exemplo, de Cham, "Nouvelle école, peinture indépendante", em *Le Charivari*, 20/4/1879). Os impressionistas parecem lunáticos agitados (na charge citada, pintando com enormes vassouras). Para seus (raros) defensores, também sua *touche* não sugere calmaria: ela desperta adjetivos como sólida, carnuda, franca, firme, vigorosa, segura, larga, poderosa, arrojada... Sem dúvida ela dança e rodopia — mas com tamancos. Bate o pé no assoalho. Em seu teor ressoa um vigor abrupto, por vezes ríspido em sua materialidade inexplicável se nos deixarmos levar por interpretações líricas e convencionais. Por mais diversos que sejam os temperamentos destes pintores, todos convergem para uma fatura dionisíaca, exuberante e sem cautela. A unidade mínima de produção não é modesta. Reparem alguns Jongkind (por exemplo, *Praia em Sainte Adresse*, Louvre, Paris, 1863) ou Boudin (*Praia em Trouville*, The Phillips Collection, Washington, 1863). Os protoimpressionistas já carregam no tom. E examinem de perto Monet (do *Cais de Honfleur*, Jönr Collection, Zurique, 1864, até as *Ninfeias*); Pissarro (da *Neve em Lower Norwood*, coleção Lord Redcliffe, Londres, até a fase pontilhista); Renoir (do *Bote*, coleção particular, 1867 até seu período classicizante); Degas (a partir de 1870 aproximadamente), todo o Cézanne e todo o Van Gogh. Sem dúvida, a fatura bem marcada, desaforada, reage ao liso insípido de Cabanel, Bourguereau, Gérôme & Cia. Mas isto não justifica sua insistente agressividade. Há mais que resposta e provocação à Academia, a qual pode ser considerada uma sinédoque de fatores mais graves. A *touche* impressionista carrega contradição mais dolorida. Nela, estamos vendo como, num novelo paratáxico, enrolam-se conteúdos diversos — mas quase nenhum de molde pastoril, ao contrário do que pressupomos apressadamente. O fugidio impressionista já abre caminho sem perceber e em marcha a ré para John dos Passos meio século depois.

D.

Passada a primeira fase de desafogo impressionista na década de ouro do movimento, começa a hora do balanço da perda. Ela é enorme: o próprio fundamento das artes plásticas até então. Assim como a crise geral dos *métiers* pontua o fim de um período da história longa da França, a do *métier* das artes plásticas encerra uma tradição de mais de três séculos. A perda é dupla. A oposição do *métier* artístico à degradação formal dos outros *métiers* tem que ser considerada sobre um fundo de aliança. A arte protesta em seu trabalho material contra a degradação social e técnica dos artesãos, uma degradação que também a ameaça: não foi admitida efetivamente como arte liberal senão no século XVIII e, ainda assim, com algumas resistências. Do ponto de vista técnico, globalmente, o *métier* da arte é idêntico aos dos outros ofícios. Somente as liberdades que o artista toma em relação à norma, discretíssimas, marcam a oposição. Poderíamos dizer que mesmo o artista é, em grande parte, formalmente subordinado neste período. Contraprova: o pintor que obedece à risca as regras do *métier* é malvisto, desprezado, até hoje. O nojo aristocrático pela terebintina não data de Duchamp. A pintura perde agora simultaneamente o que a liga e o que a separa dos outros *métiers*. O que a liga: o *métier* propriamente dito e toda a armadura institucional que estrutura seu campo. O que a separa: o usufruto "livre", opositivo, do *métier*. Perde "seu" outro — com o que perde o que tem sido. Tudo o que deve à sua oposição a este outro (a *sprezzatura*, o *non finito*, alguma improvisação etc.) perde ou muda de sentido. Mesmo sua relativa liberdade operacional, tinta de malcriações contra o *métier* bem-comportado, deformada por ser somente opositiva, torna-se abstrata, indeterminada, aleatória e perigosamente pretensiosa. A pintura, toda ela, perde o pé. Nunca se ocupou tanto com o *métier*; nunca demoliu tanto o *métier* compartilhado. A exaltação da liberdade reativa contra a subordinação desenfreada impede o acolhimento de tudo que chega já pronto. Já falamos disto.

O programa de Cézanne, fazer do Impressionismo algo durável, é sintomático. A euforia terminou e a pintura vai mal, precisa de remédio urgente. Tanto mais que sua finalidade exterior também encalhou. Sua antiga função mimética e simbólica se foi. Pintar o que agora, para quem? Pintar reis e papas, confundi-los com deuses, não era coisa digna de respeito — mas pelo menos correspondia a uma demanda. Agora não há nenhuma. Alguns se voltaram para o povo. Mas de que serve pintar comedores de batata e mineiros do Borinage se vão enfeitar as salas dos burgueses responsáveis por sua miséria? Se, com o ocaso provável do Salão, só resta a alternativa de expor em precárias galerias comerciais ou em locais improvisados como o ateliê de Nadar ou a loja do Père Tanguy? A modernidade desencantou. As cocotes, os cafés, os bailes de domingo nas margens do Sena cansaram, não são mais novidades. Junte-se a isto a diáspora dos pintores rebeldes — indivíduos cada dia mais díspares, sem mais nada que os una a não ser amizades que fraquejam.

Sobram sensações, temperamentos, vagos simbolismos... mais fugidios ainda que variações da luz, de tonalidades. É preciso algo mais sólido para que tudo não se esvaia em brumas e vapores, que compense a interminável liquefação do campo da arte a contrapelo da Belle Époque. É preciso reconstruir o que foi perdido em outro nível. Um outro sistema.

Mas como chegar lá? O grupo dos impressionistas é quase todo composto por autodidatas. Frequentam esporadicamente algum ateliê irregular, colecionam revistas de arte, gravuras, visitam museus... Mas quem pode avaliar, validar o que fazem? A decisão caberia primeiro aos pares — mas não há mais nenhum coletivo de pares e menos ainda critérios comuns de julgamento neste grupo. Não há Bíblia nesta diáspora. Não há outra saída senão uma constante e solitária autorreflexão. Examinar por si mesmo o que faz, como faz, por que faz. As cartas de Van Gogh são exemplares neste sentido. Fazer-se reflexão exterior de si mesmo. Cada artista organiza previamente o próprio trabalho como se fosse o trabalho de um outro, num isolamento quase total, já que não há forma de trabalho compartilhada, nem resultado comparável. "A quebra do grupo impressionista após 1880 coincide com o enriquecimento dos métodos de cada artista e uma volta à disciplina clássica", nota Jean Leymarie.[7] E prossegue:

> "O Impressionismo não somente alimentou as sementes de sua própria destruição, mas as de toda a arte moderna. Nascido na alegria da luz e do sol da entrega panteísta ao fluxo sem fim das aparências, o Impressionismo proclamou a soberania da luz, transcreveu a vibração atmosférica recorrendo à cor pura e pequena pincelada, ambos fundamentalmente antinaturalistas, e consequentemente desenvolveu procedimentos técnicos autossuficientes, independentes das aparências visuais [...] o enigmático [crítico] Chevalier chegou a se perguntar se 'esta incoerência deliberada' não teria um significado mais profundo, alguma 'analogia' com o caos de forças antagônicas que disturbam nosso tempo."[8]

---

[7] Jean Leymarie, *Impressionism*, vol. II, Genebra, Skira, 1955, p. 90.

[8] *Idem, ibidem*, p. 106.

Um encadeamento aparentemente cego deságua no oposto do ponto de partida. Do objeto visto a registrar, passa ao olho que vê, às suas sensações; do olho que vê à transcrição de seu modo de ver; da transcrição do modo de ver à lógica suposta específica dos meios de transcrever — de sua organização autônoma. Entretanto, como não há vida coletiva do *métier*, a maneira de efetivar este encadeamento varia de pintor a pintor, o que relativiza a pretensão de verdade empírica. Nenhum neoimpressionista acata o sistema do vizinho, com a exceção do pontilhismo de Seurat. Cada um constitui uma autarquia, um campo de um só. O "temperamento" individual,[9] argumento para justificar a diáspora, é considerado um tesouro a preservar, antepassado da "criatividade" e da "originalidade" tão prezadas hoje, para manter o que não é mais um campo sob controle exterior. Cézanne, em função deste princípio, sabe seu destino solitário: "As sensações fazendo o fundo do meu negócio, creio ser impenetrável", escreve a seu filho às vésperas de sua morte, em 15 de agosto de 1906. Gauguin teria criticado os girassóis de Van Gogh: quase foi morto por ele, felizmente trocado por um lóbulo de orelha (ou pela orelha inteira, como parecem indicar pesquisas recentes). Na medida em que avança a massificação, a hipóstase compensatória do indivíduo gera mônadas, ilhas fechadas em si mesmas. O que fornece base concreta para uma inversão já datada no tempo de Kant mas de muito futuro: do artista que é artista porque pode trabalhar de modo relativamente "livre" passa-se ao artista "livre" que trabalha, ao artista "livre" em si, trabalhe ou não. A "liberdade" artística — nome de uma exceção na produção — torna-se característica ontológica de uma subespécie humana, a dos artistas. Almas invadidas por missões misteriosas que não devem ser desviadas por nada — que produzem para o mercado mas não devem pensar nele pois negociam valores espirituais — obcecadas por um "triste pesar pelas quimeras ausentes" ["*morne regret des chimères absentes*"].[10]

Durante vários anos, Cézanne e Van Gogh, pouco à vontade junto aos meios artísticos, tentam pôr ordem no que foi festa impressionista. Trabalhadores infatigáveis, não se adaptam à sua espontaneidade despreocupada. O ex-pastor e o taciturno filho de banqueiro, às voltas com

---

[9] O equivalente cultural do "instinto" que passa a conceito central da psiquiatria no mesmo momento. Ver Michel Foucault, *Les anormaux. Cour au Collège de France, 1974-1975*, Paris, EHESS/Gallimard/Seuil, 1999.

[10] Charles Baudelaire, "Bohémiens en voyage", in *Oeuvres complètes*, Paris, Seuil, 1968, p. 51.

Os sistemas

a irritação familiar, têm que prestar contas a si mesmos, aos pais, aos outros pintores amigos que os olham quase com piedade: claramente, são os menos dotados do grupo, o que os empurra a trabalhar feito doidos, como pioneiros em terra inóspita. Sem os recursos da mão esperta, procuram um método, um sistema que oriente sua insegurança e sua *gaucherie*. Com Gauguin e Seurat, fundam o momento autorreflexivo do Impressionismo, o Neoimpressionismo. Após o Impressionismo "romântico", diz Pissarro, entramos no "científico". Um cientismo relativo, mais parecido com um sinédrio bumerangue ou com a ereção coletiva de um superego do que com a investigação desapaixonada.

Vamos visitar Van Gogh e Cézanne mais de perto.

E. Sistemas de Van Gogh e de Cézanne

> "[...] e se desejo muito pintar, isto se explica porque quis, na minha fatura, alguma coisa firme e, reconheço muito voluntariamente, se bem que tenha ouvido dizer muitas vezes: 'tu não deves ter um sistema', alguma coisa sistemática."
>
> Van Gogh, carta a Théo n° 325

Cézanne, Van Gogh, Seurat e Gauguin elaboram sistemas, cada um o seu. Não vou nem sobrevoar os de Seurat (algumas citações bastam, ele é bem conhecido) e de Gauguin. (Ambos, na tradição de Humbert de Superville e de Charles Blanc, tentam achar leis universais que governariam linha e cor, do ponto de vista psicofisiológico. Seurat segue a pista científica, da óptica. Gauguin, a simbólica. Puvis de Chavanne inspira os dois.) Vamos nos deter um pouco somente nos de Van Gogh e de Cézanne.

E.1.

Em primeiro lugar, uma longa lista de citações como pano de fundo. De Van Gogh:

"Vejo que a natureza me contou alguma coisa, falou-me, e que eu notei como estenógrafo." Carta a Théo nº 228, 1883.

"Um pintor faz bem quando parte das cores de sua paleta em vez de partir das cores da natureza." Carta a Théo nº 429, 1885.

"Aliás, é permitido a cada pescador organizar seu trabalho como bem entende." Carta a Van Rappard, 21/11/1881.

"[...] algumas vezes as pinceladas vêm com uma sequência de relações entre elas como num discurso ou uma carta." [N. do A.: Lembrem-se de Émile Benveniste.] Carta a Théo nº 504, 1888.

"A pintura avança lentamente [...] temos que calcular antecipadamente." Carta a Théo nº 497, 1886-88.

"Saiba que estou em pleno cálculo complicado, de onde resultam rapidamente uma depois de outra telas feitas depressa, mas longamente calculadas por antecipação." Carta a Théo, nº 507, 1888.

"À primeira vista é um mapa geográfico, um plano estratégico quanto à fatura." Carta a Théo nº 509, 1888.

Sobre e de Cézanne:

"Construindo uma grande composição de banhistas [*As banhistas*, Philadelphia Museum of Art, 1899-1906, fig. 4] cujas atitudes lembram as que aprendeu nos ateliês e museus, ele impôs a estes nus sem rosto uma ordem marcada e semelhante a um constrangimento." Meyer Schapiro, *Style, artiste et société*.[11]

---

[11] Meyer Schapiro, *Style, artiste et société*, Paris, Gallimard, 1982, p. 225.

"Constatação bem paradoxal [...] esta reconstrução do universo num sistema geométrico que não deve mais nada aos dados naturais." Liliane Brion-Guerry, *Cézanne et l'expression de l'espace*.[12]

"Em 1877 mais ou menos [...] Cézanne começa a empregar as hachuras paralelas inclinadas da direita à esquerda e aplicadas de alto a baixo." L. Brion-Guerry, *Cézanne et l'expression de l'espace*.[13]

"Com persistência [...] Cézanne faz seu caminho na direção da expressão a mais completa possível do monumental, uma preocupação que o perseguia desde o começo mas que daqui para a frente [anos 1880] levou a um extremo nível de planejamento cuidadoso na medida em que recorreu à geometria para apoiar sua visão e construir com base firme que detectou na própria natureza: o cilindro, o cone e a esfera." Maurice Raynal, *Cézanne*.[14]

"Cézanne podia lançar-se assim no labirinto da natureza porque guardava sempre consigo o fio [condutor] dos princípios reguladores de sua geometria [...] tudo reduzido a algumas formas extremamente inteligíveis." Roger Fry, "Le développement de Cézanne".[15]

"É preciso fazer para si uma óptica [...] eu entendo por ótica uma visão lógica [...] a arte é uma apercepção pessoal. Eu coloco esta apercepção na sensação e peço à inteligência organizá-la em obra." Cézanne a Émile Bernard.

---

[12] Liliane Brion-Guerry, *Cézanne et l'expression de l'espace*, Paris, Flammarion, 1950, p. 93.

[13] *Idem, ibidem*, p. 65.

[14] Maurice Raynal, *Cézanne*, Genebra, Skyra, 1954, pp. 65-6.

[15] Roger Fry, "Le développement de Cézanne", *L'Amour de l'Art*, nº 12, dez. 1926.

[fig. 4]
Paul Cézanne, *As banhistas*, 1899-1906, óleo sobre tela,
210,5 x 250,8 cm, Philadelphia Museum of Art.

"[...] esta sociedade [dos componentes da pintura], cuidadosamente ordenada, onde as coisas são perfeitamente submetidas [...]" M. Schapiro, "Les pommes de Cézanne".[16]

"A pincelada evolui num ritmo [...] desgracioso de cunhas, ganchos e planos quadrados, como que escovados, de cerca de 2,5 a 5 centímetros." T. J. Clark, "Fenomenalidade e materialidade em Cézanne".[17]

---

[16] Meyer Schapiro, "Les pommes de Cézanne", *La Revue de l'Art*, n° 1-2, 1968.

[17] T. J. Clark, "Fenomenalidade e materialidade em Cézanne", in *Modernismos*, São Paulo, Cosac Naify, 2007, p. 66.

"O quadro do Museu Ford [*Montanha de Sainte-Victoire vista do Château Noir*, Edsel and Eleanor Ford House, *c.* 1904] brinda-nos com o espetáculo de dois tipos de entendimento do mundo material em aberto confronto (matéria x fenômeno) sem nenhuma outra mediação que a vontade do pintor." T. J. Clark, "Fenomenalidade e materialidade em Cézanne".[18]

"[...] a uniformidade da pincelada tem um caráter forçado ou contrafatual; é um artifício. Ponham lado a lado uma pintura de Cézanne e uma de Corot e vejam que este fato se evidencia imediatamente." T. J. Clark, "Fenomenalidade e materialidade em Cézanne".[19]

"Reparem como qualquer sequência de marcas, mesmo as que se empenham com muita decisão em captar a minúcia da experiência óptica [...] são dominadas por uma lógica do artifício engenhoso e não da percepção." T. J. Clark, "Fenomenalidade e materialidade em Cézanne".[20]

"Generalizando leis, ele havia extraído delas princípios que aplicava por uma espécie de convenção; de tal maneira que interpretava, e não somente copiava o que via. Sua óptica estava bem mais no seu cérebro do que no seu olho." É. Bernard.[21]

"Um bom método de construção, que [...] é preciso possuir." Charles Camoin.[22]

"Seus meios tinham o mérito de não serem senão seus, mas sua lógica tinha complicado tanto seus mecanismos que seu trabalho tornava-se extremamente difícil e como que paralisado. Sua natureza era entretanto mais livre do que pensava: ele se

---

[18] *Idem, ibidem*, p. 69.

[19] *Idem, ibidem*, p. 84.

[20] *Idem, ibidem*, p. 85.

[21] *Apud* Lawrence Gowing, *La logique des sensations organisées*, Paris, Macula, 2015, p. 21.

[22] *Apud idem, ibidem*, p. 44.

escravizava por causa de suas pesquisas." É. Bernard, "Souvenirs sur Paul Cézanne".[23]

"É preciso ser operário em sua arte, saber desde cedo seu método de realização. Ser pintor pelas qualidades mesmas da pintura, servir-se de materiais grosseiros." É. Bernard.[24]

"Ele imita os objetos sem nenhuma exatidão e ele não nos interessa por nenhum tema acessório de sentimento ou de pensamento [...]. Esforço por assim dizer negativo." É. Bernard, "Une conversation avec Cézanne".[25]

"Uma coisa devemos notar [...]: a ausência de tema. Na sua primeira maneira o tema era qualquer, às vezes pueril. Depois de sua evolução o tema desaparece, não há senão um motivo (palavra utilizada por Cézanne)." Paul Sérusier, citado por É. Bernard.[26]

Sobre e de Seurat:

"Neoimpressionismo: um sistematizado e cientificamente orientado ramo do Impressionismo." Jean Leymarie, *Impressionism.*[27]

"A solução que ele adota [...] é paralela ao trabalho que Cézanne realizava na mesma época [...] ele transforma a improvisação num método mais deliberado." Meyer Schapiro, *Style, artiste et société.*[28]

---

[23] *Apud* Michael Doran (org.), *Conversations avec Cézanne*, Paris, Macula, 2011, p. 110 [ed. bras.: *Conversas com Cézanne*, tradução de Julia Vidile, São Paulo, Editora 34, 2021].

[24] *Apud idem, ibidem*, p. 119.

[25] *Apud idem, ibidem*, p. 283.

[26] *Apud idem, ibidem*, p. 285.

[27] Jean Leymarie, *Impressionism, op. cit.*, p. 86.

[28] Meyer Schapiro, *Style, artiste et société, op. cit.*, p. 368.

Os sistemas

"Ele tende a nos parecer, apesar da nota de sonho tão frequentemente presente na sua obra, como um engenheiro da pintura, analisando o conjunto dos elementos modulares e combinando-os, segundo leis gerais e as exigências de um problema, deixando aparecer, na obra acabada, o jogo dos elementos estruturais." M. Schapiro, *Style, artiste et société*.[29]

"Eles veem poesia no que faço. Não, eu aplico meu método e é tudo." Seurat, citado por André Chastel, *Le système de Seurat*.[30]

E.2. Breve descrição do modo de trabalhar de Van Gogh e de Cézanne

Van Gogh guia sua fatura seguindo um "plano estratégico", como se a obra fosse "um mapa geográfico". Subdivide suas telas em áreas distintas, correspondentes às zonas do motivo em suas grandes linhas, como num esquema. Este procedimento, em si, não é novo. Pieter Bruegel recorre a ele em suas paisagens (ver *O corte do feno*, coleção Lobkowitz, Raudnitz, 1565; *A colheita*, Metropolitan Museum of Art, Nova York, 1565; ou *O massacre dos inocentes*, Kunsthistorisches Museum, Viena, 1566). A novidade está em sua exacerbação. Cada uma destas zonas recebe um tipo particular de hachuras formadas por pinceladas carnudas que obedecem a um mesmo princípio. Por exemplo: uma área hachurada por pinceladas retas inclinadas em 45° avizinha outra hachurada por pinceladas curvas enroscadas, de cor diferente ou da mesma cor em tonalidade distinta. Segue aqui também as sugestões do motivo que tem diante de si. Assim, as retas inclinadas assinalam um campo de trigo sob o vento e as curvas enroscadas, pequenos arbustos tortuosos. Como nos mapas, importa sobretudo o valor diferencial da área hachurada com certa cor: Itália em amarelo, Suíça em azul. Trigo em ocre-amarelado, arbustos em verde-esmeralda esbranquiçado. A cor local conta menos que seu contraste com as vizinhas. Por isto prefere "as cores da paleta em vez [...] das

---

[29] *Idem, ibidem*, p. 377.

[30] *Apud* André Chastel, "Le système de Seurat", in *Fables, formes, figures*, Paris, Flammarion, 1978, tomo II, p. 405.

cores da natureza". O importante é distinguir, bem delimitar as áreas e opô-las por sua fatura e cores particulares. "Eu queria chegar a pôr as cores como nos vitrais e um desenho de linhas fechadas", escreve a Théo (carta nº 470). Já comparei seu sistema com a linguística de Saussure. A diferenças do significado (do motivo) correspondem diferenças do significante, calcadas na esquematização do motivo, mas a substância — a pasta, as hachuras etc. — pode variar, apesar de guardar sempre alguma relação com o motivo [fig. A]. Quando transcreve suas telas em suas cartas, marca cuidadosamente as mesmas diferenças, mas a monocromia da tinta de escrever o obriga a introduzir por vezes outras variações de hachuras quando na tela a diferença é somente de cor. Tanto na tela como no desenho, para distinguir, basta uma escritura "estenográfica", rápida e sumária. Instaura assim uma dicotomia austera entre o "cálculo complicado", "prévio", e a execução "rápida", eficaz, elementar, diagramática. Entre a ordem do planejamento e a da execução expeditiva. Entre o entendimento divisor, classificador e prescritivo e a prática obediente. Van Gogh interioriza a norma da subordinação. Divide-se entre o *conceptor* armado pela "razão" instrumental e o executante de gestos econômicos e repetitivos, apoiado por uma técnica (excepcionalmente) correta mas simplificada. A escritura estenográfica dispensa a habilidade artesã, o que convém à sua *gaucherie*, como diz. Para evitar a desagregação do *patchwork* recorre ao *Ersatz* de mediação: relações entre cores complementares, contraste simultâneo, pitadas de miscigenação etc. Por exemplo, atenua o confronto seco entre complementares pondo pequenos toques de uma sobre a outra. No último período, entrelaça ondulações barrocas, turbilhões que percorrem a tela inteira arrastando em sua corrente as diferenças. Se bem que reconheça: "Lá onde devo seguir uma regra como aqui no hospício eu me sinto tranquilo" (carta a Théo nº 589, 1889), a autodisciplina rigorosa de sua pintura requer uma válvula de escape. Assim como os períodos de relativa tranquilidade, em que segue regras nos hospícios, são rompidos fora deles por súbitas explosões de crise, o sistema quase mecânico é perturbado pela exuberância da matéria e pelo nervosismo das hachuras. Violam a disciplina do sistema e desarranjam sem razão aparente a topografia controlada. Sintomaticamente, promete a Théo raspar e eliminar mais tarde a espessura pronunciada do material (o que nunca fez) — e lamenta-se a propósito de sua incapacidade para economizá-lo. Prefere saltar refeições a não poder esbanjá-lo. Como diagnosticou Adorno, a lei onipotente do hospício social leva o indivíduo a retirar-se nas pulsões mais primitivas. A matéria indomesticável, seu gri-

Os sistemas

to mudo, compensa ou consola. O cartógrafo Van Gogh, primo do engenheiro Seurat, salva-se da conciliação passiva graças à sua mão pesada e pródiga.

Cézanne sistematiza tanto quanto Van Gogh ou Seurat. Num pequeno estudo esquemático como este, não é possível seguir todas as etapas de seu trabalho de organização do material, como fez Liliane Brion-Guerry em seu livro já citado. As notas que seguem valem sobretudo para seu período final, o de *As banhistas* [fig. 4] ou do *Castelo negro* (coleção Oskar Reinhart, Winterthur, 1894-96).

Seu módulo não é mais a pincelada, como nos impressionistas, mas um pequeno retângulo formado por pinceladas retas, discretas e paralelas. Mais ou menos regulares, os pequenos retângulos tendem a seguir algumas direções privilegiadas, em número reduzido a cada obra. Ligeiramente destacados uns dos outros, criam uma vibração intensa de difícil localização espacial — nem bem na superfície, nem bem na profundidade. É o que leva T. J. Clark a opor materialidade (na superfície) e fenomenalidade (na profundidade do espaço virtual): dualidade constitutiva da marca (*trace*). A gama de cores, sobretudo nas paisagens, é reduzida: azul (= profundidade, ar), verde (= vegetação), ocre (= terra) — mas trabalhada em termos de valor e timbre. O desenho, em geral formado por pequenos traços coloridos de pincel fino, segue, quanto à orientação, a mesma norma que os pequenos módulos. Também participa do movimento de vibração, principalmente porque raramente define um contorno único. Em comprimento, o traço muda de cor. E parece oscilar como uma corda de violão, multiplicando os perfis possíveis. Como se Cézanne hesitasse, procurando a forma, mantendo visíveis todos os *pendimenti*. Seus volumes, ao contrário dos de Van Gogh, raramente têm contorno fechado. Deixa muitas passagens (o termo é de Delacroix, afirma Signac) entre seu interior e exterior, procedimento repetido pelo Cubismo Analítico. André Lhote o considera um dos principais recursos para costurar a ilusão espacial à superfície pintada, como o de deixar pequenas áreas sem pintura. A soma dos diferentes tipos de vibração (pinceladas evidentes nos traços, cascata de módulos, pequenas variações da cor, multiplicação e abertura dos contornos) cria a sensação de quase caos. Em oposição, Cézanne acentua, sobretudo com o desenho e alguns volumes destacados, uma espécie de arquitetura de conjunto, rígida, econômica e estável. Na tela *As banhistas*, os troncos de árvore formam algumas ogivas que ecoam nos corpos das banhistas, apoiadas solidamente em três faixas horizontais. No caso de *Castelo negro* ainda uma vez os troncos enquadram e retêm o burburinho da vibração acentuada pelo contraste com os componentes arquiteturais no centro. Poderíamos crer que Cézanne "copia" o motivo marcando o contraste entre elementos imóveis e agitados da paisagem — mas o mesmo procedimento dual reaparece em retratos e naturezas-mortas. Nos termos da estética nietzschiana, há polarização entre uma vertente dionisíaca a desfazer fronteiras e outra, apolínea, que as instaura quase à força, ordem na desordem. Como se Cézanne tomasse ao pé da letra sua divisa: fazer do Impressionismo algo durável como a arte dos museus, onde Impressionismo = vibração caótica e arte dos museus = estaticidade arquitetônica. Apesar da tese de Brion-Guerry, segundo a qual Cézanne neste período teria atingido a síntese entre continente (a atmosfera vibrante) e conteúdo (os elementos materiais estáveis), creio, ao contrário, que há oposição bloqueada entre o esqueleto construtivo e a efervescência daquilo que escapa à sua regulação. As múltiplas passagens não bastam para unificar os opostos que divergem — como o pequeno troca-troca entre complementares de Van Gogh não atinge o nível de verdadeira mediação. Nos dois domina o enfrentamento de incompatibilidades.

E.3. Comentários sobre os sistemas de Van Gogh e de Cézanne

Van Gogh e Cézanne saem cedo de casa. Levam uma tela não muito grande, cavalete e caixa de material. Procuram o motivo. Supomos que partem disponíveis para acatar e dialogar com o que ele, o motivo, lhes proporá. Abertos para o que vem ao seu encontro, na gíria de Heidegger. Difícil saber, porque também levam, agora na cabeça, um sistema mais ou menos já articulado, um modo predeterminado de ver as coisas e de transcrevê-las. Cada um leva o seu. O modo de ver favorece ver o que concorda com o modo de ver. Ou o contrário, o modo de ver quer testar--se e procura o que, à primeira vista, resiste a ele. O teste será vitorioso se o modo de ver e transcrever domar esta resistência — senão, haja mau humor. Ou o motivo já é adaptado ou entra à força no molde — ou há impasse, a obra esperada fracassa e não entra na história da arte. Os testes em arte, ao contrário dos testes científicos, são desqualificados quando dão resultados "falsificadores", na linguagem de Karl Popper. O procurado realmente é a confirmação do sistema, do modo de ver e de transcrever. "Somente a prova a fazer daquilo que pensamos apresenta sérios obstáculos. Continuo portanto meus estudos [...]", declara Cézanne a Émile Bernard. O modo de ver e fazer, o sistema, já está pensado, delineado. Falta prová-lo. Por isto procura o motivo, continua seus estudos, pinta — para confirmar o que já pensa previamente. É possível admitir que o sistema resulte de observações e experiências. Merleau-Ponty tentou demonstrar esta hipótese no caso de Cézanne. As seleções de cor, por exemplo: azul, verde, ocre. Pressupõe observação: céu/ar, árvore, terra. Mas uma vez estabelecida esta extraordinária descoberta digna de Pangloss, o sentido muda: o céu será azul (nunca chove em Cézanne, no máximo ele ajunta algumas nuvens para fazer o céu vibrar), as árvores, verdes (aparentemente, não há inverno em Aix) e os rochedos matizados da montanha de Sainte-Victoire serão ocre/azulados (terra + ar). Com o tempo, o real funde-se na regra. A qual, por sua vez, tende mais e mais ao registro estenográfico.

Ao estudar as declarações e a prática de Van Gogh, Cézanne e Seurat, salta à vista uma estranheza: eles se subdividem em *conceptor* e executante. Engolem a divisão social do trabalho. O momento reflexivo separa-se de novo da produção propriamente dita. Van Gogh patrão comanda Van Gogh operário. Antecipa meticulosamente e orgulha-se de executar rapidamente, confessa. Seurat mede, pesa, dosa até o detalhe e a moldura — e passa à realização monótona e repetitiva, com o caderno de prescrições tão completo e preciso que pode até, como diz, pintar no escuro. Cézanne é mais lento que Van Gogh e menos calculador que Seurat. Mas a lentidão corresponde a operações de ajustamento. "Dou uma pincelada à direita e vigio outra à esquerda", diz mais ou menos; operação de calibragem, para que o fluxo aqui não seja estrangulado ali.

Este resultado provém de uma trajetória arrevesada. Para superar e esquecer a convenção acadêmica, os artistas que fazem oposição valorizam o que ela proíbe: a pincelada evidente, a cor "pura", a improvisação, o ar livre que favorece o esboço como em Constable. São voluntariamente assistemáticos, anômalos com relação à norma oficial. Os neoimpressionistas perseguem o paradoxo: sistematizar o assistemático. Querem fazer como os biólogos, segundo Georges Canguilhem: estabelecer a norma a partir da anormalidade. Mas a norma assim obtida deixa fora de si a anormalidade como seu limite excluído. Encontrar o equivalente da norma acadêmica para o movimento antiacadêmico é antinômico: a essência do acadêmico é sua função normativa. A quadratura do círculo. Apesar disto, os neoimpressionistas elaboram seus sistemas. Resultado:

com as novas rédeas, a espontaneidade antiacadêmica desaparece. É o que vimos acima: os impressionistas, para evitar tiques acadêmicos, saem do ateliê, vão para a rua e o campo. Esperam que o visto diretamente sugira caminhos novos, ainda não submetidos a uma transcrição canônica. Conseguem em parte, principalmente, no início, Monet. Mas, para eles então, rapidamente, a Academia torna-se o anormal, invertendo a relação anterior. A pincelada evidente, a cor "pura", a improvisação e o esboço transformam-se em normas para eles — mas sem o brio virtuose que devolveria estes procedimentos ao território da Academia.

Desde Manet, o brio da fatura não parece interessar mais. Não posso garantir, mas tenho a impressão de que procura decepcionar os amantes da inscrição elegante. Literalmente ele a torna antipática, avessa à empatia. Temos dificuldade em aderir, em nos identificarmos com ela. Ele a muda inopinadamente e, se somos atraídos um momento, logo adiante o entusiasmo perde apoio. Não fossem as ladainhas da crítica preguiçosa, a inércia dos *connaisseurs*, que repetem a propósito de qualquer artista consagrado os mesmos chavões sobre a habilidade da mão, a certeza do gesto, o brio da *touche* e outras cretinices, talvez pudéssemos reconhecer que as pinceladas de Manet são desgraciosas. Que as de Van Gogh são toscas, desajeitadas, como ele mesmo reconhece ("*ma maladresse*", "*ma gaucherie*", diz em carta a Van Rappard em 1883). As de Cézanne, engomadas e monótonas etc. Mesmo a fatura impressionista tem menos charme que o propagado, como vimos acima; dissemos: dança com tamancos. A fatura briosa é incompatível com o antiacademismo. Aliás, a reação dos acadêmicos contra a inevitável obsolescência do seu *métier* foi precisamente acentuar o virtuosismo. Manet e seus próximos maltratam a aura da *sprezzatura* preciosa. A retórica tradicional não somente os desgosta, como atrapalharia. Pelo menos em teoria, sua fatura é a da mão que investiga, ensaia, erra, corrige, tateia, hesita, decide. Fatura da *Bildung*, do processo de formação aberto, sem segurança prévia. A "partida para o desconhecido" seria uma farsa se Manet mergulhasse como Tarzan de filme, certo de sua *virtù*. O *morceau de bravoure* caducou.

Entretanto, a fatura da pincelada rude e separada, agora norma dos antinormativos, entra em nova fase com os neoimpressionistas: cada artista inventa a sua. Numa outra pirueta teórica, a norma antinormativa passa a servir de chão para a diferenciação. Mesmo os epígonos de Seurat procurarão distinguir-se a propósito da forma de seus pontinhos. A fatura das pinceladas separadas passa à posição dupla de indicador de heterotopia com relação à Academia e de eixo de isotopia para a diferen-

Os sistemas

147

ciação entre os que se põem fora do alcance dela. A rudeza antibrio comum divide-se em rudezas diversas.

É sabido que a individualização nas artes decorre, entre outras causas, da pressão do mercado. Notem o curioso vai e vem, montado num paradoxo aparente: norma acadêmica > desmonte impressionista da norma > novas normas neoimpressionistas > fundamento comum do desmonte e das novas normas (as pinceladas separadas etc.) na posição de eixo de diferenciações dos neoimpressionistas. Paradoxo (aparente): nunca artistas venderam tão pouco como os artistas neoimpressionistas — os primeiros a preparar o terreno, no interior da forma, para a mercantilização da arte. Não por acaso são considerados os pais fundadores do modernismo por muitos. Heróis da não venda e, simultaneamente, proto-heróis das vendas. O que dá origem à lamentação neurótica do modernismo: como seria bom ser o que não somos e não ser o que somos — a ler com múltiplos sentidos.

Os neoimpressionistas podem ser considerados como restauradores do projeto. Não no sentido arquitetônico (exceto Seurat), mas de um protocolo com diretivas suficientes para regular a realização da obra. Talvez haja parentesco com os princípios reguladores de Kant. A feitura não corresponde mais à *Bildung* autônoma, torna-se em boa parte execução do previsto. Há poucos *repentirs* autênticos. Os de Cézanne, a multiplicação de segmentos de contornos, são tão programados quanto seu contrário, o *cloisonnisme* de Van Gogh ou Gauguin, o contorno único, acentuado e fechado. Um "artifício engenhoso" que não deve nada à percepção, diz T. J. Clark, para criar passagens entre planos distintos e para provocar sensação de vibração. Obedecem a uma das diretivas projetuais. Não são marcas do tatear, do ensaiar, salvo exceção. A exposição dos meios torna-se artificial, maneirismo codificado. Obedece de modo evidente à vontade que apareçam. Não são meios de produção constitutivos do vir a ser incerto do que será — sabem antecipadamente ao que devem parecer, a restos de construção aberta a alterações. Os meios posam de meios. Com o que se traem: posar é não ser o que a pose diz ser. Como o capital fictício: a renda faz supor um capital, inexistente na realidade. Os meios posudos (como o escorrimento de tinta mais tarde) fazem supor um dinamismo produtivo igualmente inexistente. O "efêmero, o passageiro, o fugidio" passam a ser renda: a arquitetura rígida que implantam no percebido, por contraste, faz do jogo das pinceladas uma vibração que serve como significante do "efêmero etc.". Inversão do que imaginava Baudelaire — que as pinceladas agitadas eram devidas à rapidez necessária para captar o fugidio. Agora o fugidio passa a significado codificado das pinceladas agitadas. Não é mais preciso correr para não perdê--lo. Não precisam mais de uma técnica expeditiva, "estenográfica", que justificava a pincelada separada. Cézanne e Seurat pintam lentamente, mas suas faturas, como a de Van Gogh que pinta a todo vapor, instituem como norma as pinceladas separadas. Mas como elas não correm ou não correm mais para registrar o que ameaça desaparecer, podem ser aleatoriamente determinadas: barrinha engomada, pontinho ou elemento enervado de hachura carnuda.

Ora, a figuração lastreada nestas unidades mínimas não pode mais ser "realista" (no sentido fotográfico). Não somente porque não são denegadas — mas porque impõem ao figurado sua particularidade. Cada um então inventa um tipo de figuração esquemática compatível com esta particularidade. A regularidade mecânica da pincelada de Seurat o conduz a privilegiar formas também regulares, recortadas, chapadas. As barrinhas paralelas de Cézanne emprestam sua vibração ao contorno e moldam os volumes com pequenos prismas, como esculturas talhadas grosseiramente. Van Gogh parte das microdescargas de cada pincelada: sua figuração torna-se angulosa, espinhuda, resultado de golpes ríspidos. O modo de transcrição maneiroso volta sobre o observado e o modifica como encarnação sua. A pincelada independente, convocada por sua agilidade no registro do transitório no motivo, faz agora do motivo testemunha de seu poder constitutivo.

> "Figura e paisagem não são senão diferentes formas do mesmo trabalho do pincel. Da mesma pincelada."
>
> Charles Estienne, *Van Gogh*[31]

Observemos o trabalho do pincel. Os gestos operacionais elementares, os primeiros a serem desenvolvidos em nossa formação, condensam para sempre características profundas nossas, ensinou André Leroi--Gourhan. A pincelada de Van Gogh — gesto operacional elementar — é carnuda, cheia de matéria. Podemos supor que estas características compensam a austeridade puritana do ambiente em que se criou. Mas a suposição tem pouca importância. Importa, entretanto, que seja quase um

---

[31] Charles Estienne, *Van Gogh*, Genebra, Skira, 1953, p. 69.

Os sistemas
149

automatismo seu. A deposição desta matéria sobre a tela obriga, a cada toque, reabastecer o pincel. Tarefa monótona, repetitiva e cansativa. A tinta abundante ameaça escorrer e cair durante o trajeto entre a paleta e o ponto de aplicação (para corrigir em parte este inconveniente, Van Gogh mistura à pasta fluida um pouco de resina — o que assegura até hoje a vivacidade de suas cores e o bom estado de conservação das obras). O gesto de traslado precisa, por isto, ser rápido — o que resulta na aplicação enérgica, brusca, da matéria sobre a tela. Este choque deixa marca em sua espessura, escavada no centro, seu excesso avolumando-se nos bordos da pincelada. A rigidez do gesto técnico e a plasticidade do material conformam o módulo elementar o qual, até agora, não deve nada à observação de nenhuma efemeridade, como imaginam muitos. A operação recomeça inúmeras vezes, durante horas e horas em ritmo acentuado. A cada vez, uma microdescarga gestual. A aplicação do gesto obedece, segundo o próprio Van Gogh, a um plano preestabelecido. Seu ar espontâneo ilude: é predestinado. Esta disciplina — a determinação da operação atual por um projeto anterior — é comum. Tão comum que Lukács faz dela a marca de nossa humanidade — a teleologia. (Manet, neste caso, seria desumano.) Mas não é típico de nossa humanidade esta tensão entre a unidade produtiva, áspera, apoiada, excessivamente enérgica para sua função, e sua simultânea submissão à chatice da rotina técnica e a um projeto ocupado em estabelecer diferenças, em princípio indiferentes ao material que as encarna. Há desproporção entre a ansiedade da operação e a natureza do plano que a comanda — ansiedade que não amansa com a monotonia da repetição. Entretanto, no resultado, a soma destas disparidades dá mais força à diferenciação entre áreas hachuradas. O poder do que ordena (nos sentidos de comandar e pôr ordem) sai fortalecido pela rebeldia potencial da matéria cabrestada. As microexplosões de descarga servem adequadamente ao que, indiferente em relação a elas, cresce com a ameaça de resistência... impotente.

Cézanne e Van Gogh são teimosos. Sem descanso entregam-se ao mesmo exercício, aperfeiçoar seus sistemas — testar, encontrar a prova. Com o tempo, eles estagnam, rígidos. Simultaneamente, aumenta a pressão do que eles não podem absorver, o elemento rebelde, o excedente, o não identificável. Por mais que endureçam os sistemas, por mais que aproveitem da rebeldia potencial, mais cresce a tensão ameaçando o compromisso.

Como na produção social contemporânea de ambos, a caminho da taylorização, a raiva, o desespero, o cansaço, a revolta, obrigatoriamen-

150 Artes plásticas e trabalho livre II

te contidos mas inevitáveis entre trabalhadores, descarregam-se no gesto operacional, reforçando o vigor, a intensidade de cada operação elementar repetida — com o que aumentam sua produtividade, portanto o poder daquilo mesmo que provoca a raiva, o desespero, o cansaço, a revolta contida. O sistema alimenta-se com o que parece escapar de seu controle. Outra variação da tese de Georges Canguilhem: na produção subordinadora, a norma provoca, para seu próprio serviço, o que parece desviar da norma.

Na medida em que os sistemas estendem e aprofundam seus controles, cresce a tensão com o que os serve à força. Quase à sua revelia, nas telas de Cézanne e Van Gogh, após um período "clássico" em que o domínio dos sistemas parece assegurado, começa a exsudar uma espécie de ameaça soturna mas palpável. A matéria torna-se mais viscosa e o toque ainda mais agressivo em Van Gogh. Os pequenos retângulos agitam-se mais e avançam angustiantes em Cézanne. Como em Edgar Allan Poe, a engenharia estruturante dos contos desemboca em crimes e outros horrores. Ou como em Baudelaire: em miasmas e cadáveres. Em contraponto aos esquemas rígidos do entendimento, que alimentam os sistemas, desgarram-se pulsões opostas, desagregadoras e desordenadoras.

Mas há mais que mecanismos psicológicos neste confronto entre ordem e pulsão. O antagonismo radical entre a concentração crescente do controle da produção expropriadora e o produtor subordinado gera (ou prolonga) uma ideologia barata mas eficaz. O lado da propriedade aparece como racional, progressista, positivo, necessário. O outro lado aparece como vicioso, pronto para o crime e dado a sem-vergonhices. Intrinsecamente suspeito, requer rédeas ou punições.[32] Ordem, progresso e, se possível, amor contra incapacidade e má índole. Vários pares de conceitos estratificados fazem eco a esta oposição fantasmada de classes no fim do século XIX: higiene x miasmas; república parlamentar (ou império) x Comuna; ciência x ignorância; decoro x deboche; trabalho x indolência; honestidade x canalhice etc. Ou ainda, pintor sério (acadêmico) x revolucionário (impressionista). Variantes da hora da velha crueza calvinista: rico = virtuoso x pobre = pecador. Ora: plano, antecipação e prescrição = virtude racional; matéria, viscosidade e passividade = vício pulsional.

---

[32] Ver, sobre esta questão no século XIX, M. Foucault, *Les anormaux. Cour au Collège de France, 1974-1975, op. cit.*

Os sistemas

[fig. 5]
Vincent Van Gogh, *A ravina*, 1889,
óleo sobre tela, 72 x 92 cm, Kröller-Müller Museum, Otterlo.

Os nossos neoimpressionistas, entretanto, querem conciliar os dois lados. E encontram-se bifurcados por dentro entre comandante e comandado. Engoliram a contradição.

Nos últimos trabalhos de Van Gogh o cartógrafo das diferenças não consegue mais reter o esbanjador da matéria. O arabesco das hachuras atravessa as separações num torvelinho desenfreado que lembra um cataclisma. O sistema desmorona sob o magma das cores e o redemoinho pulsional do pincel. Em várias telas de 1889-90, volutas enroscadas numa efusão ascendente desfazem a ordem espacial num caos tempestuoso (ver, por exemplo, *A plantação de oliveiras*, Museu Kröller-Müller, Otterlo, 1889; *Cabanas. Recordação do norte*, coleção privada, 1890; *Os pavimentadores*, Cleveland Museum of Art, 1889; *A ravina*, Museu Kröller-Müller, Otterlo, 1889 [fig. 5]; *Estrada com ciprestes*, Museu Kröller-Müller, Otterlo, 1890; *A ressurreição de Lázaro*, Museu Van Gogh,

[fig. A]
Vincent Van Gogh, *Vista de Arles com íris no primeiro plano*, 1888,
óleo sobre tela, 54 x 65 cm, Van Gogh Museum, Amsterdã.

Amsterdã; *Casas com telhados de palha em Cordeville*, Museu d'Orsay, Paris, 1890, etc.). Estas telas datam do período em que as crises sucessivas levam ao suicídio. Nelas, a representação recua sob a apresentação. Apresentação da matéria sulcada pela mão pesada, aflita, que se afasta da mimese e anuncia catástrofes.

    O percurso final de Cézanne segue, com menos regularidade, o mesmo desenho, o do declínio do sistema. O esqueleto arquitetural, imperioso nas *Banhistas*, cede pouco a pouco diante da vibração desaferrada. A disciplina do método não retém mais a indisciplina topológica crescente dos prismas agitados. O espaço resultante comprova: nem convincentemente ilusório, nem eliminado pela "planaridade" — e menos ainda eventual relação feliz entre eles. Atabalhoado topologicamente, não me parece que o Cézanne do último período seja "lírico, sentimental barroco, pacificado, musical, todo animado por uma viva palpitação" como pretende Liliane Brion-Guerry. Vejo nele mais o que Chevalier localizou: "caos das forças antagônicas" que "disturbam nosso tempo" (1877, citado acima). O material adere ao plano — mas quer ordenar o que escapa a ele. Comentando sua última pintura, inacabada (*A cabana de Jourdan*, Kunstmuseum, Basel, 1906), Maurice Raynal escreve: "ele estava dilacerado entre a tirania do pensamento e a dos sentidos".[33] Se o céu continua azul, há tempestade no ar. Em *O grande pinheiro* (Museu de Arte de São Paulo, 1892-96) o tronco, antes garantia de estabilidade, agita-se sob a ventania, e o balançar de galhos e folhas parece retorcê-lo perigosamente. Fim da calmaria das paisagens de Gardanne dos anos 1885-86. Nas aquarelas (por exemplo, o *Camponês sentado*, Kunsthaus, Zurique, 1900-04), a cor rala semitransparente, as inúmeras passagens e o encavalamento dos prismas interrompidos pelo branco do papel sugerem uma estranha espacialidade (de muito futuro): dá a sensação de ser *capitonné* com o branco do papel servindo de bastas (os botões), mas onde o tecido quebradiço é percorrido por convulsões que ameaçam dispersá-lo. Ao mesmo tempo, a mão que traça manifesta cada vez mais seu ataque, seu percurso, sua vida própria. As mais de sessenta versões da montanha de Sainte-Victoire mostram pouco dela mesma — mostram mais sessenta variações de feitura. O que retém agora a dispersão por excesso de vibração não pertence mais ao universo da figuração, nem é o resultado de alguma síntese entre continente e contido, como propõe Brion-Guerry: é a dinâmica do sujeito formador que se deleita com o processo de formação ainda em curso. O sistema cede seu lugar, indevidamente ocupado, ao sujeito da produção em seu trabalho, em sua ação. O quadro agora é uma pausa em pleno canteiro de obras [fig. B].

E.4.

Van Gogh, Cézanne e Seurat, de certo modo, antecipam Taylor: a negatividade da arte, embalada em seu próprio movimento, acaba negando a si mesma, como qualquer negação levada ao extremo. Desmontam o antigo *métier* como Manet e os impressionistas: eliminam o que consideram inútil ou perigoso — o modelado, a pátina, as cores terciárias (em

---

[33] M. Raynal, *Cézanne*, *op. cit.*, p. 121.

[fig. B]
Paul Cézanne, *A montanha de Sainte-Victoire*, 1905-06,
óleo sobre tela, 60 x 73 cm, Kunsthaus, Zurique.

parte), a precisão dos detalhes etc. Mas, com o propósito de dar solidez ao que consideram desestruturado na sua própria pintura — isto é, ao resultado inicial da negatividade, necessariamente dispersivo —, recorrem aos sistemas. Em linhas gerais, é o que fará Taylor: impressionado com o "laxismo" da (des)organização do trabalho, ele desce ao chão da fábrica. Lá, mede, pesa, cronometra, decompõe os gestos produtivos para detectar tempos ociosos e movimentos inúteis. E, depois, recompõe os segmentos produtivos — mas sem os tempos ociosos e movimentos inúteis. Aperfeiçoa "cientificamente" o trabalhador, convidado a não pensar por si e obedecer à risca as ordens de serviço, no tempo previsto. Isto é, aperfeiçoa sua subordinação. Ou ainda, dito de outro modo: cuida do mais-valor relativo, o néctar que jorra da subordinação real. Nossos neoimpressionistas reagem diante do "laxismo" impressionista de maneira equivalente. Seus sistemas são o complemento "científico" (lembrem, o termo é de Pissarro) de uma produção sem dúvida renovadora — mas dispersiva e erradia. Querem organizar "cientificamente" (nisto Seurat será o mais aplicado) o trabalho pictural — projeto que, vimos com Zola, está na ordem do dia. Ou seja, a negatividade da arte volta-se agora contra a forma mais atual da subordinação no trabalho social, a forma "real". Inconformada com os primeiros resultados desta negação, a dispersão antiacadêmica sonha com a reconstrução de outro(s) sistema(s), negando deste modo sua primeira negação e aderindo assim, queira ou não, àquilo que começara por combater (e que procura ainda combater): o trabalho inteiramente não "livre". O repudiado fora, volta por dentro: estes pintores vão ao motivo com o molde pronto na cabeça. E mais: o molde de cada um é necessariamente mais primário, mais tosco e insuficiente que o acadêmico desmontado, fruto de mais de trezentos anos de empenho coletivo, testado e discutido por carradas de artistas respeitáveis. O céu é azul, a terra ocre... Como diz Nietzsche, "sua glória beneficia-se pelo fato de não ter exatamente atingido o seu objetivo".[34] O grande mérito de Cézanne e Van Gogh (Seurat não teve tempo) foi o de terem levado ao extremo suas tentativas de sistema — e o de terem eles mesmos demolido.[35]

E.5.

A poética da precisão pregada por Baudelaire é, em boa parte, a de Poe ("[...] um homem que parecia comigo um pouco [...] uma parte de mim mesmo").[36] Ele resume assim o "admirável método" de Poe: "Tudo num poema como num romance, num soneto como numa novela, deve

---

[34] Friedrich Nietzsche, *Le gai savoir*, in *Oeuvres*, Paris, Robert Laffont, 1993, p. 97 [ed. bras.: *A gaia ciência*, tradução de Paulo César de Souza, São Paulo, Companhia das Letras, 2001].

[35] Antes de escrever este último tópico, voltei a Aix e a Arles, cidades próximas do lugar em que moro. Com reproduções na mão pude compará-las com a montanha de Sainte-Victoire e com o bar bem conservado que serviu de motivo para *O café, de noite* (Museu Kröller-Müller, Otterlo, 1888). Creio que as visitas confirmaram o que escrevi acima: um e outro pintam menos a montanha de Aix ou o bar de Arles que os sistemas que inventaram. Note-se, entretanto, que o sistema de Cézanne é um pouquinho, mas um pouquinho somente, menos arbitrário que o de Van Gogh. Certas esquematizações dos pinheiros da região de Aix em seus quadros, por exemplo, são relativamente verossímeis.

[36] Charles Baudelaire, "Notes sur des oeuvres de Poe" (1852), in *Oeuvres complètes*, Paris, Seuil, 1968, p. 357.

concorrer para o desenlace; o bom autor já tem sua última linha em vista quando escreve a primeira".[37] Isto vale para todas as artes.[38] O "admirável método" é o de um engenheiro projetista. Aliás, Baudelaire elogia com frequência a formação e a curiosidade científicas de Poe. "Ele era antes de tudo sensível à perfeição do plano e à correção da execução, desmontando as obras literárias como peças mecânicas defeituosas para o fim que queriam atingir, anotando cuidadosamente os vícios de fabricação."[39] O mesmo gênero de elogio volta quando analisa Wagner ou Delacroix.[40]

(Obviamente, o "admirável método" não convém a Manet. Ao contrário, quando porventura trabalha com um plano preestabelecido, ele encalha. Por exemplo: são bastante fracas as ilustrações que faz contra a própria vontade para a tradução [Richard Lesclide Éditeur, 1875] por Mallarmé de "O corvo", de Poe.)

O método pregado por Baudelaire é bastante próximo do ideal dos "sistemas" de Cézanne, Van Gogh e Seurat, próximos também dos pesadelos Fausto/taylorianos, como indicamos. O entendimento exterior decompõe a produção em componentes e sequências aparentemente lógicos. Fixados e imobilizados, podem ser isolados, depurados das inadequações ao fim predeterminado, espanados, escovados e recompostos numa sequência ideal teleológica. O que desaparece, mutilado, espicaçado, desprezado, é precisamente o antigo momento mediador, o processo vivo de trabalho. A arte separada, sem compromissos imediatamente práticos, leva rapidamente ao extremo o que socialmente ainda amadurece. Nossos artistas radicalizam em sua própria produção a tendência inscrita nesta hipóstase da concepção. Põem frente a frente os polos extremos do processo desfeito de produção: de um lado, a matéria quase bruta e os gestos produtivos os mais elementares; do outro, abstração arquitetônica de um todo. O antigo trabalho de formação limita-se agora a encher a

---

[37] *Idem*, *ibidem*, p. 356.

[38] C. Baudelaire, "Notes nouvelles sur Edgar Poe" (1859), "Salon de 1859", "Richard Wagner et Tannhäuser à Paris", in *Oeuvres complètes*, *op. cit.*, respectivamente pp. 350, 415, 516-7.

[39] C. Baudelaire, "Notes nouvelles sur Edgar Poe" (1859), in *Oeuvres complètes*, *op. cit.*, p. 350.

[40] C. Baudelaire, "Richard Wagner et Tannhäuser à Paris", "L'oeuvre et la vie de Eugène Delacroix" (1861), in *Oeuvres complètes*, *op. cit.*, respectivamente pp. 516 e 536.

Os sistemas

abstração totalizante preestabelecida com células elementares onde se recolhe o que sobrou de trabalho vivo. Este pesadelo, que crescentemente invade a produção social, na arte logo entra em crise, provocada pelos próprios autores de sistemas (este choque de extremos, entretanto, retornará várias vezes ainda no futuro). Mas, se provocam a crise, eles a provocam por levarem ao extremo a contradição inscrita no próprio fundamento dos sistemas.

E.6.

"O que é um gesto?", pergunta Lacan. Distingue gesto e movimento: "gesto" é "movimento dado a ver", movimento que para antes de atingir seu fim pressuposto. "É alguma coisa que é feita para [...] suspender-se."[41] E ilustra o que diz com "estes pequenos azuis, estes pequenos marrons, estes pequenos brancos, estas *touches* que chovem do pincel do pintor",[42] citando Cézanne via Merleau-Ponty. Estas *touches*, estas pinceladas, são movimentos interrompidos para serem vistos: são deslocamentos que tomam o lugar da dinâmica produtiva excluída.

O momento em que a negatividade exerce sua força corrosiva, momento no qual ela resiste à efetiva realização da subordinação, é o momento produtivo. Fora deste momento, como vimos com Marx, a subordinação é somente pressuposta ou abstrata e sua eventual negação permanece abstrata também. Ora, num passo em falso, o momento produtivo é marginalizado provisoriamente pelos neoimpressionistas. Sua feitura aparentemente exaltada, portanto, não passa de recurso somente gestual durante o período dos sistemas. Esta marginalização faz migrar a dinâmica da formação para o gesto, para a pincelada retórica, e inervada por vivacidade substitutiva. Sua ostensão artificial interrompe por isto mesmo a produção, impossibilitando assim a efetivação da negação. Poderíamos comparar a plástica neoimpressionista com a do momento do liso na Renascença: nos dois casos, a defesa de outra produção passa por um nó incoerente, logo superado, em que o processo de formação, de construção imanente da obra, é desconsiderado. A angústia diante do desmo-

---

[41] Jacques Lacan, *Le séminaire XI. Les quatre concepts fondamentaux de la psychanalyse*, Paris, Seuil, 1973, pp. 106-7 [ed. bras.: *O seminário 11. Os quatro conceitos fundamentais da psicanálise*, Rio de Janeiro, Zahar, 1993].

[42] *Idem, ibidem*, p. 101.

ronamento da herança obsoleta conduz ao abandono momentâneo do principal lugar de enfrentamento efetivo: o da produção concreta. A resposta à nova forma de subordinação, enleada na trajetória desconcertante da negatividade (a marcha a ré sem retrovisor), ainda não amadureceu de vez (mas, veremos, está quase aí, contudo ainda sob forma invertida).

No seu combate contra a Academia, os antiacadêmicos, como acontece com frequência nos combates ambíguos, acabam por recorrer ao que condenam. À dicotomia entre "a perfeição do plano e a correção da execução", nos termos do método poe-baudelairiano. Releiam as citações que alinhei no começo deste item: esta dicotomia sustenta o que pregam Cézanne, Van Gogh e Seurat. Sob este aspecto, eles tentam restabelecer o que Manet e os impressionistas haviam demolido, o império da *idea* exterior sobre o trabalho de formação. Pouco importa que esta *idea* não seja mais "literária", como as da Academia, ou "política", como as de Courbet: trata-se ainda de um comando exterior, de uma pressuposição a ser posta obrigatoriamente pela "execução" obediente. O fato do sistema ser uma pressuposição puramente plástica não elimina sua exterioridade — que é o que assegura seu papel subordinante.

E.7.

> "[...] silogismo da necessidade, a lógica é o 'meio-termo', isto é, ao mesmo tempo o primeiro termo que se pressupõe nos extremos da Natureza e do Espírito [...] e o último termo que os recapitula e os retoma em si [...] como sempre [em Hegel] os termos extremos [...] recebem seu sentido do termo mediador, responsável pelo movimento de identificação [...]."
>
> Gwendoline Jarczyk, *Système et liberté dans la Logique de Hegel*[43]

Os termos extremos, postos face a face sem o termo mediano, ou melhor, com seu termo mediano calado e neutralizado, caem inevitavelmente na arbitrariedade: seu sentido e sua necessidade derivariam deste termo mediador — agora impotente. Entretanto a crise na qual desem-

---

[43] Gwendoline Jarczyk, *Système et liberté dans la Logique de Hegel*, Paris, Kimé, 2001, pp. 10-1.

Os sistemas

bocam os neoimpressionistas revela-se logo como momento de um movimento que prosseguirá para além dela — e graças a ela.

O termo mediano na produção artística, o momento do trabalho ativo, é pressuposto no extremo inicial e deposto no final. No início, ele justifica as condições: impulso produtivo, instrumento, material e trabalho. Ele os determina, particulariza como seus meios. Somente seu entrosamento durante a produção transforma sua dispersão original, sua indiferença mútua em relação recíproca. No resultado, a tensão do relacionamento vivo desaparece ou, no melhor dos casos, permanece sob a forma de memória nos índices de produção, na fatura — enquanto a coisa resultante torna-se novamente meio para algum uso. Mas nem a condição, nem o resultado resguardam o essencial, o devir deste entrosamento no qual a condição é conduzida, ou quase conduzida, ao resultado.

Este devir foi obscurecido até então pela hegemonia e a exterioridade da *idea*. Ela atrai a atenção para o resultado, para a obra "pronta" — para a representação tida como o objetivo último da pintura entre nós durante séculos. Quase em vão, os artistas tentavam desviar um pouco desta atenção para a feitura, para o processo de produção. Com o declínio da *idea* exterior e sua interiorização, o movimento do devir pouco a pouco vem à tona, acompanhando a evolução do século no reconhecimento da produção como fundamento primeiro da vida social. Somente no término desta evolução o termo mediano — a relação viva entre produtor e seus meios — passará a ocupar de modo manifesto seu verdadeiro lugar, o de fundamento.

A crise dos sistemas, paradoxalmente, abre o caminho para isto. Os extremos radicalmente separados e hipostasiados na obra rigorosamente neoimpressionista de Cézanne e Van Gogh (e Seurat), quando seu contrato artificial implode, retornam ao termo mediador com veemência, como se fossem atraídos pelo efeito centrípeto do vácuo que sua bipolarização provocou no centro. A sensação de caos provém da pororoca do reencontro súbito dos extremos, liberados pela razão plástica (que é movimento de formação) de sua radical separação pelo entendimento operacional típico dos sistemas. O que arrebenta os sistemas é a reemergência da autonomia produtiva que não pode submeter-se às injunções de regras estratificadas, sejam elas estabelecidas *a priori* ou *a posteriori*, resultados de cálculos da concepção ou de generalização da experiência.

Entretanto, os sistemas revelam uma necessidade essencial para os artistas — e para os outros: a de apropriar-se dos meios de produção submetidos à ingerência de fins que os deformam. Mesmo se as artes plásticas não têm nenhuma importância em si, elas têm muita enquanto modelo — ou exemplo — de reflexão crítica. Manet e os impressionistas já liberaram bastante os meios de produção (aí incluindo material e trabalho). Mas se desinibiram seu uso e sua manifestação, somente iniciaram a reflexão crítica a seu respeito. Não a desenvolveram o suficiente, porém, para livrá-los de tudo o que o mau uso denegativo e ideológico provocou neles. Por isto, continuaram incapazes de explicitar lucidamente suas características intrínsecas, específicas, o correlato material da autonomia sem o que a autonomia do produtor, do artista, se não a respeitar, tinge-se de autoritarismo. Não articularam uma reflexão semelhante à de John Ruskin, William Morris, Eugène Viollet-le-Duc e de Antoni Gaudí a propósito dos materiais e do trabalho em arquitetura, por exemplo. Por mais ingênuos e simplórios que sejam os sistemas neoimpressionistas, eles têm pelo menos a virtude de levantar estas questões. Reagem contra a apropriação completa de todos os meios de produção pelo capital produtivo fora do alcance dos produtores imediatos (reação mediada pela oposição à ossificação dos meios pela Academia e à sua denegação) e suas consequentes deformações. A *idea* exterior, carregada na maioria dos casos com os interesses das classes dominantes, representava a apropriação da produção artística por elas. O Neoimpressionismo tenta, de modo um pouco desajeitado, reapropriar-se do que fora apropriado por estas classes, através de uma reflexão interior inicial da herança plástica já depurada de algumas de suas deformações devidas a esta submissão. Para isto, entretanto, não soube como evitar, por um tempo, o modelo estruturante da nova classe dominante.

Os sistemas

7

Recuo e avanço.
Sobre *Um bar no Folies Bergère*, de Édouard Manet

"Como é possível ser tão grande a diferença entre mim e mim mesmo?"

Santo Agostinho, *Confissões*[1]

"Encerraremos os sentimentos mais cálidos e mais ardentes na aventura mais trivial."

Charles Baudelaire, "Gustave Flaubert, *La tentation de Saint Antoine*"[2]

"O Dândi [...] deve viver e dormir diante de um espelho."

C. Baudelaire, *Mon coeur mis à nu*[3]

"Estar fora de casa, e, contudo, sentir-se em casa onde quer que se esteja; ver o mundo, estar no centro do mundo e retirado do mundo, eis alguns dos pequenos prazeres desses espíritos independentes [os dândis]."

C. Baudelaire, *Le peintre de la vie moderne*[4]

A primeira precaução no estudo de uma obra de arte que suscitou tantas interpretações, frequentemente divergentes, como é o caso de *Um bar no Folies Bergère* (Courtauld Institute, Londres, 1881-82), é exami-

---

[1] Saint Augustin, *Les confessions*, volume II, livro X, capítulo XXX, Lyon, Parisses Frères, 1856, p. 142.

[2] Charles Baudelaire, "Gustave Flaubert, *La tentation de Saint Antoine*", in *Oeuvres complètes*, Paris, Seuil, 1968, p. 451.

[3] Charles Baudelaire, *Mon coeur mis à nu*, in *Oeuvres complètes*, *op. cit.*, p. 630.

[4] Charles Baudelaire, *Le peintre de la vie moderne*, in *Oeuvres complètes*, *op. cit.*, p. 552.

ná-la, na medida do possível, sem pressuposições. Reunir a documentação fiável e se submeter de maneira quase ingênua ao que vemos nela.

ANÁLISE FORMAL

A. Descrição da formação

Um bar no Folies Bergère foi precedido por um esboço em óleo (*Um estudo para Um bar no Folies Bergère*, coleção particular, 1881) [fig. 6]. Léon Leenhoff anotou na parte de trás da tela: "Esboço do 'Bar no Folies Bergère'. Primeira ideia do quadro. É o bar no primeiro andar à direita do palco e do proscênio. Retrato de Dupray. Pintado no verão de 1881".[5] Jack Flam nos lembra: "Uma fotografia do esboço, tirada por Lochard em 1883, traz uma anotação manuscrita que acrescenta os seguintes esclarecimentos: 'Pintado a partir dos croquis feitos no Folies Bergère. Henry Dupray [o pintor militar] conversa com a moça do balcão. Pintado no ateliê da rue d'Amsterdam'".[6]

Aparentemente, já está tudo em seu devido lugar: o balcão no primeiro plano, a garçonete, seu reflexo no espelho que cobre todo o fundo, o de um homem de chapéu (Dupray) que se dirige a ela e o da multidão nos salões iluminados do Folies Bergère. (Observação: segundo André Malraux, "[...] o balcão no primeiro plano não foi feito por Manet, ele foi acrescentado depois de sua morte, não se sabe nem por quem nem quando. Mas em 1912, Meier-Graefe, em seu livro sobre Manet, reproduz a obra intacta".[7] Essa informação de Malraux é errônea e foi corrigida em 1966 por Ronald Pickvance: "Durante mais de um século, acreditou-se que o bar no croqui em óleo tivesse sido acrescentado por outra pessoa, pois uma parte da fotografia de Lochard tinha sido acidentalmente cortada. Entretanto, há um exemplar intacto da fotografia em um ál-

---

[5] Juliet W. Bareau, "The Hidden Face of Manet", *The Burlington Magazine*, n° 997, abril de 1986.

[6] Jack Flam, *Manet, Un bar aux Folies Bergère ou L'abysse du miroir*, Paris, L'Échope, 2005, pp. 39-40.

[7] André Malraux, *Le musée imaginaire*, Paris, Gallimard, 1965, p. 271, nota.

[fig. 6]
Édouard Manet, *Um estudo para Um bar no Folies Bergère*, 1881,
óleo sobre tela, 49 x 58 cm, coleção particular.

bum na Biblioteca Nacional, em Paris, e ele mostra claramente que o bar sempre existiu no quadro".)[8]

O esquema da posição das figuras ("reais" e virtuais) segue abaixo.

No esboço, a borda enviesada do balcão (8) indica a posição de Manet em relação à cena quando ele a pinta (5). Ela é confirmada pela distância entre a imagem virtual da garçonete em relação à sua imagem "real" (1 e 2). Manet está à direita, fora do espaço delimitado pela tela.[9]

---

[8] Ronald Pickvance, *Manet. Catalogue de l'exposition dans la Fondation Pierre Gianadda*, Martigny, Suíça, 1966, p. 207.

[9] As aspas indicam o que aparece no quadro na frente do espelho em oposição ao

Entretanto, se reconstruírmos a perspectiva a partir de seu ponto de vista, o homem de chapéu deveria aparecer em 4. O reflexo do balcão deveria também aparecer entre 2 e 3 (a imagem da garçonete de costas e do homem de chapéu virtuais).

[esq. A]

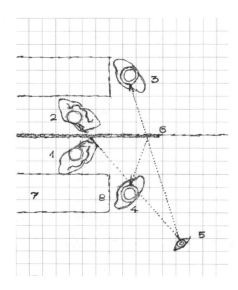

1. Garçonete
2. Reflexo da garçonete
3. Reflexo do homem de chapéu
4. ?
5. Manet
6. Espelho
7. Balcão
8. Borda visível do balcão

Manet desmente aqui, em parte (mas apenas em parte), o mito divulgado por seu amigo Antonin Proust: ele só pintaria o que está na sua frente.[10] Ele faz anotações no próprio local, no bar, mas pinta o esboço em seu ateliê — não diante do motivo, lugar comum da crítica na época, menos frequente na história real. No esboço, o homem de chapéu não aparece onde deveria aparecer (4). Sua cabeça está localizada abaixo da cabeça da garçonete de costas: ele deve estar situado mais abaixo da bancada que nós podemos imaginar ser semelhante à do balcão em frente refletido pelo espelho. No entanto, nada indica a presença de um espelho, a não ser o reflexo da garçonete. Nesse caso, onde está o reflexo do balcão? Para nos ajudar a decifrar o enigma, podemos recorrer a uma curio-

---

que é virtual, as imagens refletidas nesse espelho-virtual no interior do espaço virtual do quadro.

[10] Antonin Proust, *Édouard Manet. Souvenirs*, Paris, L'Échope, 1966.

[fig. 7]
Jean-Louis Forain, *Um bar no Folies Bergère*, 1878, aquarela sobre papel, 31,8 x 19,7 cm, Brooklyn Museum of Art.

sa coincidência: um guache de Jean-Louis Forain, de 1878, três anos antes, portanto, do esboço de Manet, também intitulado *Um bar no Folies Bergère* (Brooklyn Museum of Art) [fig. 7]. Esse guache é muito parecido com o esboço: uma garçonete de braços cruzados, um espelho no qual a vemos de costas, a multidão refletida, o mesmo balcão, o mesmo ponto de vista — e um homem de chapéu, ele também usando bigode e gravata, sentado em frente do espelho, portanto "real" — mas em uma posição que não nos permite ver seu reflexo. Seria ele um dos croquis mencionados por Lochard? Como é sabido, Manet faz muitas citações. Ambos, Manet e depois Forain, foram expostos por Ambroise Vollard em sua galeria da rue Laffitte. Um detalhe chama nossa atenção. No esboço de Manet não há nenhuma fruteira sobre o balcão — mas há uma no

Recuo e avanço 167

guache de Forain e em outros documentos sobre o Folies Bergère. Ora, há uma fruteira sobre o balcão na versão final de Manet. Acasos? A documentação disponível não permite a formulação de nenhuma hipótese séria sobre essa eventual citação.

B. Esquema desenvolvido

O esquema de distribuição dos personagens na versão final, apesar da aparente semelhança, tem consequências bem diferentes. Manet muda de posição, em um sentido literal e figurado.

[esq. B]

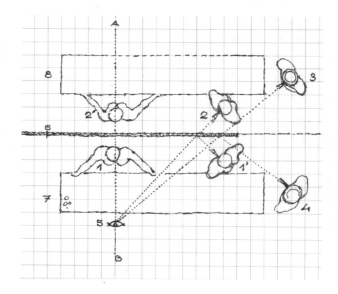

1. Garçonete
1'. Garçonete bis "real" (invisível)
2. Reflexo da garçonete bis
2'. Reflexo da garçonete (invisível)
3. Reflexo do homem de chapéu
4. Homem de chapéu "real" (invisível)
5. Manet
6. Espelho
7. Balcão
8. Borda do balcão no espelho
AB. Eixo do quadro, ponto de vista e de fuga

No esboço, situamos o ponto de vista de Manet à nossa direita, ligeiramente fora do limite do espaço plástico da tela. Por conseguinte, o ponto de fuga situa-se na perpendicular desse ponto (5 do esquema A), em relação à superfície da tela. Na versão final [fig. 8] o ponto de fuga muda de posição, como indicam o limite do balcão à nossa esquerda (no

[fig. 8]
Édouard Manet, *Um bar no Folies Bergère*, 1881-82,
óleo sobre tela, 96 x 130 cm, Courtauld Institute, Londres.

espaço virtual do espelho) e as garrafas e seus reflexos. Ele não está mais situado à direita, fora do campo plástico, mas praticamente em seu centro (5 do esquema B), em uma vertical bem marcada (ela parte de uma dobra da saia da garçonete, se prolonga pelos botões, a flor e o medalhão no peito e continua pelo eixo do rosto). Essa vertical cruza a linha do horizonte na altura dos olhos da garçonete. Desaparece, portanto, agora, o enigma do homem de chapéu misteriosamente ausente no esboço: ele está em 4 do esquema B, fora do espaço plástico, mais ou menos onde Manet estava no esboço. Se nos restringirmos a ler o que aparece objetivamente inscrito na tela, somos obrigados a supor a presença de uma segunda garçonete em 1', na origem da imagem em 2. O homem de chapéu e a segunda garçonete (1' e 4 do esquema B) não estão visíveis porque

Recuo e avanço

eles se situam no "real" fora do ângulo de visão de Manet representado no quadro (esquema C); ver também fotos com a maquete sumária [figs. 12 a 14]. Efetivamente, na lógica da nova construção espacial, o posicionamento da garçonete "real", a primeira, no eixo onde se encontra o ponto de fuga, faz com que seu reflexo no espelho para Manet (e para nós) fique totalmente oculto atrás dela — e não pode ser o que aparece em 2 [figs. 15 a 17]. A conclusão de que devemos admitir a presença de uma segunda garçonete tem um apoio documental. Uma litogravura publicitária para o Folies Bergère, de Jules Chéret (1875), mostra várias garçonetes atrás de um único balcão [figs. 9 e 10].

[esq. C]

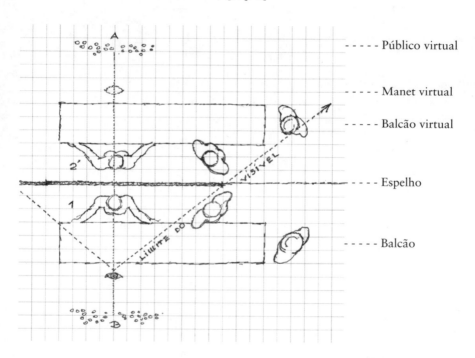

A crítica parece adorar enigmas — e enigmas parecem rimar com profundidade. Mas ela os vê onde não existem — e não os vê onde existem (no esboço). Os esquemas que proponho (esquemas B e C) resultam do B + A = BA, em óptica, e está ao alcance de todos: nós o aprendemos na escola. Entretanto, desde a época de Manet, a maioria quase absoluta dos analistas desse quadro não o nota e quando um dentre eles se dá conta de determinadas consequências, ele não percebe sua importância. O

[figs. 9 e 10]
Jules Chéret, *Um bar no Folies Bergère*, 1875,
litografia e detalhe, Musée de la Publicité, Paris.
Atrás do balcão podemos ver várias garçonetes.

emprego da palavra "quase" na frase precedente é uma precaução. Na verdade, que eu saiba, nenhuma análise notou essas modificações. Mas é possível que alguma as tenha notado, pois a bibliografia sobre Manet é imensa e, evidentemente, não a conheço em sua totalidade.

Foi a partir da exposição de *Um bar no Folies Bergère*, no Salão de 1882, que os comentários ruidosos sobre o suposto lapso de Manet começaram. Se a garçonete de costas, que aparece no espelho, não é a imagem de uma segunda garçonete, e sim a imagem especular da primeira, a única "real" visível e virada para nós, então o homem de chapéu deveria aparecer também no espaço "real" diante dela, de costas para nós. Stop, no dia 27 de maio de 1882, publicou uma caricatura no *Le Journal Amusant*, durante a exposição do quadro no Salão, na qual ele "repara" a "distração" do pintor. A legenda diz: "Uma vendedora de consolo no Folies Bergère. — (Suas costas se refletem em um espelho; mas, provavelmente, devido a uma distração do pintor, um senhor com o qual ela conversa e cuja imagem vemos no espelho não existe no quadro. — Acreditamos dever reparar essa omissão.)" [fig. 11]. A partir desse momento, o lapso imaginário gera uma quantidade enorme de interpretações, mas

Recuo e avanço

[fig. 11] Stop, "Édouard Manet — Une marchande de consolation aux Folies-Bergère", *Le Journal Amusant*, 27/5/1882.

nunca dúvidas quanto à sua existência. A favor ou contra Manet, teses e ensaios, livros e artigos acumulam análises e hipóteses sobre seu "esquecimento". A elite dos críticos comparece, cada um com sua chave para resolver o mistério: hesitação (Georges Bataille), liberação do movimento do observador (Michel Foucault), antecipação da multiplicidade cubista dos pontos de vista (Sharon R. Kokot) etc. Tierry de Duve elabora uma hipótese astuciosa com espelhos e modelos móveis. Abigail Kinsey vê na composição ilusionista uma alusão às novidades ilusórias da Paris moderna. T. J. Clark atribui essas "inconsistências" à sua adequação às formas sociais que Manet escolheu mostrar. Michael Fried afirma que Manet teria pintado "sua própria ausência". O catálogo da exposição consagrada a Manet, em 2011, no Museu d'Orsay de Paris, continua a tradição com outras contribuições para decifrar o enigma inexistente. E isso continua em 2019 no catálogo da exposição da Coleção Courtauld na Fondation Louis Vuitton de Paris.[11] Apesar das evidências dos esquemas

---

[11] Ver: Georges Bataille, *Manet*, Genebra, Skira, 1955; Michel Foucault, *La peinture de Manet*, Paris, Seuil, 2004; nessa edição aparece também o artigo de Thierry de

B e C, a maioria absoluta das análises (a totalidade das que conheço), se obstina em considerar o reflexo das costas de outra garçonete (2) como sendo o da garçonete 1 — o que teria exigido a presença "real" do homem de chapéu e transformaria a construção espacial existente em um absurdo.

Muitas análises, contudo — e frequentemente as mesmas — observam diferenças evidentes entre a garçonete "real" 1 e a virtual 2, seu suposto reflexo. Em uma abordagem quase provocativa, Manet conserva as costas do esboço (as costas da garçonete loura, as que aparecem no número 2 do esquema B), mas muda de modelo para a imagem real da garçonete 1, que se converte em Suzon. Jack Flam, por exemplo:

> "É aí que encontramos a bizarrice mais notável do quadro: o contraste entre a garçonete em pé atrás do balcão e seu reflexo no espelho [*sic*], onde a vemos conversar com um homem. Enquanto a moça que está diante de nós é distante, fria e dura (objeto de desejo habilmente arrumada, a um só tempo muito presente e alheia), a que está refletida de costas no espelho parece atraente e atenta, inclinada para seu interlocutor. Não é apenas a atitude que é diferente. A aparência geral também o é. Essa moça é mais roliça. Mechas rebeldes caem em sua nuca. Ela não está usando brincos. Sua roupa é sóbria e simples. E a posição da silhueta refletida está ainda mais visivelmente deslocada do que as das garrafas."[12]

Duve, "Ah! Manet!... Comment Manet a-t-il construit *Un bar aux Folies Bergère*", com a hipotética construção acima mencionada; Abigail Kinsey, *Through the Looking Glass: The Mirror as Allegory of Illusion and Allusion in Manet's Bar at the Folies-Bergère*, University of Warwick, History of Art, ID: 1023486; T. J. Clark, *The Painting of Modern Life. Paris in the Art of Manet and His Followers*, Princeton, Princeton University Press, 1999 [ed. bras.: *A pintura da vida moderna. Paris na arte de Manet e seus seguidores*, tradução de José Geraldo Couto, São Paulo, Companhia das Letras, 2004]; Michael Fried, *Le modernisme de Manet. Esthétique et origines de la peinture moderne III*, Paris, Gallimard, 2000; Bradford R. Collins e outros, *12 Views of Manet's Bar*, Princeton, Princeton University Press, 1996; Francesca Castellani, *Manet et les origines de l'Impressionnisme*, Paris, Le Figaro, 2008; Stéphane Guégan (org.), *Manet, inventeur du moderne* [catálogo de exposição no Museu d'Orsay], Paris, Gallimard, 2011; Karen Serres (org.), *La collection Courtauld. Le parti de l'Impressionnisme*, Paris, Fondation Louis Vuitton, 2019.

[12] J. Flam, *Manet. Un bar aux Folies Bergère ou L'abysse du miroir*, op. cit., p. 16.

[fig. 12]
Um bar no Folies Bergère, maquete, vista de conjunto.

[fig. 13]
Um bar no Folies Bergère, maquete, vista de conjunto.

[fig. 14]
Um bar no Folies Bergère, maquete, vista de conjunto.

[fig. 15]
Um bar no Folies Bergère, maquete.

Quando Manet olha para a frente, todas as imagens virtuais situadas no espelho atrás de Suzon — a imagem das costas de Suzon, a frontal de Manet (do observador que, em tese, assume a posição de Manet) — tornam-se invisíveis para o pintor.

[fig. 16]
Um bar no Folies Bergère, maquete, superposição de personagens "reais" e virtuais.

[fig. 17]
Um bar no Folies Bergère. Visão de Manet à sua frente: somente Suzon.

O par "real" não aparece na "vista" do quadro (termo de ateliê que designa o que se pode ver no espaço interno do quadro — o que, aqui, provoca a ausência do par "real" nesta mesma vista). Mas, para que a imagem do par apareça no espelho e, portanto, na vista do quadro, é preciso supor que ela esteja na posição que assume na maquete (no espaço "real", ao lado da Suzon "real"). Manet, teoricamente, não deve se mover de seu lugar em frente a Suzon enquanto pinta, em função das regras da perspectiva que pressupõem o pintor imóvel diante do ponto de fuga.

[fig. 18]
Um bar no Folies Bergère, maquete. Manet se vira para olhar o par, permanecendo na mesma posição.

[fig. 19]
Um bar no Folies Bergère, maquete. A linha pontilhada indica a moldura do quadro. Para simplificar aqui, esta moldura coincide com a moldura do espelho.

Na maquete, Manet vira sua cabeça para ver o par no espelho. Mas, na verdade, ainda segundo as regras da perspectiva, mesmo sua cabeça deve permanecer imóvel. O par virtual será então para o pintor uma imagem desfocada de sua própria visão periférica. É evidente, contudo, que na vida real, dentro do ateliê, Manet se movimenta o tempo todo ao pintar.

[fig. 20]
Um bar no Folies Bergère, maquete, vista de Manet quando se volta para a direita.

Para rever estas questões, o leitor pode acessar um vídeo gravado pelo autor: www.editora34.com.br/manet1

Textos com observações similares são regra. Jamais, porém, uma dúvida quanto ao que é considerado uma evidência: o reflexo é o da mulher no centro da tela. Por conseguinte, o que não está de acordo com "a evidência" torna-se "bizarrice" (ou incorreção, distração, exagero, mistério, ruptura, abertura, hesitação... conforme a fantasia interpretativa). Flam não notará sequer a escorregadela em seu texto. A "moça" (a garçonete "real") é comparada com a "que está refletida de costas no espelho" — outra, portanto, como demonstram as diferenças. Elas usam simplesmente o mesmo uniforme, como na litogravura publicitária acima citada. Pouco importa: a relação deve ser especular para a extraordinária tradição de cegueira introduzida desde a caricatura de Stop, que continua a provocar delírios críticos até nossos dias. Talvez seja por isso que Foucault qualifica de modo surpreendente a maneira de pintar de Manet de "viciosa, maliciosa e malvada".[13]

---

[13] M. Foucault, *La peinture de Manet, op. cit.*, p. 35.

C. Radiografia

Atualmente possuímos informações preciosas sobre a passagem do esboço à versão final de *Um bar no Folies Bergère*. Ela não foi rápida, nem linear. O irmão de Manet escreve para Berthe Morisot em abril de 1882: "ele [Manet] não para de refazer o mesmo quadro: uma moça em um café". O esboço é de 1881. Durante meses, portanto, Manet "refaz o mesmo quadro", terminado em 1882.

Uma radiografia da tela do Courtauld Institute revela a trajetória de seu trabalho. Ele começa dispondo as figuras como no esboço: as dimensões da versão final, 96 x 130 cm (quase um formato F60), são praticamente o dobro das do esboço, 47 x 58 cm (quase um formato F10). Aos poucos Manet desvia seu olhar do homem de chapéu e orienta a garçonete loura em nossa direção. Ao longo desse movimento, ela se torna Suzon. Simultaneamente ele gira também o espelho, que ficará paralelo à superfície do quadro e se desloca colocando-se à sua frente. O eixo vertical que descrevemos acima se torna um eixo onde se superpõem Manet e Suzon, face a face. Lembremos: como agora espelho e tela estão paralelos e o eixo Manet-Suzon é perpendicular a eles, suas imagens virtuais desaparecem atrás da imagem "real" de Suzon. Ora, enquanto essas duas rotações acontecem, Manet pôde ver no verdadeiro espelho de seu ateliê a verdadeira imagem virtual de Suzon se deslocar também da direita para a esquerda, até desaparecer atrás dela mesma. No quadro que está sendo pintado, entretanto, o pintor afasta ainda mais a imagem virtual 2 (ainda esboçada na tela) da esquerda para a direita, distanciando-a da Suzon "real" em quatro tempos, como podemos constatar na radiografia. É evidente que essa imagem perde a credibilidade como imagem virtual da garçonete 1, não apenas segundo as leis da óptica, mas também em função daquilo que Manet comprova no espelho de seu ateliê. A "moça" virtual 2, no entanto, continua a dialogar no espelho com o homem de chapéu, igualmente virtual — o que gera, obrigatoriamente, a hipótese de um casal "real" invisível no interior do quadro — mas que poderia ter sido visível se o quadro se prolongasse para a direita [figs. 18 a 20].

Esse procedimento é o da "partida rumo ao desconhecido", mencionada por Mallarmé e Zola. Manet não antecipa o resultado. Por tentativas, em ao menos quatro etapas, ele se afasta do ponto de partida, relativamente convencional, como o guache de Forain. Ele avança (ou recua) sem saber aonde vai. Até o momento em que, com um salto, todas as relações anteriores se alteram profundamente e outro caminho, inesperado, é aberto.

Essas tentativas, onde aflora o fundamento de nossas artes (o trabalho "livre"), se perdem nas análises que, pressentindo talvez esse afloramento, se defendem não vendo o que olham. Às vezes, as análises passam bem perto: "A ruptura da coerência espacial literal emerge passo a passo, enquanto ele [Manet] trabalha no quadro final".[14] Mas... assim que eles se aproximam do essencial, o que "emerge passo a passo" na produção, e que irrompe, é reduzido, sistematicamente, a uma "ruptura da coerência espacial". A *démarche* intrínseca do processo produtivo autônomo assusta: seja porque ela desapareceu da produção dita normal, seja por antecipar um futuro revolucionário. Em ambos os casos, a maioria das análises prefere virar a cabeça e ver nela uma anomalia ou uma bizarrice. Curiosamente, a passagem lenta que, de repente, se abre para o inesperado, lembra os exemplos dados por Hegel sobre o trabalho da arte em seu primeiro sistema.[15]

O salto provocado pelo andamento da feitura repercute em toda a trama do quadro — como foi o caso de *As meninas*, de Velázquez. No esboço e no início da versão final, Manet se posiciona à direita, fora do campo plástico. Na retórica da pintura, essa posição é a de um observador exterior: alguém que não participa aparentemente do espetáculo mostrado e não desempenha nenhum papel maior no espaço interno. Depois do salto, ao contrário, Manet se posiciona sobre o eixo central — não mais como observador distante, e sim como poder centralizador. Não vemos sua imagem virtual no espelho porque a garçonete "real" a esconde atrás de si, como esconde também sua própria imagem virtual [figs. 15 a 17]. Manet também poderia ter dito: "Madame Bovary [Suzon], sou eu". Ele fala através da fala do personagem central. Jack Flam (ainda!) associa *Um bar no Folies Bergère* ao romance de Édouard Dujardin, *Les lauriers sont coupés*, no qual, segundo ele, pela primeira vez, o monólogo interior completa a narração.[16] Se assim for, a interpretação de Foucault cai por terra: "[...] não é possível saber onde se encontrava o pintor para

---

[14] John House, "In Front of Manet's Bar: Subverting the Natural", in *12 Views of Manet's Bar*, *op. cit.*, p. 240.

[15] Georg W. F. Hegel, *Le premier système. La philosophie de l'esprit (1803-1804)*, Paris, PUF, 1999; ver o Anexo, nesta edição.

[16] J. Flam, *Manet. Un bar aux Folies Bergère ou L'abysse du miroir*, *op. cit.*, pp. 27-8.

pintar o quadro [...] Manet faz agir a propriedade do quadro de não ser, de modo algum, um espaço de certa forma normativo, cuja representação nos fixa ou fixa ao espectador um ponto e um ponto único de onde olhar [...]".[17]

Não apenas Manet marca seu lugar sobre o eixo central, como o espaço continua "normativo": ele fixa a posição ideal do observador à mesma de si, como em qualquer perspectiva central. Mais tarde, a partir de Cézanne, a figuração (re)começa a multiplicar os pontos de vista, e logo, os pontos de fuga. Mas, mesmo aí, o efeito plástico não leva à "planaridade", como quer Foucault. A perspectiva múltipla (com vários pontos de vista) do pré-Renascimento produz uma espacialidade mais complexa, menos monocentrada, mais democrática, digamos, que a perspectiva central. Nenhuma relação com a "planaridade". Foucault confunde as categorias semióticas. Se as obras de Manet convidam a ver "a tela no que ela tem de real, de material, em alguma medida de físico",[18] isso não vem da mobilidade oferecida ao espectador por alguma manobra icônica ou simbólica, por alguma astúcia armada no espaço fictício. O convite decorre exclusivamente da instância do índice. Nenhum pintor antes de Manet exaltou a fatura enquanto tal tanto como ele. As tramas ortogonais (balcão, moldura do espelho, balcão da *loggia*, colunas etc.) têm um efeito desespacializante, como observa Foucault, dessa vez corretamente. Mas eles são ecos dos limites do quadro, e portanto índices também. Desde o Renascimento os pintores exploram o poder dos índices para tornar evidente a superfície pintada como superfície sobre a qual trabalham. E eles têm a mania de colar o nariz na tela para examinar o que elas têm "de real, de material [...] de físico". Ou seja, os traços de trabalho. De bem perto, o espaço fictício desaparece, resta apenas a matéria elaborada cuja observação não exige nenhuma posição narrativa. Ao salientar o trabalho material, Manet incita o espectador a se comportar como um pintor, a se deslocar sobre a superfície da tela e saborear a dança da mão impregnada no índice. Mas, se tomarmos novamente distância, encontraremos, sem dificuldade, a posição "normativa" do ponto de vista de Manet — e, logo, o nosso, sempre idêntico ao do autor — se levarmos em consideração o espaço fictício.

---

[17] M. Foucault, *La peinture de Manet*, *op. cit.*, p. 47.

[18] *Idem, ibidem.*

Recuo e avanço

ENTREATO

A reconstrução da feitura de *Um bar no Folies Bergère* por Manet, pode, é claro, ser interpretada variadamente conforme o intérprete. Proponho a minha a partir do próximo item. Ela deve muito ao que hoje é chamado "ontologia processual".

> "O próprio de uma ontologia processual cujo modelo filosófico podemos encontrar no conceito hegeliano de efetividade [é de sustentar], contra as ontologias substanciais, que os termos da relação não têm nenhuma anterioridade sobre a relação, pois eles não existem fora da atividade que desenvolvem em sua ação recíproca [...]. Contra as ontologias relacionais, a ontologia processual salienta [...] que as relações não têm nenhuma realidade fora da atividade dos termos relacionais que se desenvolve nelas e as engaja em transformações constantes, ao mesmo tempo que estas últimas transformam os termos em relação."
>
> Emmanuel Renault, *"Le Capital* comme modèle pour la théorie critique"[19]

> "A irrealidade produzida pelo trabalho de divisão é assustadora, pois ela arranca o Eu ao mundo do sentido para introduzi-lo na ordem petrificada, rígida, imobilizada, decomposta. O Eu puro experimenta então seu desaparecimento no não-sentido, faz a experiência de sua própria morte."
>
> Robert Legros, "Les trois présentations hégéliennes d'un dépassement de l'esprit des Lumières"[20]

Marx nos lembra com frequência que a separação entre trabalho material e intelectual, assim como a separação entre força de trabalho e meios de produção, são consequências da instauração do capital produtivo.[21] Essa dupla separação é, a princípio, uma precondição para sua

---

[19] Catherine Colliot-Thélène (org.), *Que reste-t-il de Marx?*, Rennes, Presses Universitaires de Rennes, 2017, pp. 53-5.

[20] Jean-Renaud Seba e Guillaume Lejeune (orgs.), *Hegel: une pensée de l'objectivité*, Paris, Kimé, 2017, p. 65.

[21] Karl Marx e Friedrich Engels, *L'idéologie allemande*, Paris, Éditions Sociales, 1968, p. 60.

instauração — mas, assim que se implanta de modo durável, o próprio capital produtivo a re-produz. E Marx acrescenta: é essa separação que devemos explicar, não o processo unido e de osmose no trabalho que a precede.

Antes dessa separação, o processo de trabalho corresponde à apresentação da ontologia processual, citada de Emmanuel Renault. Em particular, as entidades que costumamos separar e reificar — sujeito, objeto, produção etc. — são inseparáveis e se transformam constantemente. O que chamamos sujeito e objeto fora dessa atividade transformativa, corresponde, antes, à citação de Legros (um pouco distorcida por mim). O sujeito torna-se um vazio atormentado e o objeto se fecha em seu em si estúpido.[22]

Desde o Renascimento, nossas artes plásticas adotam uma maneira de proceder próxima do modelo da ontologia processual acima descrita, semelhante a uma produção feudal sem os interditos das corporações. A princípio discretamente, depois de forma mais marcada, os dois extremos e sua mediação, respectivamente sujeito/autor, objeto/obra e produção "livre", tornam-se inseparáveis, interdependentes, se transformam e metabolizam simultânea e mutuamente. Mas o primeiro a adotar esse modelo de maneira rigorosa foi Manet. Sua partida rumo ao "desconhecido" radicaliza a prioridade absoluta que ele atribui ao momento produtivo em sua totalidade. O que precede o fazer do quadro não passa de um pretexto para iniciá-lo. Depois, ele segue as deambulações do processo produtivo durante as quais tanto ele quanto a garçonete e os outros figurantes do quadro não param de se transformar totalmente e, por sua vez, de alterar o processo com essas transformações. A precedência do projeto, da ordem de serviço, da antecipação do resultado, indispensável na produção subordinada ao capital, é abandonada deliberadamente para deixar a dinâmica interna do fazer "livre" quase radicalizado se desenvolver.

---

[22] Sobre estas questões ver: Franck Fischbach, *L'être et l'acte. Enquête sur les fondements de l'ontologie moderne de l'agir*, Paris, Vrin, 2002; Franck Fischbach, *La production des hommes. Marx avec Spinoza*, Paris, PUF, 2005; Franck Fischbach, *Sans objet. Capitalisme, subjectivité, aliénation*, Paris, Vrin, 2009; André Orléan e Michel Aglietta, *La monnaie entre violence et confiance*, Paris, Odile Jacob, 2002; André Orléan, "Réflexion sur la théorie marxiste de la monnaie", in C. Colliot-Thélène (org.), *Que reste-il de Marx?*, *op. cit.*; Catherine Colliot-Thélène, "Sens et limite de la critique de la propriété privée chez Marx", in C. Colliot-Thélène (org.), *Que reste-il de Marx?*, *op. cit.*; Isaak I. Roubine, *Essais sur la théorie de la valeur de Marx*, Paris, Syllepse, 2009.

Creio que esta constatação não depende do tipo de interpretação. O que não é o caso do que vem a seguir.

D. Notas para uma análise processual

Esta análise vai se ocupar sobretudo da dinâmica do trabalho de Manet na elaboração de *Um bar no Folies Bergère*. Proponho, em primeiro lugar, uma interpretação "externa", ou seja, considerada mais "objetiva". Depois, sigo o conselho de Pierre Bourdieu: eu me imagino na pele de Manet pintando essa tela. Uma ficção ainda menos segura, evidentemente. Tais tentativas, de valor discutível, bem sei, são, no entanto, necessárias. Afirmei muitas vezes a prioridade essencial, para mim, do processo de trabalho em nossa arte. A tradição crítica, no entanto, parte, geralmente, da consideração exclusiva da obra de arte terminada. Isso acarreta desvios consideráveis em nossa concepção da atividade artística, sendo o mais grave o fato de desconhecer completamente a importância do trabalho material em sua constituição e, sobretudo, suas afinidades profundas, seus vínculos fundamentais, históricos e éticos, com o conjunto dos trabalhos materiais de nossa sociedade.

D.1. Interpretação "externa"

Vamos retornar a *Um bar no Folies Bergère*, onde Suzon nos espera atrás do balcão com seu olhar entristecido. De certa maneira, regressamos ali tarde demais. Do grande passo de Manet — a partida rumo "ao desconhecido", o abandono progressivo do esboço e das soluções prontas para o uso, o desprezo pela continuidade ilusória de um estilo pessoal qualquer, a recepção dos achados que emergem do processo produtivo, a substituição dos interpretantes do início por aqueles encontrados pelo caminho, de tudo isso subsistem no resultado apenas alguns vestígios e algumas marcas. Do *work in progress*, não resta senão um corte destemporalizado e algumas lembranças do trabalho se fazendo. *To work* se esvai em *the work*. Apenas resíduos desemparelhados, inexplicáveis pelo contexto final, como pequenos lapsos, nos remetem ao caminho percorrido. O essencial, esse caminhar quase errático que contraria tudo o que caracteriza a última maneira de produzir do capital, corre o risco de passar despercebido. Felizmente, a radiografia, por seu papel de escavação arqueológica, nos conta atualmente a história de uma produção exemplarmente "livre". Ela deixa para trás o esboço e se afasta dele, arrastada pelo impulso da negatividade.

Chegamos inevitavelmente tarde ao bar de Suzon. Seu olhar desarmado, ao contrário do olhar desafiador exibido por Olympia, parece convencido que era vão se separar da imagem de provocadora que todos associam às garçonetes do Folies Bergère, agora reatribuído a outra garçonete. As abduções abusivas continuam a correr. A crítica e o público se obstinam em não ver o que olham: objetivamente, opticamente, plasticamente, a venda do amor ficou no passado. Passado que Manet confina em um recanto do espaço virtual do espelho colocado atrás de Suzon.[23] A seriedade amarga de Suzon já não combina nem com o título do quadro, nem com as conotações associadas ao Folies Bergère. Ela conduz a outra cena.

Manet está doente, muito doente. Ele sofre de ataxia, falta de coordenação dos movimentos, uma doença neurológica incurável, consequência, talvez, da sífilis; ela ataca e causa uma gangrena dolorosa em seu pé esquerdo. *Um bar no Folies Bergère* não é uma encomenda, o quadro se destina ao Salão anual de 1882. Como Manet recebera uma medalha em um Salão anterior, ele não precisa passar pelo júri: não podem mais recusar sua entrada como ocorreu várias vezes antes. Portanto, ele pode enviar o que quiser ao evento central da arte de seu tempo — e Paris, mais do que nunca, é a capital do século XIX. Em princípio, os melhores artistas expõem seus trabalhos recentes. Manet deve ter pressentido: talvez ele se apresente pela última vez. Morre um ano depois, com o pé amputado. O quadro é, objetivamente, seu testamento público. Como presumir, nessas condições, que Manet faz futricas sobre a prostituição no Folies Bergère? Ou que ele se preocupa com as inconstâncias da classe média? Ou com o posicionamento do espectador? Com o futuro reino do plano e com o fim do "absorvimento" teorizado por Michael Fried?[24] Ou até mesmo (agora me desdigo parcialmente) com a

---

[23] "Na simbologia popular, o longínquo do espaço pode substituir o do tempo." Walter Benjamin, "Sur quelques thèmes baudelairiens", in *Poèsie e révolution 2*, Paris, Denöel, 1971, p. 256 [ed. bras.: *Obras escolhidas III. Charles Baudelaire, um lírico no auge do capitalismo*, tradução de José Carlos M. Barbosa e Hemerson A. Baptista, São Paulo, Brasiliense, 1989].

[24] Michael Fried, *La place du spectateur. Esthétique et origines de la peinture moderne*, Paris, Gallimard, 1990.

Recuo e avanço

calamidade da subordinação real do trabalho? Tudo isso pode, efetivamente, estar contido no quadro mas por caminhos inconscientes, ou como nos desfiles heteróclitos que atravessam os filmes de Federico Fellini, nos quais passam em desordem os avatares do que já é memória distante mais do que inquietação do presente. É a sensação provocada por aquilo que o espelho mostra.

(Uma amostra interessante das várias figuras possíveis nesse desfile pode ser encontrada no livro, já citado, *12 Views of Manet's Bar* ou, para citar uma obra na contracorrente dos estudos universitários, no romance de Olivier Rolin, *Un chasseur de lions* [Seuil, 2008], livro que deveria ser divulgado pelo Museu de Arte de São Paulo: o herói do romance foi pintado por Manet em *O senhor Eugène Pertuiset, caçador de leões*, 1880-81, atualmente nesse museu.)

D.2. A outra cena

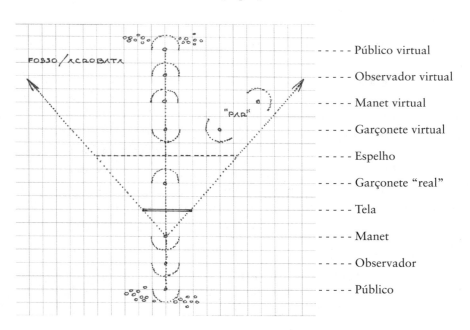

Um bar no Folies Bergère obedece agora ao esquema D. Um eixo potencialmente infinito une nosso olhar (de Manet e do observador) ao de Suzon na mesma perpendicular à tela [figs. 15 a 17]. Daquilo que ele atravessa, vemos apenas a Suzon "real" e a multidão virtual refletida ao longe no espelho. Entretanto, o resto não pode ser esquecido: ele é pressuposto pela construção do quadro — e colocado por Manet de um modo ou de outro. Em primeiro lugar, evidentemente, o próprio Manet, distante de um braço da tela, situada como se estivesse apoiada sobre o balcão, o que faz desaparecer sua frente. Ele é o alvo inicial do olhar de Suzon, agora ligeiramente desviado, contrariando um dos raros hábitos de Manet. Olhar que o situa no real, no ponto de vista, mesmo se ele parte do espaço fictício. O lugar de Manet é, em princípio, o do observador, o nosso. Ambos damos as costas ao público, o da época, que circula no Folies Bergère e o de hoje, no Courtauld Institute de Londres, um fantasiado, e o outro real. Do outro lado, atrás da Suzon "real" sucedem-se, na ordem, sua imagem especular de costas para nós, para Manet e para o observador de frente, e, no fundo, para além do vazio sobre a plateia do térreo, o reflexo do público.

Esse dispositivo ultracentralizado lembra o de muitas obras que datam do primeiro Renascimento e seu poderoso efeito. Simultaneamente, graças à coincidência dos pontos de vista, nós nos identificamos com o artista e, pela dos pontos de fuga, com o personagem que nos olha (o Cristo, Suzon...), e nós nos distinguimos dele (o personagem) pelo face a face. (Ver, por exemplo, a *Trindade*, de Masaccio, Santa Maria Novella, Florença, 1426-29, ou ainda a *Disputa do Santo Sacramento*, de Rafael, Vaticano, 1509.) Mas, como ponto de fuga não é senão a projeção do ponto de vista, identificação e distinção se imbricam profundamente. Curioso, não? Em seu quadro-testamento, Manet, o precursor do modernismo, retoma a juventude de uma tradição que ele encerra segundo a opinião de muitos autores. Mais um dos quebra-cabeças de *Um bar no Folies Bergère*: ele provoca torcicolo na crítica. Manet avança ou recua? Continua ou muda de direção? O percurso da produção em Manet passa também pela história, o que não era considerado no início. (Essa passagem pela história se tornará fundamental para as artes plásticas contemporâneas que se distanciam do mercado da arte.)

Há no entanto uma diferença: o espelho. Ele duplica o dispositivo tornando-o mais teatral e, por semelhança tópica, ele (o espelho) parece um deslocamento da tela. A tela faz a mediação entre nosso real e o universo do imaginário. Como mediação, ela contém em si os extremos me-

Recuo e avanço

diatizados. Afasta-se para que possa surgir a ficção e se faz então diáfana, como diz Louis Marin: "É a invisibilidade da superfície-suporte que é a condição da visibilidade do mundo representado [...]. A representação como mímesis não se efetua senão por essa (de)negação. Ela só se constitui denegando o sujeito teórico que a produz".[25]

Mas a fatura que a recobre em alguns lugares nos conta a feitura bem real de Manet, o que pede um suporte consistente e não diáfano. A obra inteira opera assim como que um grande traço: identidade da identidade e da diferença entre ficção e real, para falar como Hegel. Cada pincelada é única — mas, em geral, ela pode ser lida, interpretada como imagem, ou como índice; ou ela entra na profundidade da representação, ou permanece fisicamente ancorada no suporte — jamais os dois ao mesmo tempo. A superfície mediadora da tela aparece e desaparece conforme a leitura. O traço fugidio, inquieta alternância entre esses dois incompossíveis, se bifurca entre o mundo imaginário e o mundo do trabalho. Ou seja, ela enfrenta o problema central do momento: como tratar ao mesmo tempo, com o mesmo direito, imagem e índice, representação e apresentação espacialmente heterotópicas, *idea* e feitura? Ou identificação e distinção? Antes, essa contradição permanecia oculta pela discrição dos traços e por sua semantização icônica, por seu disfarce como parte da figuração. Mas, apesar da discrição dos índices disfarçados, eles eram indispensáveis como assinatura de um sujeito da produção em parte "livre". Agora, com Manet, os índices de feitura abandonam a discrição e são colocados em plano de igualdade com as imagens — como nas gravuras românicas que vimos na primeira parte deste estudo. Mas esses modelos antigos pressupõem um equilíbrio pacífico entre imagem e fatura incompatível com a modernidade. Imaginação e trabalho já não rimam desde que a subordinação geral de quase todos os trabalhos na sociedade se torna real, ou seja, desde que a enorme maioria dos "cidadãos" não precisa mais vender para sobreviver senão uma força de trabalho desqualificada e abstrata. Em Manet, como vimos e ainda veremos, sobretudo em *Um bar no Folies Bergère*, fatura e imagem disputam o tempo todo a hegemonia, a fatura agitada obstinando-se em se manifestar lá onde, sob o ângulo da imagem, ela normalmente não teria lugar. Em outras palavras, a feitura, a produção, se rebela contra a hegemonia da *idea* exterior e preestabelecida no papel de projeto. Essa relação tradicional nas

---

[25] Louis Marin, *De la répresentation*, Paris, Gallimard, 1994, p. 305.

artes plásticas é colocada como isomorfa à relação entre a prescrição heterônoma e o trabalho de sua execução pelos trabalhadores subordinados. Em geral, nos outros pintores, a interiorização da *idea* não basta para metabolizá-la completamente. Ela segue sendo *idea* a ser representada e ainda não é a *idea* oriunda da feitura e própria a ela. Manet, o mais audacioso de seu tempo nessa via, autoriza-se — e precisamente em *Um bar no Folies Bergère* — a elaborá-la em sua quase totalidade durante a feitura, como estamos vendo. Mas esse processo de elaboração relativamente autônomo dá ainda lugar a um resultado no qual ele (o processo) praticamente desaparece. De fato, o que conta realmente na formação do objeto de arte, a identificação viva entre o autor e o material no lugar de seu "outro", se esgota, em geral, no resultado. A tela, a tela material, é o lugar onde essa identificação torna-se efetiva — e tende a se perder. Essa queda, essa súbita falha da formação da imagem buscada por Manet, torna-se quase definitiva na conclusão do quadro. Mas, por essa mesma razão, essa queda do elã rumo a... (outra coisa) nos aproxima da verdadeira suspensão (*Aufhebung*) — que, como é frequentemente o caso, não é a esperada pelo autor, no caso, Manet.

O espelho introduz uma mediação mais complexa. Ela duplica a primeira — mas faz também a mediação entre passado e presente. Seu paralelismo com a tela permite uma continuidade enganosa com o "real" situado na frente do espelho. A fatura, porém, é menos realista e mais esboçada em seu espaço interior. Essa diferença pouco notada contraria a continuidade: ela assinala a heterotopia produzida pelo espelho no quadro.

No esboço de *Um bar no Folies Bergère* todas as figuras se relacionam no cerne do mesmo acontecimento. Com a rotação da garçonete e as outras transformações que a acompanham, o quadro como um todo muda de universo. Seu conteúdo essencial se abre para uma pluralidade significativa e insuspeita até então. Manet já não observa de fora um drama de *vaudeville* — mas passa a ocupar o centro de uma cena muito mais complexa. Agora, por exemplo, ele deve interromper sua relação especular com Suzon para olhar à direita a imagem virtual do casal excluído do "real" e do presente [figs. 18 a 20]. Isso marginaliza o contexto narrativo do esboço, o das Folies Bergère descrito por Guy de Maupassant pouco mais tarde, em 1884: "No vasto corredor da entrada, que leva à sala circular, por onde deambula o bando espalhafatoso das moças, misturado à multidão sombria dos homens, algumas mulheres esperavam os que entravam diante de um dos três balcões onde reinavam, maquiadas

Recuo e avanço

189

e abatidas, três vendedoras de bebidas e de amor. Os altos espelhos, atrás delas, refletiam-lhes as costas e os rostos dos passantes".[26]

A *idea* do esboço se evapora quando perde a pertinência formal. As diversas modificações que ele sofre afastam radicalmente Manet da garçonete loura de aparência suspeita e do representante da vida artística mundana. O pintor se distancia do mundo do dândi que ele mesmo fora. Com o surgimento de Suzon, Manet se retira praticamente do Folies Bergère, reduzido à condição de imagem duplamente virtual em um espelho no fundo de um "real" simplesmente virtual. A vida parisiense, condensada do outro lado do espelho, perde sua "modernidade" — sua atualidade para ele. No sentido próprio e figurado. Manet pinta *Um bar no Folies Bergère* em seu ateliê, de onde ele raramente pode sair, com Suzon posando diante de um espelho bem real. O Folies Bergère foi, em grande parte, pintado de memória e apresentado como memória. Manet teve tempo para captar e aproveitar o que sua experiência cotidiana lhe sugeria: o Folies Bergère pertence a outro espaço, outro momento de sua vida, a outro tempo. O deslocamento de Manet entre o camarim e o centro da cena torna-se também o corte entre o que ele foi e o que ele procura como imagem atual de si. Agora, no espelho que tem diante de si, aparece unicamente o espaço fechado de seu ateliê, testemunha do confronto entre ele e Suzon — confronto e cumplicidade. O quadro deveria ter sido chamado, com mais adequação, *Bar ou encontro na rue d'Amsterdam, 77*, seu último endereço.

D.3. *Background*

Lá no fundo do espelho (ou longe atrás de nossas costas) aparece o público. Longe, portanto, no espaço e no tempo. Conforme o que se distingue, quase ninguém nota o que se passa perto do balcão da garçonete. A maioria se entreolha. Um público parecido com o do Jardim das Tulherias, das corridas de Longchamp, do baile de máscaras da Ópera que Manet pintava em outros tempos — e com o do Salão. O pintor o olha, em parte, como o *flâneur* dos escritos de Heine ou de Poe, aparentemente distante, mas com curiosidade, à procura do detalhe excitante ou provocador. Por exemplo, com exceção de uma mulher com binóculos e sua

---

[26] Guy de Maupassant, *Bel-Ami*, Paris, Gallimard, 1973, p. 41.

vizinha, ninguém mais olha o show dos acrobatas, mesmo se o (a, provavelmente) trapezista tenta em vão chamar a atenção com seu discordante par de sapatos verdes (outra referência ao Manet do pé doente, que pediria mais uma sequência analítica que deixo de lado). As duas mulheres são amigas de Manet. A que está com os binóculos é a pintora Berthe Morisot, em uma pose que cita um dos quadros que ela mesma pintara: sua tentação permanente, modelo encantador de vários retratos, mas intocável desde que se casou com seu irmão. Mais um distanciamento.

Há outro público, porém, pouco cativante, o das maledicências atrás de Manet. Exatamente como no Salão, ele vê sua obra, *Um bar no Folies Bergère*, e pode julgá-la anonimamente. Não há recurso contra sua sentença e seus favores ou desfavores determinam o destino do artista: o mercado ainda não aprendeu a manipulá-lo. Durante toda a vida Manet é alvo e objeto de zombaria. "Ninguém sabe o que é ser constantemente injuriado. É algo repugnante e nos aniquila", diz ele a Antonin Proust.[27]

Consequência: sua visão do público torna-se estrábica. Ele vê, simultaneamente, dois públicos, o que é traduzido na fatura. A dimensão icônica de sua anotação, reduzida ao mínimo, mantém a distância desapaixonada do *flâneur*. Mas a dimensão indicial expõe pinceladas agressivas, cheias de matéria densa e lúgubre, aplicadas com um zelo desordenado: ela remete ao público fabulista das abduções injustificadas, tanto a propósito de Suzon como de si. Normalmente essa materialidade exaltada da pincelada pertence a nosso real — ou à ambivalência do traço. Entretanto, nesse caso, seu posicionamento tem efeitos paradoxais: não apenas a matéria é pouco semantizada e permanece relativamente intransitiva, como uma metáfora sombria do ressentimento, mas esta emerge no espelho, teoricamente liso, localizado em um universo duplamente fictício e distante. Essa intrusão provocadora salienta sua agressividade. O desafio explícito da norma da profissão atua como um dedo denunciador apontado para o público. (Flávio Império utilizou com frequência esse recurso à dupla escritura em palimpsesto.) A veemência afetiva dos índices registra a mágoa do pintor, do artesão ferido sob a pele do *flâneur*.

Isso justifica uma das funções do espelho em Manet: ele serve para neutralizar, para afastar o público repulsivo e monstruoso que paralisa suas vítimas em classificações injustas. Essas classificações aprisionam aqueles que elas visam como carcaças, os imobilizam com etiquetas ex-

---

[27] A. Proust, *Édouard Manet. Souvenirs, op. cit.*, p. 63.

Recuo e avanço

tremamente difíceis de serem desfeitas. Seu olhar tem a potência maléfica do olhar da Górgona Medusa: ele petrifica. Para se proteger, a exemplo de Perseu, Manet introduz um espelho entre esse público e ele próprio: "Eu via apenas o reflexo de seu rosto horrendo [o da Medusa] no escudo brônzeo", conta Perseu a seus convivas.[28] Lembro: o público está atrás de Manet, que o vê somente através do espelho.

Não vemos as três imagens virtuais que se encontram necessariamente atrás de Suzon. Pode parecer absurdo pretender considerá-las na análise. No entanto, é indispensável recuar da fatura à feitura, ao tempo em que Manet ainda se debate com as incertezas dos caminhos e das metas possíveis.

Manet pinta em seu ateliê. Diante dele, a tela, Suzon, o espelho, uma mesa com frutas. O olho do pintor trabalhando não se superpõe todo o tempo ao ponto de fuga, projeção teórica de um único olho estático. Manet desloca-se para a direita ou para a esquerda, para cima ou para baixo, visto as dimensões da tela, permanece a maior parte do tempo sentado, por causa de seu pé. Ele vê, portanto, constantemente, uma parte da imagem virtual das costas de Suzon no espelho real (o que torna definitivamente inconcebível qualquer confusão de sua parte com a outra imagem virtual-virtual das costas da garçonete 1', situada à nossa direita). Manet constata diariamente a impossibilidade de uma relação especular qualquer entre elas — entre 2' e 2 — já que ele vê, com frequência, o que ele próprio não nos deixa entrever, a verdadeira imagem virtual de Suzon quase inteiramente encoberta por ela mesma. Assim como pode se ver de frente, atrás das costas de Suzon, quando ele sai da posição axial. E assim como ele vê às vezes Antonin Proust, Stéphane Mallarmé quase todos os dias e, mais raramente, sua esposa, Suzanne, quando eles o visitam, circular ou se deter para observar não apenas a imagem de si próprios na profundidade do espelho, mas *Um bar no Folies Bergère* em elaboração. Manet toma cuidado para não deixar aparecer nenhuma dessas três ordens de imagens — mas ele sabe perfeitamente que elas estão escondidas ali pelo corpo "real" de Suzon — ou condensadas nela por superposição. Há divergência entre o que Manet observa durante seu trabalho e o que nós vemos (ou não vemos) no quadro pronto. Vemos o público e o Folies Bergère — que Manet, evidentemente, não vê em seu ateliê. Nós não ve-

---

[28] Ovide, *Les métamorphoses*, Paris, Les Belles Lettres, 1985, tomo I, versos 783-4, pp. 122-3 [ed. bras.: *Metamorfoses*, tradução de Domingos Lucas Dias, São Paulo, Editora 34, 2017].

mos as imagens virtuais de Suzon, Manet, Antonin Proust, Mallarmé ou Suzanne, que o pintor vê o tempo todo. É preciso considerar, portanto, aqueles e aquilo que não vemos — mas que sabemos estarem lá. É a eles, com frequência presentes no ateliê, que Manet se dirige, mais do que ao futuro público do Salão. E sobretudo a Mallarmé, seu visitante cotidiano, o que testemunha o advento aventureiro de um futuro imprevisível. Os mexericos sobre o Folies Bergère tornam-se logo inadequados nesse ambiente.

D.4. Feitura e salto diegético (reconstrução imaginária)

Mas o que esconde a rigorosa superposição? Ou melhor, o que revela esse cuidado extremo de ocultação? Para tentar responder a esta pergunta, devemos quase retomar uma parte do que já foi dito até aqui — e peço desculpas ao leitor por inelutáveis repetições. A prioridade metodológica que concedo à feitura me obriga a esboçar uma espécie de anamnese para formular uma hipótese sobre seu movimento — uma construção, como recomenda Sigmund Freud, e não uma impossível reconstrução. Uma construção plausível, que está de acordo com os dados, mas sem pretensão à fidelidade arqueológica. Esse procedimento tem o aval de Pierre Bourdieu:

> "Fiz um exercício que consiste em se perguntar o que aconteceu no dia em que ele começou a pintar *O almoço na relva* etc. É um exercício completamente louco, mas a própria loucura do exercício que farei terá ao menos a virtude de nos fazer manter em mente a distância entre o que vou fazer, que é justo teoricamente, e sua eventual inexatidão histórica. Vou, portanto, adotar o ponto de vista de Manet pintando *O almoço na relva*. Vou parar de ler a obra de Manet e fazer uma espécie de reconstrução imaginária fundada sobre uma teoria da prática disposicionalista. Vou tentar reconstruir o ato de pintar em vez de me contentar com o ponto de vista de um leitor hermeneuta."[29]

---

[29] Pierre Bourdieu, *Manet. Une révolution symbolique*, Paris, Seuil, 2013, pp. 116-7.

> "[...] mas, não ficarei entediado lendo, enfim, ainda vivo, o surpreendente artigo que vocês dedicarão a mim depois de minha morte [...]."
>
> Édouard Manet, em carta a Albert Wolff[30]

> "Um dândi pode ser um homem *blasé*, talvez um sofredor; mas, neste último caso, ele sorrirá como o lacedônio quando mordido pela raposa [...] essa gravidade no frívolo [...] o ar frio que vem da inabalável resolução de não se emocionar [...]."
>
> Charles Baudelaire, *Le peintre de la vie moderne*[31]

Já disse, penso que Manet pressente que *Um bar no Folies Bergère* talvez seja sua última obra importante. É hora, portanto, do acerto de contas consigo mesmo, com seus próximos e com o pequeno mundo das artes.

E.

[esq. E]

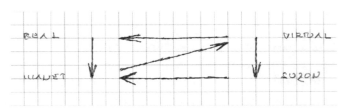

E.1. Deslocamentos

> "[...] as experiências da injustiça devem ser interpretadas como as experiências de uma lesão da integridade pessoal no sentido em que elas se arraigam no sentimento

---

[30] Albert Wolff (1835-1891) foi influente crítico de arte no jornal *Le Figaro*.

[31] C. Baudelaire, *Le peintre de la vie moderne*, in *Oeuvres complètes*, *op. cit.*, pp. 560-1.

> que um aspecto de minha dignidade é desrespeitado, sentimento que encerra algo insuportável [...]. Quando sou o objeto do juízo injusto, minha própria existência torna-se um problema para mim: eu me recuso a ser aquilo pelo que sou reconhecido. Por intermédio do reconhecimento de outrem, torno-me outro que não eu."
>
> Emmanuel Renault, *L'expérience de l'injustice.*
> *Essai sur la théorie de la reconnaissance*[32]

Censurado, frequentemente rejeitado, hostilizado pela maior parte da crítica, e defendido por amigos que perdem aos poucos a fé nele, muitos o consideram um pintor que não tem nenhum mérito e possui ambição demais. Por isso recorreu ao escândalo e à provocação. Ele não vale nada, dizem, nem como pintor, nem como homem: é um impostor depravado, que explora coisas do sexo. Mesmo se essa imagem pública o revolta, ele não pode ficar indiferente. "Os imbecis! Eles sempre disseram que eu era desigual: não podiam dizer nada de mais elogioso. Sempre foi minha ambição de não permanecer igual a mim mesmo, de não refazer, no dia seguinte, o que terei feito na véspera, de me inspirar constantemente em um aspecto novo, de procurar fazer ouvir uma nota nova."[33] Embaixo da camada protetora do dândi, numa zona nebulosa, ele se volta contra si mesmo e a dúvida morde: talvez a imagem não seja totalmente falsa. Talvez ele seja mesmo um vagabundo ambicioso, senão a maledicência não o feriria tão profundamente, não romperia seu "impulso de vida", não o "destruiria". Se a maledicência o fere e ofende de modo tão doloroso, talvez ela esteja certa: ele não está vendendo alguns quadros controversos em galerias exclusivamente comerciais? A maioria dos pintores faz isso — mas esse compromisso não corresponde ao ideal do artista que ele mesmo propaga. Ele se sente envergonhado, sem autoestima... Mas, não, é impossível que ele seja tão desprezível... Tudo isso fere como "mordida da raposa"! Mais ainda agora, enfraquecido pela doença que convida à autocompaixão e à introspecção.

Essa (talvez) última tela, que não será submetida ao júri, é uma oportunidade ideal para um ajuste de contas. Mas como responder, reagir,

---

[32] Emmanuel Renault, *L'expérience de l'injustice. Essai sur la théorie de la reconnaissance*, Paris, La Découverte, 2017, p. 71.

[33] A. Proust, *Édouard Manet. Souvenirs, op. cit.*, p. 10.

mostrar o que ele é realmente — sorrindo como um dândi? Ele não procura um duelo, como no passado — mas sim apresentar, com a suposta sinceridade de alguém que imagina estar perto do fim, outra imagem de si. Para apresentá-la, primeiro é preciso encontrá-la. Uma contraimagem na qual possa aparecer a injustiça de sua imagem pública. Aliás, o tema da imagem que injuria está no espírito do tempo: Quasímodo, Sonenska, *A dama das camélias*, *La Traviata*... Porém de forma dramática demais. Manet deve responder friamente, sem se emocionar. O achado da nova distribuição das personagens lhe traz a solução. Ou, ao contrário, é esse achado que lhe dá a ideia de produzir esse ajuste de contas.

Um estudo para Um bar no Folies Bergère data de 1881. Manet o transcreve na (ou nas?) tela final quase sem modificações. Talvez jamais saibamos por que ele afasta aos poucos a garçonete 1 de sua imagem especular, por que ele a gira em torno de si mesma até que ela esteja de frente para nós e por que, ao mesmo tempo, ele gira também o espelho e o deixa paralelo à superfície da tela. Talvez nem mesmo ele soubesse. Mas essas transformações produzem um resultado inesperado. Elas provocam o deslocamento da posição teórica de Manet: ele se situa agora diante da garçonete 1, face a face. É então que surge a possibilidade de fazer da garçonete 1 seu *alter ego*. Tais rupturas, saltos e achados inesperados são típicos do mergulho no "desconhecido". O pintor avança orientado sobretudo pela negação do que lhe desagrada (em geral por razões que ele próprio desconhece). Ou seja, por aquilo que Hegel chama, endossado por Spinoza, a negação determinada.

[esq. F]

1. "Garçonete real"
4. Dupray suprimido
5. Manet
6. Espelho

Manet sabe que ele não é um monolito: há vários Manet no mesmo. Seu desejo mais ardente, "não ser igual a si mesmo", como ele diz a Antonin Proust, soa como um sintoma. Quem é esse "eu mesmo" do qual ele quer ser diferente? Como ser desigual a si mesmo? Ou, como diz Santo Agostinho, "como é possível ser tão grande a diferença entre mim e mim mesmo?", sem que nenhum deles seja "eu mesmo"? Se, por um lado, ele é semelhante à garçonete loura (ele participou dos prazeres do Folies Bergère), por outro ele não o é. Ou então, há também outra garçonete, oposta à loura. A discordância do representado deve aparecer como discordância entre seus representantes — e vice-versa.

Manet divide então a garçonete loura em duas. Ou antes, ele chega a essa divisão na medida em que se desfaz desse primeiro roteiro. Mas ambas devem lembrar que são a duplicação de uma única garçonete, dessemelhantes na semelhança. É por isso que, se a imagem virtual continua a ser a da garçonete loura, a garçonete "real" torna-se Suzon, outra modelo também do Folies Bergère, menos vulgar, menos loura, e até mesmo um pouco ruiva (mas "dizem" que ela também vende amor). Suzon não é a garçonete loura, que por sua vez não é Manet — o que possibilita a Suzon tornar-se o "outro" de Manet em sua relação frontal. Maneira de atenuar a negação de sua primeira participação no mesmo *vaudeville* que a loura e seu parceiro. Manter um pouco dessa conivência — mas de longe no espaço e, portanto, no tempo. E, da mesma maneira que a imagem virtual da garçonete loura é semelhante, mas não é a de Suzon, La Touche (que substituiu Dupray) exerce a mesma profissão que Manet sem ser Manet. As cumplicidades não podem ser negadas, mas se tornam secundárias. Discretamente Manet transfere para outro pintor *habitué* do Folies Bergère, ou até mesmo para o pintor em geral (Dupray, La Touche ou outro qualquer) um pouco da imagem pública colada em si. Rechaça para a figura do pintor em geral os traços negativos que ele, Manet, não quer assumir como indivíduo. A garçonete loura e La Touche podem ser literalmente marginalizados em um canto apenas imaginário da tela. O *fait divers*, que de início ocupava o centro da trama diegética, perde a importância. Ou melhor, torna-se objeto de negação parcial (ele não aparece no "real"), o que dá consistência ao novo casal emergente, o de Suzon-Manet. Com pequenos deslocamentos, Manet se afasta de sua imagem pública — sem negá-la completa ou explicitamente. Ele pode assim se reinvestir na garçonete "real", liberada aparentemente das suspeitas que recaem sobre a garçonete loura. Será mesmo? Alguns deslocamentos discretos, mais incertezas e homeomorfismos: armas de mágicos, de ilusionistas...[34] Se retornarmos ao esboço, podemos ainda imaginar que a supressão de Dupray permite que o olhar da garçonete loura cruze o de Manet, estabelecendo uma relação mais íntima, de conivência, entre eles... [esq. F].

Manet sai, portanto, de seu esconderijo situado fora do limite do quadro e se desloca no sentido inverso do da garçonete virtual (de nossa direita para a esquerda). Inversão significativa já que a imagem virtual da garçonete sai do centro e vai para a margem, enquanto Manet sai de sua posição *off* e se desloca no sentido inverso até se posicionar no eixo central da tela. A relação especular se inverte: ela liga agora o "real" ao real em vez de vincular o "real" ao virtual 2. Esses dois movimentos completam a união dos dois eixos, o de Manet que não vemos, mas que é postulado pelo ponto de vista/fuga, e o de Suzon. Essa unificação, fruto de dois deslocamentos, instaura a relação paradigmática da identificação especular: simetria absoluta do face a face, olhos nos olhos. Relação de identificação mimética que Paul Schilder e Mahmoud Sami-Ali consideram como sendo a matriz da relação entre a criança e sua mãe durante a formação de seu Eu.[35] Jacques Lacan, por sua vez, coloca a relação similar entre a criança e sua imagem especular como o fundamento do estágio do espelho.[36] O movimento transformador da feitura torna marginal o que era central e situa no centro o que, no início, estava na margem, em todos os sentidos do termo. Essa mutação essencial, que modifica completamente a significação da obra, escapa à crítica que não presta atenção ao movimento produtivo.

E.2. Condensações

A partir deste ponto, o segundo roteiro está construído — por outra história bem distinta da primeira, a do esboço.

Manet está agora diante de Suzon. O Manet dos "Manets", dispersados. Face a face, olhos nos olhos, ou quase. Essa relação especular pres-

---

[34] Sobre as oposições de sentidos sugeridas pelas oposições de posições, face/perfil, por exemplo, ver Meyer Schapiro, *Les mots et les images*, Paris, Macula, 2000.

[35] Paul Schilder, *L'image du corps*, Paris, Gallimard, 1968; e Mahmoud Sami-Ali, *L'espace imaginaire*, Paris, Gallimard, 1974.

[36] Jacques Lacan, "Le stade du miroir comme formateur de la fonction du Je", in *Écrits*, Paris, Seuil, 1966.

supõe o espelho mais intenso e efetivo de *Um bar no Folies Bergère*, que não é o que aparece sorrateiramente atrás de Suzon, suspeito e astucioso. Mas o espelho que emerge com o movimento giratório de Suzon: as pupilas de seus olhos fitam Manet/nós. Ele se torna o espelho principal, constitutivo. Por esse motivo, Suzon deve se mostrar à altura da expectativa de Manet no confronto e não mais semelhante à loura desgastada. O olhar do desigual pode ser ameaçador (o de Deus, o pai), mortal (o de Górgona), mentiroso (o do bajulador), perigoso (o do invejoso), destrutivo (o do ciumento) etc. No do igual, nós podemos confiar. Na Grécia antiga, os homens nunca se olhavam no espelho, reservado à frivolidade das mulheres. Eles obtinham a imagem de si no olhar do amigo: só deste olhar envia a verdadeira imagem.[37] É o olhar esperado por Manet.

O olhar de Suzon condensa o conjunto dos olhares amigáveis: os que ele encontra no espelho do ateliê, a primeira parte do público, o anotado pela imagem no quadro. O olhar de Suzanne, professora de piano seduzida por ele ou seu pai, agora esposa, gorducha e desgastada. Ela continua o costume instaurado por Eugénie, a falecida mãe de Manet, de organizar uma recepção por semana na qual se reúnem membros da alta burguesia, funcionários da elite, escritores, músicos, diversos pintores: um grupo selecionado de apoio para o artista. Ela provoca no marido uma culpa constrangedora, sempre serena e paciente, afetuosamente submissa e terna e, assim mesmo, protetora. Sem dúvida ela mereceria outro Manet, que não imaginasse estar quite com ela devido ao casamento, talvez incestuoso, mas, certamente, tardio, anos depois do nascimento de Léon. Que não a trairia com as cocotes e modelos. Que lhe daria um pouco mais de atenção e corresponderia àquele que lhe escrevia, apaixonado, enquanto defendia a Paris da Comuna... O olhar de Mallarmé, o amigo de todos os dias que vem ouvir o que ele entende por pintura, por que ele pinta, como pinta, provavelmente a inteligência sensível apta a compreendê-lo e testemunhar mais tarde com justeza. Dois olhares amistosos que refletem dois Manets da intimidade, o da vida doméstica e o do ateliê, elididos mas presentes durante a feitura de *Um bar no Folies Bergère* e agora reunidos na condensação chamada Suzon. É provavelmente a eles que Manet deseja oferecer outra imagem de si. Ou ainda ao olhar de Georges Janniot, que nos conta:

---

[37] Ver Françoise Frontisi-Ducroux e Jean-Pierre Vernant, *Dans l'oeil du miroir*, Paris, Odile Jacob, 1997.

"Quando voltei a Paris, em janeiro de 1882, minha primeira visita foi a Manet. Ele estava pintando o *Bar aux Folies Bergère*, e a modelo — uma bela moça — posava atrás de uma mesa cheia de garrafas e comida [...]. Sentei-me numa cadeira atrás dele e o olhava trabalhar. Manet, embora pintando seus quadros a partir do modelo, não copiava a natureza; eu me dei conta de suas simplificações magistrais. A cabeça de sua mulher era modelada; mas seu modelado não era obtido com meios que a natureza mostrava. Tudo era abreviado: os tons eram mais claros, as cores mais vivas, os valores mais vizinhos, o que formava um conjunto de uma harmonia terna e loura [...]. Voltei a vê-lo durante minha estada e um dia ele me disse: 'A concisão, na arte, é uma necessidade e uma elegância. O homem conciso faz refletir, o homem verboso entedia'."[38]

Suzon é fruto da concisão. Em seu olhar, onde Manet sintetiza os de seus próximos, o pintor quer se ver, como ela no seu — ou seja, de modo favorável. A relação deles deveria supostamente ir além da simples reflexão. Em princípio, ela se torna constitutiva. Na reciprocidade do face a face de igual para igual, haveria formação mútua como entre a e a' reversíveis do esquema lacaniano do estágio do espelho. Édouard constrói, fornece figura (a ou a') a Suzon — a qual, pelo movimento de seu aparecer, constrói, empresta progressivamente sua figura (a' ou a, respectivamente) a Manet. Com a instauração do eixo central dos olhares, todo o resto perde força no espaço virtual, se faz parerga, como Immanuel Kant chama o ornamento secundário. O público, a multidão passante, a vida parisiense voltam a ser *background* — ou história passada mantida/ultrapassada. O casal (garçonete loura-homem de chapéu) quase sai de cena, fechado em seu *tête-à-tête* de sedução mercantil. A duplicação do único casal do esboço (antagônicos por seus tratamentos plásticos, um caricatural, o outro quase hierático), separa futilidade e gravidade, contradizendo assim a dialética primária do dândi por sua oposição categórica. A futilidade não faz mais par com a gravidade. Manet se afasta ainda mais do dândi que talvez tenha sido um dia, ainda presente no esboço: talvez ele volte a fim de acenar para nós uma última vez. De uma maneira que não é de modo algum fria, Manet se prende a Suzon: ela lhe dará

---

[38] Pierre-Georges Janniot, *La Grande Revue*, 10/8/1907.

um contorno, que se tornará a reunião dos Manets dispersos, as réplicas "dele mesmo". Ela o ligará a uma imagem especular unitária e concisa — igual (é a mesma) à que ele está construindo dela. Seu devir será o seu, em uma indecisão inevitável dos pronomes possessivos, reflexo da constituição mútua. Ele espera a forma oclusiva do igual/desigual a "si mesmo" do olho que ele coloca em seu outro — cujo olhar impedirá, talvez, sua dispersão final. "Em torno dos traços desse surgimento traumático [o afloramento de sua dispersão caótica], a obra tece sua tela para captá-los, para suturar os rasgos, para realizar [...] por um entrelaçamento de imagens plásticas [...] a restauração da integridade narcísica da pessoa."[39] Mas, "a integridade narcísica" pressupõe, como vimos, o afastamento, a marginalização das imagens negativas. Essa relação complexa entre imagem e realidade proscreve a teoria do reflexo.

Ao contrário do vetor que vai do real à obra, pressuposto por essa teoria e pela escolástica, a relação estabelecida por *Um bar no Folies Bergère* pressupõe um vaivém complexo de constituição mútua [esq. E].

E.3. Deambulações de Narciso

A relação especular, no entanto, ao se imobilizar quando a feitura desaparece sob a fatura, desencadeia seus efeitos colaterais. Aquele que se reflete começa a acreditar como Narciso: "[...] esta criança sou eu [*iste ego sum*]".[40] Tal pretensão não resulta da simples reflexão. Há mais: o pintor não faz da imagem que elabora exclusivamente o que deseja fazer dela. A matéria resiste, a própria mão do artista tem caprichos. A forma nem sempre obedece e induz pistas não antecipadas. A figura que emerge não é monoparental, os genes do artista cruzam os do material, seu igual em direito. Durante a feitura há reciprocidade construtiva e não espelhamento cru. Suzon pode ser o outro de Manet — "seu" outro — mas ela é efetivamente outra. Por isso Manet acredita por um momento, enquanto pinta, no olhar formador e em gestação de Suzon, e esquece sua dispersão. Mas mediante uma nova divisão: para nos conhecermos, devemos sair de nós mesmos, e nos observarmos de um ponto de vista

---

[39] Didier Anzieu, *Le corps de l'oeuvre*, Paris, Gallimard, 1981, p. 210.

[40] Ovide, *Les métamorphoses, op. cit.*, tomo I, livro III, v. 463, p. 84.

Recuo e avanço

exterior, dizia Koffka. Nossa divisão interna, cuja superação pela relação especular esperamos, retorna. O vaivém reflexivo não chega ao enquadramento esperado, já que o retorno jamais nos encontra lá onde estávamos. Digamos assim: a dispersão tem um único umbigo, chamado sujeito. Mas ele não tem forma, contorno, figura, é uma cavidade esvaziada por uma perda, sujeito barrado. Para obtê-los, é preciso colocar o sujeito do lado de fora, transformá-lo em objeto (em Suzon, por exemplo), esperando que, em contrapartida (o olhar de Suzon), o sujeito e sua dispersão ganhem epiderme, coesão (a *imago* refletida na pupila de Suzon, o eu-pele). Ao contrário do percurso hegeliano, onde o em-si sai de si, torna-se outro para retornar como por-si, aqui o outro coloca aparentemente um por-si encarregado de constituir um em-si faltante. Mas, nesse trajeto, ele se faz objeto de Suzon, desigual a ela — e perde assim o *status* de sujeito buscado. O Manet dos Manets recebe de volta seu próprio olhar — mas tornado então o olhar de Górgona que, dessa vez, o petrifica, o imobiliza em um *eidolon* mortal. A imagem especular é intrinsecamente alienante, Lacan o demonstrou. Manet se perde acreditando que Narciso (o anjo mau dos pintores) conseguiu realmente se ver no reflexo que o teria constituído como reflexo desse reflexo. (Sugiro a leitura da lenda de Narciso nas *Metamorfoses*, de Ovídio, chave para a análise das relações especulares que tento desajeitadamente descrever, mas maravilhosamente escrita por ele.) Suzon está mais para Eco, uma imagem (parcial) de Narciso/Manet e, como toda imagem, ela engana. A imagem simplifica, descarna. Nossa maneira de falar denuncia o equívoco: dizemos que o artista se projeta, se coloca fora de si, se objetiva. Somente a retenção do impulso projetivo, equivalente à não apropriação abusiva do outro, mantém a promessa de efetividade. Quer dizer, somente durante a produção.

E.4. "Culto (fracassado) de si-mesmo"

O dândi, explica Baudelaire, quer ser um ser à parte. Nem o dinheiro, nem o trabalho contam para ele — mesmo que não repudie um crédito ilimitado, como um rentista. Ele tem horror da classe média, o cúmulo da vulgaridade e da mesquinharia. Ele tolera somente os marginais, os que permanecem provisoriamente fora do quadro tóxico composto pelo capital: os boêmios, os saltimbancos, os lumpens, as prostitutas etc. Ou aristocratas decadentes. Todos socialmente excluídos ou quase: os outros da sociedade burguesa. É por essa razão que "o dandismo surge sobretudo em épocas de transição em que a democracia ainda não é todo-poderosa, onde a aristocracia é apenas parcialmente oscilante e aviltada".[41] (Exatamente como na Paris que sucede à queda de Napoleão III e à Comuna. Ainda durante anos, boa parte dos "republicanos" sonha voltar ao sistema monárquico.) O dandismo "é, antes de tudo, a necessidade ardente de se tornar uma originalidade, contida nos limites exteriores das conveniências. É uma espécie de culto de si mesmo".[42] Esse "culto de si mesmo", uma alternativa compensatória da humilhante imagem pública que o persegue e corrói, toma em Manet a forma da idealização de sua imagem especular, Suzon. Mas esse recurso plástico é pouco maleável. No Renascimento, a superposição do olhar do personagem e do ponto de fuga central tem uma função precisa: mascarar e impor. O príncipe, habitualmente nessa posição, não busca seu eu profundo, sequer quando se disfarça de Cristo ou de um santo qualquer. Maquiavel não deixa pairar dúvidas: o príncipe quer ser assimilado ao bom-senhor — ou, caso não consiga, ao tirano. Resta ao artista resolver a antinomia. O bom-senhor/tirano não é tomado por uma inquietude existencial qualquer. Trata-se de inculcar nos observadores, seus vassalos, uma e/ou outra dessas máscaras sob as quais ele se esconde — sem jamais se identificar com elas. O que importa é o lugar (central), a pose (hierática) e o olhar (penetrante como o de Deus). Questão de retórica ciceroniana, de verossimilhança e não de convicção, já que ele pode passar de bom-senhor a tirano e inversamente, sem pruridos. A imagem especular desse gênero é uma representação de uso público. Tintoretto, desde o século XVI, desmonta as astúcias desse paradigma separando o olhar (do Cristo, por exemplo) do ponto de vista/ponto de fuga. Desde então, o uso da imagem especular frontal só pode ser irônico, o que Ingres esquece reiteradamente (em *A apoteose de Homero*, Museu do Louvre, Paris, 1827, Poussin e Molière nos olham nos olhos e o cego Homero parece espiar no eixo do ponto de vista/ponto de fuga).

Manet também, por duas razões.

A primeira é a deriva da negatividade intrínseca e angustiante de nossa arte, sobretudo a de Manet: a "partida para o desconhecido" cuja

---

[41] C. Baudelaire, *Le peintre de la vie moderne*, in *Oeuvres complètes, op. cit.*, p. 560.

[42] *Idem, ibidem.*

Recuo e avanço

203

antibússola se oriente por um não ser (não ser subordinado ou não ser Delacroix, por exemplo). Ora, não ser isto ou aquilo é poder ser uma (má) infinidade de outras coisas. A negatividade é fundamentalmente dispersiva. Mas, desentravada, ela não se detém sequer diante de si mesma: a partir daí, ela se inverte em positividade prematura. Na fuga de sua própria dispersão, o Manet dos Manets é aspirado para o *aedolon* hierático e aparentemente positivo oferecido pelo olhar de Suzon — sem nenhuma ironia, ou seja, sem expor sua artificialidade. Esquecendo seu devir a partir da garçonete loura rejeitada, "seu" outro que o/a determinaria evitando a fuga para a frente do mau infinito, sem história, sem mais o movimento de sua vinda ao ser, Suzon se imobiliza. A imagem matriz, a que deveria gerar o perfil reparador de seu autor, se mostra infértil, improdutiva, inerte, vazia.

A construção hierática, simétrica, bem sustentada de Suzon, contrasta com o brilho efêmero das luzes e dos reflexos, com a agitação das outras figuras, com a oscilação do pincel, com a tênue ilusão do espelho. Suzon se distingue de tudo o que está à sua volta. Sua função não é retratar o que quer que seja, de "formas sociais" (T. J. Clark) ou de coisas do gênero. Mas ser imagem propiciatória, ex-voto.[43] Ela se torna o contorno, o continente para os Manets, de todos os "não seres" que o dispersam. A dispersão não desaparece se reagrupando em um mesmo lugar, em Suzon. Sua aparente unidade provém de seu isolamento em relação a tudo o que está à sua volta. É a única figura "real", com exceção das garrafas, frutas e flores, ela se demarca de qualquer relação viva e recíproca com o mundo virtual do espelho que, no quadro, não parece refleti-la. Durante o processo de constituição da imagem de Suzon, Manet a esvazia de todo conteúdo intrínseco, não opositivo. Ela tem agora a identidade do sujeito, "[...] ou seja, identidade de um ser-fora-do-mundo, de um ser desmundializado, de um ser esvaziado, purificado, desobjetivado".[44] "Sujeito" separado de tudo, de toda objetividade, simples contrário do objeto, tão abstrato quanto ele. "Nesse mundo invertido, o próprio resultado da alienação é considerado pelo que é preciso preservar (a saber, si mesmo como sujeito), e a desalienação é vista como o processo

---

[43] Sobre a tradição de ex-votos — *voti*, no Renascimento italiano —, ver Aby Warburg, "L'art du portrait et bourgeoisie florentine", in *Essais florentins*, Paris, Hazan, 2015.

[44] F. Fischbach, *Sans objet. Capitalisme, subjectivité, aliénation*, *op. cit.*, p. 8.

que se deve evitar (a saber, o processo de uma reobjetivação dos homens, de uma reapropriação da objetividade por eles)."[45]

A segunda razão, que rapidamente repercute na primeira, é a seguinte: a relação especular autêntica, constitutiva, construtiva de seus polos, implica dois amigos ou amantes. O outro da relação especular de alguém deve ser um igual, um outro vivo, real, agente. Lembrem-se da imagem especular de Lacan: ela só tem efeito se for contemporânea da palavra do outro que a nomeia e, desse modo, a situa no simbólico. É o cruzamento da emissão desse símbolo com a imagem especular em movimento que constitui o sujeito (da perda, não esqueçamos).

Na arte, o outro especular da relação produtiva é matéria em transformação. Uma vez o quadro "terminado", o outro do pintor volta a ser matéria, imagem fechada em si, muda e estática. O que, em um momento evanescente, surge como sendo mais que matéria e emerge da troca entre o autor e matéria não se manifesta senão durante a produção — se esta for radicalmente "livre". A tentação consiste em querer atribuir essa aparição chamada sujeito apenas ao autor, independentemente da "livre" relação produtiva. Separada da produção e paralisada, a aparição torna-se sujeito — mas, inevitavelmente, o da perda, esvaziado e abstrato. Seu outro torna-se objeto (no melhor dos casos, objeto do desejo). Mas, mesmo aí, a imagem especular desaponta; ela aliena, como já assinalamos.

E.5. Suzon como "imagem intrínseca"

> "[...] o ato de imagem intrínseca, cuja origem se encontra no mito da Medusa, é gerado pelo olhar da obra sobre aquele que olha."
>
> Horst Bredekamp, *Théorie de l'acte d'image*[46]

Por um lado, Suzon aparece como um lixo social, empurrada para trás do balcão da venalidade, afastada da "boa" sociedade. Por outro, como contraponto da inconsistência do espetáculo da modernidade. Efeito de duas negações cruzadas e inversas, independentes dela. Ela obtém de Manet uma postura em oximoro, como a da *Traviata*: forte/fraca, su-

---

[45] *Idem, ibidem*, p. 50.

[46] Horst Bredekamp, *Théorie de l'acte d'image*, Paris, La Découverte, 2015, p. 219.

Recuo e avanço

perior/desclassificada, pura/caluniada etc. É o que sua forma, simétrica, estática, hierática quer expressar. Do exterior, ela parece um obelisco. Mas toda simetria pressupõe um eixo, uma fenda central, um sulco de nem-nem, nem de um lado, nem do outro, uma dobra de indeterminação. Poder-se-ia dizer que a essência de Suzon é a arte — ou o que foi feito de nossa arte: uma negatividade compulsiva. Mas, invertendo essa essência (a essência aparece obrigatoriamente, segundo Hegel; mas ela pode aparecer de pernas para o ar, corrige Marx), ela se apresenta como pilar, apoio, estaca. Como máscara, oclusão da fissura. A referência histórica seria a árvore que figura no eixo central em O *pecado original e a expulsão do Paraíso*, de Michelangelo, no teto da Capela Sistina: ela encobre um enorme falo, a castração simbólica de Adão.[47] Suzon é o envelope do não ser; seu eixo, a perda — mas surge como uma oclusão ilusória da perda.

O eixo rege tudo, absorve tudo como um buraco negro. Alinha a multidão, o observador, nós, Manet, seu olhar, nosso olhar, espaços virtuais/virtuais, virtuais/"reais", reais, e os faz desaparecer sob o amálgama chamado Suzon. Manet o acentua, salienta: ele recorta o corpo da garçonete de um extremo a outro. No entanto, ao recortá-lo, ele recostura. Como já descrevemos, ele costura partindo de baixo, do triângulo cinza de sua saia que cobre seu sexo, depois fecha a série de botões, continua sobre o buquê de flores e termina com um camafeu — que, segundo alguns críticos, é o mesmo usado por Olympia em seu punho direito, dentro do qual a mãe de Manet guardava seus primeiros cachos de cabelo. Atrás das flores, debaixo das rendas do colarinho, uma sombra estranha parece desenhar as asas de um pássaro. Imperceptivelmente, a fissura de não ser é completamente transformada em uma quase-forma de ostensório (o que lembra as esculturas de mestre Didi, escultor baiano, figura central do candomblé). O insustentável não ser do eixo é encoberto pela frágil ilusão de um fetiche, metonímia do ex-voto fracassado Suzon, que duplica seu disfarce em obelisco. A fissura do nada torna-se fantasia de tronco.

As asas do ostensório fazem pensar no Espírito Santo, que tem o hábito de aparecer em situações impróprias para sua augusta divindade em banquetes, esconderijos e agora no Folies Bergère, no peito de uma mu-

---

[47] Ver Sérgio Ferro, *Michelangelo. Notas*, São Paulo, Palavra e Imagem, 1981.

lher de má reputação. Esse tipo de aparição ambígua não ofusca a crítica. M. P. Diskel associa Suzon, sua expressão e a posição de seus braços às imagens que comemoram o dogma então publicado sobre a Imaculada Conceição e que inundam a França nessa época.[48] Por que não? Quanto a mim, estimo que Suzon pode ser uma réplica de seu *Cristo morto com os anjos* (Metropolitan Museum of Art, Nova York, 1864). Quando jovem, Manet declara a Antonin Proust que o sofrimento de Cristo era o tema por excelência da pintura. Associar-se ao Cristo através de Suzon seria dar de si uma imagem da mais alta dignidade e gravidade pelo efeito do isomorfismo. Suzon seria então o fruto de uma *kenosis*.

[esq. G]

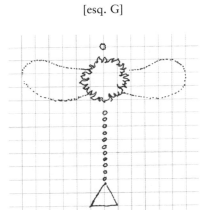

E.6. Decepção

"Cada vez que se trata de imitação, guardemo-nos de pensar depressa demais no outro que seria o imitado [...]. De maneira geral, a relação do olhar com o que queremos ver é uma relação de logro. O sujeito se apresenta como o que ele não é e o que lhe damos a ver não é o que ele quer ver [...]. Só que o sujeito, sujeito humano [...] não é de modo algum, ao contrário do animal, inteiramente dominado por essa captura imaginária. Ele reage. Como? Na medida em que isola a função de écran, e a manipula. O homem, com

---

[48] Ver Michael P. Diskel, "On Manet's Binarism: Virgin and/or Whore at the Folies Bergère", in *12 Views of Manet's Bar, op. cit.*, pp. 142-63.

efeito, sabe utilizar a máscara como alguma coisa além da qual há o olhar."

Jacques Lacan, *Les quatre concepts fondamentaux de la psychanalyse*[49]

Mas por que essa escalada, esse apelo ao milagre? Essa condensação em Suzon, alternadamente obelisco e vazio, plenitude e perda, miragem oclusiva e hiância? Aparentemente o balanço, com dificuldade, encontra um saldo tranquilizador. A aparição incerta do ostensório quer compensar seu contrário, o ausentamento da pulsação efêmera do sujeito da produção, à medida que cresce a ilusão icônica. Lembrem-se da carta do irmão de Manet a Berthe Morisot: "Ele [Manet] continua a refazer o mesmo quadro [*Um bar no Folies Bergère*]". Cada vez que se aproxima do fim, "ele mesmo" e sua pretensa encarnação se separam e se imobilizam, perdendo a pulsação do ser vivo. Para evitar que se deteriore, é necessário recomeçar a produção. Eles são incompatíveis com a estabilidade do ser. Isso pode se prolongar até... até que o prazo de entrega do quadro ao Salão determine que *ite, missa est* [a missa acabou] — que a osmose entre "ele mesmo" e sua encarnação durante a feitura se perca no passado. O autor e seu "outro", "outro" que deveria tornar-se a *imago* totalizante do autor e que este deveria interiorizar, tornam-se sujeito barrado e artefato, exteriores e estranhos um ao outro. A função do fetiche (o ostensório) é a de substituir o que está ausente, se perdeu, se foi, ou seja, o trabalho "livre" em ato de Manet. Afastar a memória desse ausentamento, o que torna misterioso o engendramento da coisa. Durante a rotação de Suzon, a vinda de Manet e o encontro deles face a face no centro da cena aumenta a relação especular entre ambos. Mas, uma vez instaurada a simetria absoluta, essa relação se imobiliza e provoca a ilusão da identificação narcisista — e se perde. O olhar de Suzon, ainda vivo durante seu devir — simples deslocamento da osmose entre sujeito e objeto durante a produção "livre" — estagna na matéria subitamente opaca.

Mas Manet não é ingênuo. Conhece perfeitamente a arte, em todas as suas dimensões. Em suas conversas quase cotidianas com Mallarmé, ele certamente comenta o que faz, passo a passo. Ao menos é o que Mallarmé afirma e Georges Janniot confirma. Não posso garantir que ele

---

[49] Jacques Lacan, *Le séminaire XI. Les quatre concepts fondamentaux de la psychanalyse*, Paris, Seuil, 1973, pp. 92, 96 e 99 [ed. bras.: *O seminário 11. Os quatro conceitos fundamentais da psicanálise*, Rio de Janeiro, Zahar, 1993].

tenha consciência de sua própria tentativa de se apropriar do que emerge em sua relação de produção "livre", com o material como sendo apenas de sua lavra, e seu retrato. Mas ele sabe que *Um bar no Folies Bergère* é artefato de sua autoria. Ele sabe que a *imago* proveniente de Suzon vem (veio), na verdade, de sua mão e da resistência do material.

Todo artista conhece a decepção, a frustração da obra acabada. Nicolau de Cusa, desde o século XV, faz de antemão o elogio do não finito. "Segundo Cusa, um retrato que alcança uma semelhança perfeita com a pessoa representada é um retrato morto. A obra viva, ao contrário, mostra além da semelhança uma diferença em relação à pessoa representada. Essa diferença incita a trabalhar sempre, com esforço renovado, no aperfeiçoamento da obra [...] A imagem menos semelhante é, segundo Cusa, verdadeiramente 'viva'."[50] Cada vez que Manet se aproxima do fim, ele pressente que Suzon se torna uma máscara para mascará-lo. Uma armadilha para obter consistência, uma forma, um perfil, um rosto. Ele suspeita que "de maneira geral, a relação do olhar com o que queremos ver é uma relação de logro. O sujeito se apresenta como um outro que ele não é [...]". Há trapaça quanto ao especular. Ele faz, sabendo que coloca o olhar que quer receber de seu suposto reflexo. Ele não é crédulo como Narciso: "Por que, em vão, simulacro fugaz buscas, crédulo? O que amas não há; se te afastas, desfaz-se. Isto que vês reflexo é sombra, tua imagem; nada tem de si; vem contigo e se estás fica; se partes, caso o possa, partia contigo".[51]

O apelo ao milagre pressupõe uma confissão por parte de Manet: o milagre da encarnação não ocorreu, nem *kenosis* alguma. Suzon é de Manet, mas Manet não é Suzon — e Suzon não é Manet. Ou então, digamos assim, ela o é, mas como não ser. T. J. Clark, enumera em sua descrição conclusiva do rosto de Suzon modos reiterados de não ser:

> "[O rosto de Suzon] é, antes de tudo, a face da moda [...]. A moda é um disfarce bom e necessário: é difícil ter certeza de algo mais sobre a garçonete, em particular, a que classe ela pode pertencer [...]. É um rosto cuja característica deriva de não ser burguês [...]. Pois, se alguém não pode ser burguês [...] ele pode, no entanto, cuidar para não ser mais nada: moda e reser-

---

[50] Ver H. Bredekamp, *Théorie de l'acte d'image, op. cit.*, p. 223.

[51] Ovide, *Les métamorphoses, op. cit.*, livro III, vv. 432-6, p. 83.

Recuo e avanço

va preservarão seu rosto de qualquer identidade, da identidade em geral. A aparência que resulta é especial: pública, exterior, 'blasé' no sentido de Simmel, impassível, não entediada, não cansada, não focada sobre nada. A expressão é o inimigo, o erro a ser evitado [...]. Penso que o observador acaba aceitando [...] que nenhuma relação com esse rosto e pose e aparência jamais parecerá adequada."[52]

T. J. Clark associa sua análise à instabilidade da divisão de classes na época e, principalmente, à indefinição da classe média. Toda obra de arte é polissêmica. O que não torna menos válida a interpretação aqui proposta.

E.7. Balanço do balanço

> "[...] uma época que vive o presente prosaico da sociedade burguesa sonhando com a História inspirada por gloriosas figuras do passado. Esse sonho ameaça, entretanto, permanentemente, virar pesadelo. Quando chega ao término de seu périplo, o *flâneur* constata que andou de fracasso em fracasso e de uma promessa não cumprida a outra. Sua peregrinação transformou-se em caminho da cruz sem redenção possível, a tentativa de sair da história em sucessão de *ratés* com a morte se avizinhando."
>
> Stathis Kouvélakis,
> *Philosophie et révolution. De Kant à Marx*[53]

Atrás da máscara atônica de Suzon, há o olhar... Esse olhar que deveria deixar Manet mais inteiriço, reunir os diversos Manets em uma forma sólida e harmonizada, não emergiu ao final do interminável trabalho que visa liberar Suzon, a imagem de seu outro especular, de toda conotação social degradante, de todo vínculo comprometedor. Em seu lugar surge o olhar da atonia, da dispersão depressiva, da solidão. A atonia de Suzon não pode ser derivada da especificidade de seu trabalho no Folies

---

[52] T. J. Clark, *The Painting of Modern Life. Paris in the Art of Manet and His Followers, op. cit.*, pp. 253 e 251.

[53] Stathis Kouvélakis, *Philosophie et révolution. De Kant à Marx*, Paris, La Fabrique, 2017, p. 102.

Bergère: Manet a isolou de tudo o que está à sua volta aquém e além do espelho. Ela está sozinha em sua vitrine de "realidade" virtual. Sua solidão é a solidão do homem das multidões, do indivíduo na massa. Solidão estrutural inerente ao assalariado em curso de generalização maciça. É do trabalho em geral, de qualquer um, que deriva a atonia de Suzon. Entre ela e o mundo, há a venda de sua força de trabalho. A venalidade de Suzon não é a da prostituição — mas a que mutila todo assalariado. Com sua força de trabalho o assalariado cede muito mais, sua liberdade e sua autonomia, promessas supremas da *Aufklärung* que a moral kantiana proíbe ceder. Tudo o que faz no Folies Bergère, ela o faz em nome de um patrão. Mesmo que se entregasse à prostituição, ela serviria ainda aos negócios do Folies Bergère. O olhar dirigido por Suzon a Manet, como também a nós, amadores de arte, é o olhar que o trabalho subordinado dirige ao trabalho "livre" — a seu oposto contraditório, a arte. Um olhar necessariamente triste, ambíguo, sem esperança. Há muita ambiguidade na atitude de Manet. Afinal, a arte vive de uma parcela do mais-valor que o capital retira de seus assalariados, da força de trabalho que ele subordina e explora. Ora, a arte da era do capital é fundamentalmente trabalho "livre", trabalho que se coloca como o inverso do trabalho subordinado. A arte se opõe, portanto, à subordinação — e nisso ela é uma aliada objetiva dos trabalhadores — sendo ao mesmo tempo alimentada no mercado por uma parte do mais-valor expropriado desses mesmos trabalhadores pelo capital. Suzon, eu disse e volto a dizer em vários sentidos, é o outro de Manet. O outro do artista é o trabalhador, simultaneamente aliado e oposto. Ela não pode, portanto, consolar, construir, formar a imagem do artista, como pede Manet, sem expor suas contradições. Suzon, a assalariada, não pode responder ao pedido de Manet, o artista "autônomo". Ela não pode nem conhecer, nem dar o que não possui. Não cabe ao trabalhador subordinado dizer em que consiste o trabalho "livre" — assim como o trabalhador "livre", "livre" somente enquanto oposto ao trabalhador subordinado, não pode antecipar o que será o trabalhador realmente livre, para o desespero das vanguardas que não querem desaparecer como arte separada.

Da mesma maneira, Manet não pode saber o que é o trabalho subordinado — ele, filho oriundo da burguesia, que nunca teve problemas de dinheiro, nem trabalhou a serviço de alguém, a não ser bem jovem, em barcos. O fracasso de Manet era inevitável — e isso faz parte do conteúdo de verdade do quadro. A crise da pequena produção semiartesanal e dos serviços de bairro é então provocada por vários fatores: a destruição do tecido urbano tradicional pela reforma de Haussmann; a generalização do assalariado na manufatura e na grande indústria, o comércio, os espetáculos de massa e a burocracia do Estado e dos negócios. Ela modifica profundamente as relações sociais da segunda metade do século XIX francês. Como nota David Harvey:

> "O exemplo e a liderança política dos trabalhadores artesãos inegavelmente definiram os rumos do mercado de trabalho parisiense na década de 1840 e estavam no centro do movimento dos trabalhadores de 1848. Eles eram o grupo contra o qual a associação de capitais tinha de lutar. O Segundo Império viu a redução do controle dos mercados de trabalho por parte dos trabalhadores artesãos. Viu também a redefinição das qualificações [...], quando a produção passa pela crescente divisão técnica e social do trabalho em direção à produção maquinal e fabril. Em algumas indústrias, as habilidades artesanais foram eliminadas e substituídas por habilidades especializadas dentro da divisão técnica do trabalho. Em outras, os operadores das máquinas substituíram os trabalhadores artesanais. Algumas das habilidades especializadas que surgiram das transformações do processo de trabalho eram monopolizáveis, mas outras eram relativamente fáceis de reproduzir. [...] a tendência era a desqualificação e o uso de habilidades facilmente reprodutíveis em sistemas de produção massificados de qualidade inferior [...]. O limite entre o qualificado e o não qualificado tornou-se mais difuso."[54]

A exploração muda de escala, torna-se mais anônima e sai da experiência vivida das classes altas, liberadas, então, das tarefas indignas pela multiplicação dos intermediários. Em Manet, a iconografia da miséria humana se restringe ao registro da atonia. A revolta, a reação afetiva, passa para o registro mais inconsciente da feitura, do índice. É no nível do gesto produtivo que Manet radicaliza sua oposição ao gesto produtivo do trabalhador assalariado: lá onde se situa o eixo da isotopia que a

---

[54] David Harvey, *Paris, capitale de la modernité*, Paris, Les Prairies Ordinaires, 2012, pp. 274-5 [ed. bras.: *Paris, capital da modernidade*, tradução de Magda Lopes, São Paulo, Boitempo, 2015].

semântica estrutural exige das oposições significativas. E é somente nesse nível que aparece a ruptura das classes. Quanto ao resto, quanto ao que não diz respeito às condições de trabalho, Manet permanece fiel ao conceito de modernidade caro a Baudelaire.

F. Acabamento

Atrás das imagens de Suzon, de Manet, de nós, atrás da fileira de nossos outros mascarados, condensados na imagem "real" de Suzon/máscara, há o olhar... Mas não o olhar de Suzon, ligeiramente desviado, como se ela reconhecesse sua insuficiência no papel do outro de Manet, ao qual ela não pode fornecer a imagem especular desejada. Mas o olhar perplexo e desolado de todos nós. Paradoxalmente, como não consegue modelar objetivamente o outro do sujeito buscado (ele mesmo), Manet revela a inconsistência do sujeito da modernidade (talvez não haja outro). Como aponta Franck Fischbach:

> "[...] nas condições modernas (ou seja, capitalistas ou 'burguesas') de produção, essa produção de si como sujeito é exatamente o inverso de uma conclusão, de uma realização. 'Na economia burguesa', escreve Marx, 'e na época da produção à qual ela corresponde, essa completa elaboração da interioridade humana aparece, ao contrário, como um completo esvaziamento e essa objetivação universal como total alienação (*Entfremdung*).' É esse, portanto, o paradoxo fundamental da modernidade capitalista: jamais a interioridade humana foi a esse ponto cultivada, formada, jamais ela foi tão expressa e exteriorizada na objetividade, e jamais a objetividade foi a esse ponto formada, transformada, modelada pelos homens. Mas essa expressão de si dos homens por objetivação deles mesmos se deu como *Entäusserung*, ou seja, na forma da completa separação entre aquele que se exprime e aquilo em que ele se exprime, se objetiva e se realiza: a expressão se tornou desexpressão, a realização, desrealização e a objetivação, desobjetivação. O que significa que a objetivação, a realização de si só se manifestam plenamente na forma do 'esvaziamento' do próprio Si, e, portanto, como o engendramento do Si na forma da mais total abstração de todo conteúdo, como sujeito fechado sobre uma in-

terioridade subjetiva absolutamente vazia pois absolutamente separada não somente dos resultados, mas também das condições de sua própria objetivação e de sua própria realização."[55]

"O esvaziamento" da garçonete pela negatividade implícita ao mergulho de Manet traduz, involuntária mas necessariamente, esse processo. A eliminação sistemática do menor vestígio de subordinação na produção de Manet inverte-se em hipóstase da negação, em negação absoluta. Paradoxalmente, essa negação provoca o mesmo resultado que o que ela procura negar. A aversão, a repugnância crescente da arte contra o preestabelecido, contra tudo o que é prescrito, contra todo caminho traçado de antemão desemboca no mesmo "esvaziamento" da coerção na nova organização produtiva sobre o trabalho.

Essa convergência surpreendente entre o trabalho social absolutamente subordinado e o trabalho que se quer "livre" na arte de Manet contém, potencialmente, a superação de ambos. Ainda segundo Fischbach:

> "Essa existência (apenas) subjetiva do trabalho separado de todas as condições objetivas de sua própria realização [...] levara Marx à ideia do 'trabalho como a pobreza absoluta'. E compreendemos agora como essa pobreza absoluta pode ser invertida em seu contrário: é o próprio uso que o capital faz da potência de trabalho — uma vez que ele pôs a mão sobre ela — que atesta que ela é também o inverso da pobreza absoluta, a fonte de toda riqueza [...] então o trabalho aparece como 'a fonte viva do valor', e ele que é 'a pobreza absoluta como objeto' aparece como sendo também e ao mesmo tempo 'possibilidade universal da riqueza como atividade' [...]."[56]

Um bar no Folies Bergère, assim, para além de sua cobertura aparentemente frívola, ainda dandista, de seu clima melancólico de adeus, pela coerência de sua construção, anuncia o que só se tornará consciente no início do século seguinte com o Cubismo das colagens. Até essa tomada de consciência (que o anúncio de outro tempo histórico abre e fecha imediatamente), o duplo esvaziamento vai se acentuar ainda mais.

---

[55] F. Fischbach, *Sans objet. Capitalisme, subjectivité, aliénation, op. cit.*, pp. 192-3.

[56] *Idem, ibidem*, p. 190.

Enquanto as artes plásticas não rompem a mandorla que as isola do resto da produção social, enquanto elas não voltarem à sua fratria original das artes, sua rebelião permanecerá inofensiva, e servirá até mesmo o contrário do visado por seu próprio fundamento. Em pouco tempo, o modernismo poderá entrar em cena.

8

Balizas em desordem (restos)

A.

Dois anos antes de *Um bar no Folies Bergère*, Manet pinta o asparguinho, uma de suas obras mais populares. Alguns críticos protestam: mera curiosidade desimportante, dizem. Não concordo.

É conhecida sua origem. Um banqueiro russo e colecionador curioso, Charles Efhrussi, comprou *Feixe de aspargos* (Wallraf-Richartz Museum, Colônia, 1880) diretamente de Manet. Preço: oitocentos francos, uma bagatela comparado com o dos acadêmicos em moda. Sem trocado, deu uma nota de mil francos a Manet e levou a obra. Manet então, para não ficar por baixo, pintou um asparguinho solitário, *O aspargo* (Museu d'Orsay, Paris, 1880), e o enviou ao banqueiro com um bilhete: "il en manquait un à votre botte" ["faltava um no seu feixe"].

A telinha é minúscula, 16,5 x 21 cm, um pouco mais que meia folha A4. Não precisamos de muita distância para examiná-la: sua fatura, portanto, permanece clara. Nenhum truque de *métier*: nada de pátinas, veladuras, brio do pincel, *tour-de-main* ou modelados de virtuose. Não é um *morceau-de-bravoure*, um destes detalhes aparentemente desleixados, destinados a apregoar "distraidamente" a sabedoria e a habilidade do mestre. Ou, pelo menos, não é só isto. Nenhuma astúcia a sugerir mistério do ofício, avatar do segredo corporativista, maquia a prática em magia. O asparguinho, ao contrário, diz como foi feito. Explicita o andamento da pintura, desde a preparação do fundo até a construção da forma por pinceladas ora carnudas, ora transparentes. Matéria, cor, tom, movimento do pincel combinam-se sob a intenção representativa sem abdicarem de si, sem ocultamento ou subserviência. Cada pormenor mantém o equilíbrio entre representação e autoapresentação. Ainda a moral kantiana: nada deve ser meio sem ser também fim. Por exemplo: o fundo rosa/cinza penetra na parte central superior do aspargo, não desaparecendo sob ele. Um toque alongado de branco restabelece o contorno. Mas suas duas extremidades evanescentes não o completam, resguardando a passagem que repõe a igualdade original entre o legume que avança e o suporte feito fundo. A sugestão espacial não elimina o plano em que se inscreve, deixando evidente o percurso produtivo. As veias do mármore assim como a sombra do aspargo não disfarçam serem pegadas do movimento da mão: podemos distinguir o ponto de ataque do pincel e seu escorregar afunilando a tinta. As cores, graças a um curto giro do pincel, explicam sua composição a partir das que saem "puras" dos tubos. A fatura didática conta suas motivações e seu encadeamento ao mesmo tempo fiel ao que representa e à exposição de sua feitura. A mão do artesão dá densidade material à dança especulativa da razão plástica. O asparguinho ocupa a parte inferior da tela, deixando a maior área para o mármore. Nossos hábitos culturais apoiados em automatismos sensoriais nos fazem associar conteúdos diversos aos diferentes posicionamentos das formas no campo plástico. Sua parte inferior evoca o universo telúrico, com nascimento à esquerda e morte à direita. Em quase todas as representações do Juízo Final, a ressurreição ocupa o lado esquerdo inferior e o Inferno o direito. Nosso legume evolui contra a corrente, pois sabemos que cresce na direção de sua ponta verde/violeta. Escapa da sombra final, volta às origens. Acima dele, até o limite superior onde pomos fantasia e espírito, sobre o rosa/cinza o ritmo lento de pinceladas marolentas verde/terra. Lá no topo direito, um saltitante M de Manet, na zona do fim dos tempos e máxima realização: está feliz. Nesta leitura, o leguminho indica esperança. Entretanto, nada nos impede de ler o inverso: neste caso, ele abandona as alturas, cai quase até o limite inferior e escorrega para fora do campo e um vazio escuro. Não há leitura unívoca em Manet. Bourdieu, aliás, implica com a conotação hermenêutica de "leitura". Acho que tem razão. O regime das artes plásticas não é textual.

O asparguinho é uma espécie de sinopse de um excelente curso elementar de pintura. É quase intemporal. Ensinar faz parte da arte enquanto *ars*. (Confirmando o que diz Benjamin sobre o artista enquanto produtor e quase desmentindo Kant, que afirma que o artista em princípio não pode ensinar sobre o que faz porque não sabe por que o faz. Mas Kant fala de arte separada e não da *ars*.)

B.

"Quando, liberado dos cuidados da criação, Manet conversa no ateliê com um amigo, sob a claridade das lâmpadas, este brilhante conversador expõe o que entende por pintura, os novos destinos que lhe são reservados, como e por que pinta por irresistível instinto e como pinta [...]."

Stéphane Mallarmé, "Les impressionnistes et Manet, 1876"

"A participação das camadas sociais até então ignoradas pela vida política da França é um fato que honrará o fim do século XIX. Um paralelo se encontra nas artes [...]."

S. Mallarmé, "Les impressionnistes et Manet, 1876"

"Nesta hora, crítica para a espécie humana, onde a natureza deseja funcionar por ela mesma, ela exige de alguns de seus amantes — homens novos e impessoais, em comunhão direta com o espírito de seu tempo — desatar os entraves da educação e deixar a mão e o olho agir à sua guisa, a fim de revelar-se por seus cuidados. Pelo simples prazer? Não, mas para exprimir-se ela mesma, calma, nua, familiar, aos novos vindos de amanhã, cada um dos quais consentirá em não ser senão uma unidade desconhecida na potente multidão de um sufrágio universal, e para pôr em seu poder novos meios, mais concisos, de observação. É bem assim que aos capazes de ver aí [em Manet e os impressionistas] a arte representativa de um período que não pode se isolar da vida política e industrial igualmente característicos, deve aparecer a significação do gênero de pintura que acabamos de discutir e que, bem que marcando uma etapa da arte universal, se manifesta particularmente na França."

S. Mallarmé, "Les impressionnistes et Manet, 1876"[1]

"*J'ai, dix ans, vu tous les jours mon cher Manet* [...]." Durante dez anos, todos os dias, Mallarmé visita Manet — e discute, vê, ouve. Quando escreve o texto citado acima, há três anos o frequenta. Não diria nada que Manet desaprovasse. No seu registro encrespado, Mallarmé condensa o que ouve: não somente o que Manet "entende por pintura", mas também "os novos destinos que lhe são reservados". "A participação de camadas sociais até então ignoradas pela vida política da França" conduzirá, entre outras coisas, a profundas modificações nas artes plásticas.

---

[1] Stéphane Mallarmé, "Les impressionnistes et Manet, 1876", in *Écrits sur l'art*, Paris, Flammarion, 1998, pp. 308 e 322.

Balizas em desordem (restos)

Para tanto, há que "desatar os entraves da educação e deixar a mão e o olho agir à sua guisa" etc. T. J. Clark termina seu livro sobre Manet citando, com uma sombra de sorriso condescendente, esta mesma passagem de Mallarmé. Quis, entre minhas balizas menores, incluí-la mais uma vez. Juntá-la com a declaração de Van Gogh: "[...] em minha condição de pintor e operário" (carta a Théo nº 577) e seu projeto de ateliê coletivo em Arles. E aproximar as duas, sobre o fundo do asparguinho, das esperanças neoimpressionistas.

C.

> "O que é social na arte, é seu movimento imanente contra a sociedade e não sua tomada de posição manifesta."
>
> Theodor W. Adorno, *Théorie esthétique*[2]

Poucos artistas antiacadêmicos participam ativamente de movimentos políticos e profissionais. Entre a falência da Academia e a maturidade do sistema substitutivo, o dos marchands e dos críticos, corre um período de relativa soltura do meio das artes plásticas que vai dos neoimpressionistas às primeiras *avant-gardes*. Sem amarras, os artistas aproximam-se em arranjos frouxos, de contorno aberto e maleável, assim mesmo relativamente operantes, como o Salão dos Recusados ou o dos Independentes. Esta informalidade de transição custará caro às artes plásticas, já indicamos.

Signac e os neoimpressionistas foram os que mais participaram em movimentos coletivos. Signac animou e presidiu entre 1908 e 1934 a Société des Artistes Indépendants, fundada em 1884. Reúne os neoimpressionistas pontilhistas e teoriza sua prática. Com Cross, estimula os futuros *fauves*, entre os quais Marquet e Matisse. Sua influência pode ser avaliada pela difusão de sua fatura, um pontilhismo feito de pequenos retângulos coloridos: Matisse, Vlaminck, Derain, Braque e Picasso o adotam em alguns momentos. É conhecida a estreita vinculação de Signac, Pissarro, Cross e outros neoimpressionistas com o movimento anarquista.[3]

---

[2] Theodor W. Adorno, *Théorie esthétique*, Paris, Klincksieck, 1989, p. 288.

[3] Ver Eugenia W. Herbert, *The Artist and Social Reform (1885-1898)*, New Haven, Yale University Press, 1961; John G. Hutton, *Neo-Impressionism and the Search for a Solid Ground: Art, Science and Anarchisme in Fin-de-Siècle France*, Baton Rouge, Loui-

Mesmo se outros artistas não militaram como eles, lembremos que "[...] a partir dos anos 1880, o essencial da 'juventude artista e pensante', como se dizia, declarava-se anarquista".[4] Passado o período dos atentados depois de 1895, com o desenvolvimento do sindicalismo e da imprensa anarquistas, a relação dos intelectuais com os libertários estreitou-se ainda mais. Esta vinculação não nos parece hoje tão evidente pois são raras as obras de arte que a explicitam no plano do conteúdo manifesto. Os artistas, lucidamente, recusam ilustrar ou representar temáticas revolucionárias e propõem outro tipo de relacionamento: "O pintor anarquista não é o que representa quadros anarquistas, mas o que, sem se preocupar com o lucro, sem desejar recompensas, lutará com toda sua individualidade contra as convenções burguesas e oficiais através de sua contribuição pessoal. O tema não é nada [...] não mais importante que os outros elementos, cor, desenho, composição".[5]

Se o tema das obras não é particularmente anarquista (fora exceções bastante ruins), a plástica neoimpressionista pretende corresponder a seus princípios: as pinceladas de cores puras podem ser interpretadas como individualidades distintas, livres, vibrando em sua especificidade; a harmonia do conjunto, criada pelo contraste simultâneo e a dinâmica dos contrários, seria a transposição da harmonia social obtida pela colaboração dos indivíduos associados. A inspiração em Fourier é evidente. "O princípio anárquico [...] introduz-se no coração da estética cromática [...] no contexto do entorno anarquista do Neoimpressionismo, a 'analogia dos contrários e semelhantes' toma coloração política [...] a doutrina da harmonia que Seurat e Signac em seguida reivindicam é bem uma doutrina estética, mas ela contém também a ideia de harmonia social."[6]

Não devemos generalizar o exemplo dos neoimpressionistas. Mas a adoção de princípios libertários, os mais contundentes e divulgados na

---

siana State University Press, 1994; *La Revue du Musée d'Orsay: Neo-Impressionnisme et Art Social*, primavera de 2001; Kristin Ross, *L'imaginaire de la Commune*, Paris, La Fabrique, 2015; Olivier Besancenot e Michael Löwy, *Affinités révolutionnaires. Nos étoiles rouges et noires*, Paris, Fayard/Mille et Une Nuits, 2014.

[4] Philippe Oriol, "Au temps d'anarchie", *La Revue du Musée d'Orsay: Neo-Impressionnisme et Art Social, cit.*, p. 58.

[5] Paul Signac *apud* P. Oriol, "Au temps d'anarchie", *La Revue du Musée d'Orsay: Neo-Impressionnisme et Art Social, cit.*, p. 61.

[6] Georges Roque, "Harmonie des couleurs, harmonie social", *La Revue du Musée d'Orsay: Neo-Impressionnisme et Art Social, cit.*, pp. 66 e 69.

Balizas em desordem (restos)

resistência à subordinação do trabalho, mais a recusa de temática militante (por onde poderia infiltrar-se de novo a heteronomia da *idea*, inaceitável para os adeptos da autogestão anarquista) e a liberação dos meios de produção artísticos de qualquer tutela autoritária ou tradicional, são características de todos os artistas que romperam de vez com a Academia. A arte adere à pulsação libertária da hora.

D.

> "Eis como o trabalho industrial desenvolve-se até tornar-se totalidade: procedimentos que se assimilam aos da indústria propagam-se seguindo uma necessidade econômica nos domínios da produção material, da administração, na esfera da distribuição e no que se chama cultura."
>
> Theodor W. Adorno, *Société: intégration,*
> *désintégration. Études sociologiques*[7]

Em 1896, em sua última crônica sobre os salões de artes plásticas, Zola fala de sua surpresa diante do sucesso, mesmo entre acadêmicos, do Impressionismo.[8] Relembra as batalhas iniciadas trinta anos antes, a galhofa geral diante dos quadros de seus amigos, os repetidos escândalos. Viravolta quase completa, os antigos marginais começando a viver razoavelmente de suas obras — ou mesmo muito bem, como Monet. Zola poderia alargar sua observação e incluir entre os novos admiradores do Impressionismo os milhares de amadores e profissionais que adotam por todos os cantos do planeta alguma variante de sua plástica. Temos que admitir: há alguma coisa na prática impressionista que responde a carências elementares e generalizadas. Certo, Paris impõe sua moda internacionalmente — mas raramente com este vigor. A técnica elementar mobilizada pelos impressionistas, majoritariamente autodidatas, sua preferência pelo esboço e pela aparência da feitura, pelo trabalho pouco mediatizado e o ataque direto constituem um bloco de reações ao alcance de quase todos que convergem contra os "procedimentos que se assimi-

---

[7] Theodor W. Adorno, *Société: intégration, désintégration. Études sociologiques*, Paris, Payot, 2011, p. 93.

[8] Émile Zola, "Peinture", *Mon Salon — Manet*, Paris, Flammarion, 1970, pp. 371-7.

lam aos da indústria" e que "se propagam" por toda a trama das atividades sociais. Tornam-se uma espécie de remédio caseiro contra a agressão contínua e progressiva dos mecanismos da subordinação real. Remédio caseiro que pode atenuar sintomas — mas que dificilmente cura.

E.

No apagar do século XIX, o germe libertário introduzido por Manet e os impressionistas parece forçar todos os limites que estruturavam até então o campo moribundo das artes plásticas. Não subsiste nenhuma das categorias que tradicionalmente, desde o século XV, delimitavam o exercício válido e reconhecido socialmente do *métier*. Mimese, composição, coerência, adequação, equilíbrio, observação, *idea* exterior — e técnica, *savoir-faire*, experiência etc., tornam-se alvos de agressão destruidora. Numa constelação heterotópica e heterogênea, forças desaparelhadas precipitam-se numa irrupção de descontentamento que solapa as bases do que foi a aura das artes plásticas fetichizadas. Como se houvesse algo de podre no reino das musas.

> "A pressão do ar, do elemento universal, começando de alguma maneira a se modificar, torna os homens sedentos de água, desconfortáveis. Eles não sabem o que lhes falta, e, para se reconfortar, cavam cada vez mais alto, com a ideia que melhorarão sua situação inferior. A crosta se faz transparente [...]."
>
> Georg W. F. Hegel, *Le premier système. La philosophie de l'esprit (1803-1804)*[9]

"Eles não sabem o que lhes falta e, para se reconfortar, cavam cada vez mais alto [...]": Fauvismo, batizado em 1905, Expressionismo, em 1905 também, e Cubismo, em 1907, cavam, escavam, desmontam, retiram o aparato do que fora a arte. Mais que a destruição de um espaço, como a descreve Pierre Francastel, a explosão provoca mudança de universo. Nos poucos anos que separam o asparguinho modelar, a esperança lírica de Mallarmé/Manet, o sucesso espantoso do Impressionismo, as

---

[9] Georg W. F. Hegel, *Le premier système. La philosophie de l'esprit (1803-1804)*, Paris, PUF, 1999, p. 42.

Balizas em desordem (restos)

antecipações ingênuas dos artistas próximos do anarquismo e a ruptura violenta da aurora do século XX, numa aceleração típica das vésperas de esperada revolução, amadurecem quase da noite para o dia as condições para um salto enorme no qual o que surgirá redeterminará inteiramente a compreensão da história de seu próprio advento. Entre o asparguinho e o que vai surgir há um abismo atravessado como num relâmpago.

9

O Cubismo Analítico entre 1912 e 1914

> "[...] resolvido a não fazer nada do que é preciso fazer [...]."
>
> Arthur Rimbaud, carta a Paul Demeny, 17/4/1870

> "[...] o espírito que se forma amadurece lenta e silenciosamente até sua nova figura, desintegra fragmento por fragmento o edifício de seu mundo precedente [...] este esfacelamento contínuo que não alterava a fisionomia do todo é bruscamente interrompido pelo levantar do Sol que, num relâmpago, desenha de uma só vez a forma do novo mundo."
>
> Georg W. F. Hegel, *Phénomenologie de l'esprit*[1]

> "A roupa de operários não situava somente Braque e Picasso [...] fora da convenção burguesa; ela demonstrava a consciência — ou o desejo — de serem 'manuais'. O pintor declarava que ele não era nada mais que um trabalhador, um fabricante de objetos, mesmo se de uma espécie um pouco particular. O acesso da pintura ao nível das artes liberais, para o que tanto esforço foi dispendido para estabelecer na Renascença e para manter na Idade Clássica, anula-se para voltar à noção medieval de *ars mechanica*."
>
> André Chastel, "Braque et Picasso 1912: La solitude et l'échange"[2]

A onda obscura, subterrânea e demolidora que avança inexoravelmente desde Courbet e Manet, afastando-se cada vez mais do classicismo, atinge seu auge e seu ponto de ruptura entre 1912 e 1914: irrompe o Cubismo Analítico do período hermético. Falo da produção mais radical de Braque e Picasso, a dos papéis colados e das efêmeras esculturas em papelão, arame, cordas e folhas de metal. Para muitos artistas e crí-

---

[1] Georg W. F. Hegel, *Phénomenologie de l'esprit*, 2 vols., Paris, Aubier-Montaigne, 1939-41, p. 12.

[2] André Chastel, "Braque et Picasso 1912: La solitude et l'échange", in *Fables, formes, figures*, Paris, Flammarion, 1978, tomo II, p. 425.

ticos, constitui o ápice insuperável da modernidade. "[...] as primeiras construções-colagens de Picasso [são] as mais radicais e 'revolucionárias' de todas as inovações artísticas do século XX", afirma Clement Greenberg.[3] "*O violão* [Pablo Picasso, Museum of Modern Art, Nova York, 1914, fig. 21] é provavelmente um dos gestos mais radicais na escultura em todo o século", declara Richard Serra.[4] Sintomaticamente este cume radical e revolucionário permanecerá quase desconhecido por muito tempo: "As imagens das construções cubistas de Picasso no número 18 das *soirées* de Paris serão os únicos documentos visuais destas obras-primas da história da arte moderna até o surgimento do livro de Daniel-Henry Kahnweiler, *As esculturas de Picasso* (1949), com fotografias de Brassaï"![5] Este encobrimento (talvez provocado pelo próprio Picasso) mereceria uma análise especial. Num aparente paradoxo, as obras que marcam a ruptura revolucionária de uma tradição inaugurada há mais de quatro séculos são praticamente desconhecidas por seus contemporâneos. Seu potencial transformador torna-se inoperante no mesmo momento em que estas obras emergem. É preciso voltar a este paradoxo, provavelmente uma defesa ou denegação diante de seu potencial revolucionário.

Em geral, este período do Cubismo é denominado "Sintético". Prefiro continuar a considerá-lo "analítico", no sentido proposto por Juan Gris, pois seu processo construtivo não prioriza esquemas abstratos: os elementos representativos interferem em geral desde o começo e com bastante poder determinante. De qualquer modo, esta nomenclatura, introduzida por Daniel-Henry Kahnweiler, o marchand-filósofo kantiano e objeto de muito debate (por exemplo, Yve-Alain Bois, Rosalind Krauss etc.) parece não convir precisamente para o curto período considerado neste texto. Brigitte Leal, uma das organizadoras da exposição sobre o Cubismo no Centre Pompidou mencionada acima, diz em seu artigo "Écrire le cubisme": "[...] entre 1912 e 1913, [estamos] no coração da transição analítico/sintética do Cubismo".[6] Pouco importam estas de-

---

[3] Clement Greenberg, *Estética doméstica*, São Paulo, Cosac Naify, 2002, p. 102.

[4] In Kynaston McShine e Lynne Cooke, *A Conversation with Richard Serra*, Nova York, Museum of Modern Art, 2007.

[5] Ver Ariane Coulondre, "'C'est la géométrie dans les spasmes!'. Le cubisme dans la presse (1908-1919)", in *Le cubisme*, catálogo de exposição no Centre Pompidou sob a direção de Brigitte Leal, Christian Briend e Ariane Coulondre, Paris, Éditions du Centre Pompidou, 2019, p. 250, nota.

[6] Brigitte Leal, "Écrire le cubisme", in *Le cubisme*, *op. cit.*, p. 237.

[fig. 21]
Pablo Picasso, *Violão*, 1914, folha de metal e fio de ferro, 77,5 x 35 x 19,3 cm, Museum of Modern Art, Nova York.

nominações flutuantes. Continuaremos usando Cubismo "Analítico" para as obras que estudaremos aqui.

A. Preâmbulo: o salto

Entre *O acordeonista* (Solomon R. Guggenheim Museum, Nova York, 1911) [fig. 22] e *Garrafa, copo e violino* (Moderna Museet, Estocolmo, 1912-13) [fig. 23], ambos de Picasso, há salto, ruptura, descontinuidade. Mudança de universo.

O acordeonista conclui um percurso. Um esqueleto de linhas contrabalançadas entre si contrasta com a multidão de pontinhos retangula-

[fig. 22]
Pablo Picasso,
O acordeonista,
1911, óleo sobre
tela, 130,20 x
89,50 cm,
Solomon R.
Guggenheim
Museum,
Nova York.

res numa monocromia ocre. Ainda a trama linear "arquitetônica" de Cézanne, mas subdividida em traços bem menores, como se procurasse ir ao encontro da vibração das pinceladas — as quais, num movimento inverso, tornam-se mais engomadas, disciplinadas segundo o exemplo de Seurat ou Signac, parecendo tijolinhos bem assentados em camadas horizontais. Divagando um pouco, poderíamos sugerir que Picasso fez a comparação que fizemos e deu às suas pinceladas a corporeidade, a regularidade e a cor de tijolos em escala de maquete. A figuração, como nas últimas aquarelas de Cézanne, é tão sumária (as dobras do acordeão) que

[fig. 23]
Pablo Picasso, *Garrafa, copo e violino*, 1912-13,
colagem sobre papel, carvão vegetal e grafite, 47 × 62 cm,
Moderna Museet, Estocolmo.

seu primeiro proprietário pensava tratar-se de uma paisagem, o que não espanta se compararmos esta tela com a intitulada *Paisagem de Céret* do mesmo museu, do mesmo ano e também em ocre. Os dois quadros fazem parte de um conjunto de obras "cristalinas" executadas em Paris e, durante os verões, na Horta de Ebro (1909), em Cadaqués (1910) e em Céret (1911). Braque, no mesmo período, produz obras extremamente semelhantes, em particular as feitas em La Roche-Guyon. Este conjunto constitui a última etapa do período no qual os dois radicalizam até quase a abstração um dos procedimento de Cézanne, o descrito acima, casado com a receita pontilhista.

Resumindo, trata-se do término de um longo processo acelerado por Manet e pelos pintores antiacadêmicos no fim do século XIX: o do recuo do "absorvimento" estudado por Michael Fried. Ou ainda, o processo de destruição do espaço ilusionista descrito por Pierre Francastel. A plástica acadêmica, ao contrário, atinge no mesmo momento o extremo do realismo "fotográfico" (com Bouguereau, Cabanel, Gérôme, Giacomotti etc.) e de seu corolário, a denegação total dos meios e dos passos da produção. "Absorvimento" e ilusão atraem ainda as instâncias dominantes: eles coadunam com o recato dos bons costumes. A reação contra a Academia prossegue com a interiorização da *idea* na produção, a causa, o motivo exterior da representação repudiada. A interiorização da *idea* afasta ou pelo menos atenua a prescrição (mesmo interior, do pintor para si mesmo, o deslize neoimpressionista) ou qualquer outro impulso teleológico. A pintura mergulha em si mesma e acata o imprevisto com menos resistência. Ela aviva o injustamente esquecido e esmorece as antigas censuras. A citação torna-se variante e auxiliar da interiorização ao preservar a forma mais que o sentido. Mas este mergulho, por outro lado, angustia, assusta: a *idea* interiorizada é ainda uma incógnita. Os sistemas ensaiam, simploriamente, atenuar a apreensão. Ensaio que conduz também à desespacialização, velha pista pré-histórica para conjurar o desconhecido. Pouco a pouco o ritmo e a extensão desta repulsa polimórfica se acentuam. Até um ponto em que o percurso predominantemente autodestrutivo atinge um nível de crispação extremo. As deformações anti-"fotográficas" cada vez mais violentas a partir das *Demoiselles d'Avignon*, hachuradas com pinceladas gritantes e desaforadas, logo desembocam na monocromia quase abstrata e amargurada da fase cristalina.[7] O impasse exige ruptura drástica: o Cubismo das colagens.

> "A crosta se faz transparente, um (entre eles) vê e se exclama: 'água' — e arranca a última camada — e o lago se engolfa no interior, e os afoga, dando-lhes água. Assim a obra de arte é a obra de todos, é um entre eles quem a completa, quem a faz atingir a luz do dia, porque é o último a trabalhar nela; e este é o bem-amado de Mnemosine."
>
> Georg W. F. Hegel, *Le premier système.*
> *La philosophie de l'esprit (1803-1804)*[8]

---

[7] Museum of Modern Art, Nova York, 1907; ver também Brigitte Leal, *Picasso. Les Demoiselles d'Avignon. Carnet de dessins*, Paris, Éditions de la Réunion des Musées Nationaux, 1988.

[8] Georg W. F. Hegel, *Le premier système. La philosophie de l'esprit (1803-1804)*, Paris, PUF, 1999, p. 42.

Quase num repente, Braque e Picasso "arranca(m) a última camada — e o lago se engolfa no interior". No Cubismo cristalino os extremos que se afastaram ao máximo no Neoimpressionismo procuram tensamente reencontrar o termo mediador, o prenunciado pelo turbilhão da produção final de Van Gogh e Cézanne. O engolfamento carrega muito do que o lago já continha — a evidência dos traços, o recorte geométrico das formas, os momentos de aparição do suporte, a figuração mínima etc. Mas o pulo, a *Aufhebung*, metaboliza tudo numa outra constelação.

Entre as duas telas quase contemporâneas (*O acordeonista* e *Garrafa, copo e violino*) acontece a mudança de universo.

A.1. "Planaridade" ou suporte

O Cubismo de 1912-1914 abandona de vez o espaço clássico de representação. Elimina seus últimos restos ainda veiculados pelo Fauvismo, pelo Expressionismo e as primeiras fases do próprio Cubismo. Entre as *Demoiselles d'Avignon* e, por exemplo, *Cabeça de homem com cachimbo* (Museum of Modern Art, Nova York, 1911), ambos de Picasso — mas observação idêntica vale para Braque —, o espaço clássico encolhe, até que a superfície do quadro aflore sem mais rodeios. A maioria dos críticos reconhece isto — e empaca, como se este reconhecimento bastasse. A "planaridade" ainda somente tendencial detectada em Manet atingiria agora sua maturidade — ou quase, segundo alguns (Georges Bataille, Clement Greenberg, Michel Foucault etc.). A guinada histórica parece depender exclusivamente de evolução interna. Esta é, veremos, a tese de Greenberg, em parte convincente. Mas em parte somente. Desconhece o movimento dialético profundo e quase sempre inconsciente da negação determinada. A oposição histórica e estrutural das artes plásticas ao trabalho subordinado (esquematicamente: os artistas trabalham cada vez mais como os trabalhadores não podem trabalhar) é interiorizada por elas sob a forma de oposição ao que no próprio exercício destas artes denota subordinação. É o que explica sua aversão crescente contra a denegação da feitura e a heteronomia da *idea*. A prática das artes plásticas torna-se por isto internamente contraditória. Elas se voltam vigorosamente contra sua própria história, contra a encomenda exterior do mecenas, o espaço fictício que implica denegação da feitura etc. O plano hipostasiado, ou melhor, a "planaridade" fetichizada, nada mais é que o plano de trabalho, o suporte sobre o qual o artista exerce seu fazer. Seu fazer

O Cubismo Analítico entre 1912 e 1914

que agora quer se pôr como radicalmente insubordinado: quer mostrar-se e ocupar-se somente de si. *A emergência do suporte, do plano de trabalho* (e não da "planaridade") *revela finalmente o que a partir de Manet já está implicitamente despontando: o reconhecimento das artes plásticas como trabalho semelhante aos outros — mas autodeterminado, o que faz enorme diferença. Esta autodeterminação faz delas, objetivamente, a negação determinada pelo que nega exemplarmente* (como exemplo) *em sua feitura: a prescrição exterior ao momento produtivo material. Esta atitude das artes plásticas, pressuposta desde o Renascimento, somente agora, com as colagens de Braque e Picasso entre 1912 e 1914, é posta explicitamente. Posição contemporânea da generalização da heterodeterminação dos trabalhos na produção social, da hegemonia da subordinação real.* Ao parecer ocupar-se somente de si, as artes plásticas mais do que nunca ocupam-se com o mundo à sua volta: elas se põem ostensivamente, quase exageradamente como trabalho que leva ao extremo sua "liberdade", sua extrema autonomia, precisamente no mesmo momento em que os outros trabalhos sociais são esmagados pela irrupção de sua subordinação real também levada ao extremo por sua organização dita científica. A simultaneidade destes movimentos inversos é a prova da relação profunda, recíproca e de oposição entre artes plásticas e trabalho social.

A.2.

Alguns críticos percebem claramente isto:

"Basta-me [...] ver o trabalho, é preciso que vejamos o trabalho, é pela quantidade de trabalho fornecido pelo artista que medimos o valor de uma obra de arte [*sic*!]."[9]

"[...] a colagem era a consequência lógica da maneira segundo a qual os cubistas concebiam suas obras: como objetos

---

[9] Guillaume Apollinaire, *Les peintres cubistes*, Paris, Berg International, 1986, pp. 42-3. Apollinaire ajuda tanto quanto atrapalha, às vezes na mesma frase, como aqui. Se percebe a nova centralidade do trabalho, logo se perde: a quantidade de trabalho não tem nenhuma relação com o valor da obra de arte, tanto econômico como artístico.

autônomos e estruturados. Porque as colagens cubistas e os papéis colados são [...] exatamente isto: objetos construídos de substâncias e materiais inabituais, um protesto contra a pintura a óleo convencional [...] eles formam uma nova categoria de obras de arte totalmente distinta da pintura tradicional [...]. Do mesmo modo [...] os pedaços de papel, a areia e a serragem de madeira etc., serviam para pôr em valor a existência material dos quadros sobre os quais eram aplicados."[10]

"[...] a pintura recusa ser o espelho do mundo mas se substitui ao mundo como uma parte do próprio real."[11]

Mas não vão adiante. Assim que roçam os limites convencionais do campo devastado das artes plásticas, retornam para seu interior, reconstroem a mandorla, o círculo de ferro da aura isolante. Isto porque pôr em destaque a existência material dos quadros implica colocá-los em plano de igualdade com os outros produtos materiais da sociedade, os não artísticos, vê-los como um "produto fabricado" (expressão aplicada à obra de arte na época) semelhante a todos os outros. O que, por sua vez, permite compará-los e determinar seus traços diferenciais. Para o que nos importa aqui, estes traços podem ser condensados num só: o trabalho que os produz é, ou radicalmente "livre", ou inteiramente subordinado. Nada mais os distingue agora, nem os materiais, nem os modos de produzir — a não ser a radicalidade desta diferença que passa à oposição ("livre" ou subordinado). Mas as consequências desta constatação são substanciais. Ao se oporem às outras produções sociais, as artes plásticas deixam de estar à parte delas. Só pode haver comparação e oposição quando os opostos pertencem a um mesmo conjunto. A observação exterior da igualdade material entre os produtos artísticos e os outros produtos sociais desce agora ao plano do fundamento, atinge a efetividade. E o discurso estético ou se desmancha no ar (caso mais frequente), ou tem que valer para todo e qualquer forma de trabalho livre (sem aspas). Esta é a "água" que "se engolfa no interior" das artes plásticas. Ela mata a sede — mas, mais tarde, afogará.

---

[10] John Golding, *Le cubisme*, Paris, René Julliard, 1965, pp. 185-6 e 220.

[11] Anne Baldassari, "De la peinture", in *Musée Nationale Picasso-Paris*, Paris, Flammarion, 2014, p. 238.

O *ready-made* de Duchamp encarna a rápida versão elitista desta constatação: para ela, não é a divisão social e desigual do trabalho que determina a separação entre arte e não arte — mas a assinatura do artista, seu livre-arbítrio, seu ego. A obra de arte aproxima-se tanto dos outros produtos sociais que pode mesmo ser um deles (o *ready-made*), mas a subjetivização do motivo da separação entre arte e não arte desarma o potencial crítico do passo cubista. A interiorização da formação da *idea* pelo processo produtivo, que a transforma em *idea* de e da produção "livre" (em vez de *idea* a ser ilustrada pelo produto), é substituída subrepticiamente por sua reexteriorização que a traslada para a vontade aleatória do artista: passa a ser *idea* totalmente indeterminada do (de) artista. Trapaça que, sob a aparência de significar coisa semelhante, inverte e desativa a força subversiva do achado cubista. Enquanto este achado repõe a arte na esfera da produção social como negação de sua subordinação real e absoluta, aquela separa novamente a arte da vida comum situando-a no plano etéreo das escolhas imotivadas. O sacrifício custoso da vocação representativa da arte a partir de Manet, temporariamente necessário para evidenciar com prioridade a exemplaridade de sua feitura autônoma, torna-se não somente inútil, mas daninho ao deixar ao ego desgarrado de qualquer critério respeitável a tarefa de determinar o que é e o que não é arte. Mas é preciso constatar: esta desativação da força subversiva do achado cubista (associada a muitas outras) teve tanto sucesso que até hoje permanece hegemônica. Duchamp tornou-se herói fundador, já que devolve as artes plásticas à sua separação aurática para a tranquilidade dos dominantes.

O incômodo da crítica diante da dimensão libertária do Cubismo de 1912-1914 é muito maior e muito mais grave que o manifestado diante de *Um bar no Folies Bergère*. Mesmo os melhores fazem piruetas para fechar de novo as artes plásticas em seu infame e abafante quintalzinho. Vejam, por exemplo:

> "Foi então que Picasso e Braque encontraram-se confrontados com um dilema único: escolher entre ilusão e representação. Se optassem pela ilusão, não poderia tratar-se senão de ilusão *per se* — uma ilusão de profundidade e de relevo tão geral e tão radicalmente abstrata do todo que ela excluiria a representação de objetos individuais. Se, ao contrário, eles optassem pela representação, deveria ser a representação *per se* — a representação enquanto imagem pura e simples, sem conotação

(senão as esquemáticas), do espaço tridimensional de onde viriam os objetos representados. Foi a colagem que esclareceu os termos do dilema: na medida em que a ilusão e a representação tinham-se tornado pela primeira vez incompatíveis, o figurativo não podia ser restabelecido e conservado senão sobre a superfície literal plana."[12]

Sem comentário. (O discurso é estranho, mas Greenberg faz observações importantes sobre o efeito de relevo que o colado sobre a superfície induz. Aparece então um espaço *en avant* no qual mesmo o detalhe em *trompe-l'oeil*, *détrompe-l'oeil*, desengana o olho enganado pela ilusão figurativa. O plano de trabalho se afirma como suporte físico onde o recorte se fixa. Não vou desenvolver aqui esta questão — mas constitui o que poderíamos chamar de contra-marca [*contre-trace*], a utilização da ilusão contra si mesma, como operador de desilusão a propósito do espaço ilusório. É o caso das peras "realistas" de *Violino e compoteira* (Philadelphia Museum of Art, 1912-13, segundo Christian Zervos; 1913, segundo John Golding e Edward Frey.)

Outra pirueta:

"Ouvimos frequentemente dizer que o gênio da colagem, seu gênio modernista, deve-se a que ela acresce — e não que ela diminui — a experiência do fundo, da superfície do quadro, do suporte material da imagem; este fundo se ofereceria enquanto tal à nossa percepção, com uma força que jamais teria manifestado anteriormente. De fato, o fundo é literalmente escondido, anulado, na colagem. Ele se integra à nossa experiência não como objeto de percepção mas como objeto de discurso, de representação. No seio do sistema da colagem, todos os outros dados perceptuais são convertidos em objetos ausentes aos quais refere um grupo de signos."[13]

Sem comentários ainda. (Mas reparem o truque da passagem da "representação" — obviamente, no caso, plástica — a "objeto de discurso".

---

[12] Clement Greenberg, *Art et culture*, Paris, Macula, 1988, pp. 89-90 [ed. bras.: *Arte e cultura*, tradução de Otacílio Nunes, São Paulo, Cosac Naify, 2013].

[13] Rosalind Krauss, *L'originalité de l'avant-garde et autres mythes modernistes*, Paris, Macula, 1993, p. 194.

O Cubismo Analítico entre 1912 e 1914

Toda a carne do signo plástico que Braque e Picasso enfatizam com areia, serragem etc., e que chama a atenção para o perceptivo como observa John Golding, desaparece nesta misteriosa "ausência". E, com ela, a instabilidade da marca, da *trace* (ou da *contre-trace*, da contra-marca), da alternância entre o imaginário e o perceptivo, a chave para a compreensão de nossa arte. A frase: "[Os] dados perceptuais são convertidos em objetos ausentes aos quais se refere um grupo de signos", aliás, convém sobretudo ao classicismo, onde ícones, índices ressemantizados e símbolos — um grupo de signos — fazem referência a "objetos ausentes" — somente "representados". Note-se de passagem que a oposição total entre a "planaridade" cara a Greenberg e o suporte "anulado e escondido" de Krauss deve muito a disputas sobre questões desvinculadas da arte.)

Ninguém discute a competência destes autores, nem a acuidade de algumas observações feitas nestes artigos. O que surpreende, entretanto, é a dificuldade (não somente deles, mas da crítica em geral) de admitir as implicações de suas próprias análises, as quais apontam o papel central da exposição sem denegações do processo da feitura. Por que esta súbita irrupção dos componentes mais elementares da produção na superfície do quadro, componentes até então modestamente quase calados no serviço da representação? E por que esta irrupção ocorre agora, no término de um crescendo de seus sinais precursores? Nada, na história interna das artes plásticas, pode explicar um tal reboliço. Nem os White, nem Michael Fried, T. J. Clark, Georges Bataille, Michel Foucault ou Pierre Bourdieu, menos ainda Clement Greenberg ou Rosalind Krauss, fornecem a menor pista que justifique o que John Golding constata: o surgimento, no início do século XX, de "uma nova categoria de obras de arte totalmente distinta da pintura tradicional", as quais põem "em valor [sua] existência material", como "objetos construídos". Objetos obviamente construídos que opõem sua existência material, voluntariamente acentuada em sua singularidade, ao anonimato da mercadoria massificada pela subordinação real típica da industrialização invasora. Uma transformação tão radical pressupõe mudança também radical de fundamento.

A.3. Quiasmo: recuo da representação
e avanço da apresentação

O passo fundamental de Braque e Picasso lembra, por sua simplicidade e evidência, o ovo de Colombo: deixam de esconder que a superfície do quadro é um plano de trabalho. Isto é, superfície sobre a qual é exercido um *métier* cujo objeto imediato consiste, até então, em representar alguma coisa. Agora, passa a ser manifestar materialmente a "liberdade" produtiva radicalizada das artes plásticas. O essencial de seu achado é mais que banal — e, entretanto, revolucionário. O trabalho material pressuposto por estas artes requer um suporte: nada mais evidente. Como não há mais razão para denegar o trabalho, já que a arte reintegra a família das *ars*, não há também para esconder seus meios e procedimentos. Foram pressões sociais, cujas motivações examinamos anteriormente, que conduziram o exercício deste *métier* a um quase beco sem saída: deveria desaparecer sob a representação, denegar-se — mas não de todo, deixando uma marca (*sprezzatura* ou *non finito*, por exemplo) que atestasse tratar-se de um exercício "liberal" do *métier*. Isto é, um exercício enroscado do *métier* no qual maestria e desprezo (*sprezzo*) devem misturar-se na mesma *touche* para exibir um enfastiamento superior (= "liberal") daquele que sabe desde antes de nascer (é gênio) e há tanto tempo que se aborrece ao exercer esta sabedoria. Braque e Picasso suprimem, quase totalmente, esta denegação e, com isto, retiram "a condição de possibilidade da visibilidade do mundo representado — a diafaneidade [...] do écran plástico da representação", como diz Louis Marin, citado acima. Suprimem esta pressuposição fundamental de todo o classicismo. O écran, com eles, readquire consistência material e, em vez de diáfano, torna-se opaco, intransitivo: um real e bem concreto plano de trabalho. Eis a origem da "planaridade": a reafirmação das artes plásticas como trabalho material e de suas obras como objetos construídos. O que emerge assim na superfície e como superfície é a evidência do fundamento e, justamente por isto, do mais profundo: arte é fazer "livre".

O Cubismo de 1912-1914 altera profundamente o funcionamento semiótico da pintura. Ao afirmar ostensivamente o plano de trabalho, põe em destaque a corporeidade dos *representamens*, obviamente depositados sobre ele. Mais: a diversidade dos materiais que os constituem, voluntariamente acentuada como nota John Golding, impede que possamos reuni-los em nossa percepção numa unidade ilusória, como exige o efeito de "janela" albertiana. Sua materialidade heterogênea nos obriga a vê-los lá onde estão, postos ostensivamente sobre, em cima do suporte. Literalmente, fisicamente, estes *representamens* em vez de nos remeterem prioritariamente a alguma coisa fora deles (a representação), nos ancoram fortemente ao presente diante de nós. A enrolada ação de sapa da transitividade semântica exercido pela parataxe ou o circuito fechado das citações tornam-se antecipações da quase total intransitividade dos novos *representamens*. Intransitividade momentaneamente essencial: o que há que denotar então não é algum outro do *representamen* — mas o próprio *representamen* enquanto tal, em sua nua coisidade impermeável. Os perfis multifacetados dos incontáveis violões cubistas não são o resultado, a somatória de observações obtidas a partir de diversos pontos de vista, da tão comentada quarta dimensão jamais confirmada por Braque ou Picasso. São montagens diversas, inesgotáveis, gratuitas, de anotações feitas num sucedâneo de desenho técnico: "[...] formas executadas diagramaticamente [...]".[14]

A.4. Desdenegação e liberdade

A desdenegação associa-se naturalmente à vaga libertária que atravessa a França neste começo de século XX, vaga que procura redignificar o trabalho — a *ars* — e inverter radicalmente os avanços liberticidas da subordinação real. Este é o verdadeiro sentido do retorno à evidência do plano material de trabalho, sua conotação política. A mesma conotação libertária inscreve-se no modo de fazer, no material selecionado, na relação com o companheiro de trabalho, no modo de vestir etc. Não se trata de reflexo ou ilustração do que ocorreria lá fora, mas de postura idêntica à que o sindicalismo revolucionário propõe aos trabalhadores da produção social no mesmo momento histórico. Este é o motivo profundo da marcha a ré, da volta (anunciada somente) à *ars* da mais recente arte "liberal". Subitamente, por travessas jamais antes frequentadas (visita à arte da Oceania via retrospectiva de Gauguin em 1906, à arte negra via Vlaminck e Derain, à arte ibérica do século IV a.C., peças vindas das escavações de Osuna e do Cerro de los Santos vistas no Louvre em 1906 etc.), Braque e Picasso desembocam numa clareira onde ressoa o riso que anuncia a insuspeitada alegria possível no trabalho, profetizada por John Ruskin e William Morris. No trabalho evidentemente "livre" para poder abrir-se ao riso. À subordinação absolutizada responde, no único tipo de trabalho que escapa imediatamente a ela, o das artes plásticas, a liberdade também absolutizada. Absolutizada a tal ponto que quase elimina a mediação sem a qual corre o risco de perder-se: sua passagem por seu

---

[14] Anne Umland, *Picasso Guitars, 1912-1914*, Nova York, Museum of Modern Art, 2011, p. 24.

outro (a representação) para poder retornar a si mesma no movimento reflexivo de sua autoconstituição. Mas o risco vale a pena: é o preço passageiro do atestado de óbito da humilhante autodenegação da *ars* plástica, denegação indispensável para fanfarrear de arte "liberal", participar do privilégio da "liberdade" e aceitar assim, tacitamente, a não liberdade da maioria...

Não se trata mais de protestar, de lamentar o perdido — mas de demonstrar pelo exemplo a inversão possível desta perda em selvagem recrudescência. Possibilidade não utópica, e, acredita-se então, aberta imediatamente para todos, se a revolução chegar, como se espera... O Cubismo Analítico das colagens não é denúncia das dores do mundo — mas esquema rude e primitivo de alternativa, a primeira vanguarda, penso eu, em desacordo neste ponto com Peter Bürger.[15] *A idea interiorizada pela arte, feita agora finalidade interna após assumir várias formas distintas e quase incoerentes, exterioriza-se sob a forma de exemplo de produção radicalmente "livre" — "livre" não somente no que concerne ao produto que sai desta produção, mas sobretudo no que concerne ao produto que fica nela, ao produtor "livre". "A finalidade é interna quando o produto é [...] o próprio produtor"*, lembrando Hegel.[16]

Pela primeira vez na arte ocidental configurada na Renascença, o trabalho põe-se a descoberto, descomplexado, simples e quase elementar: fim (infelizmente temporário) do período "liberal". "[...] Os pedaços de papel, o pedregulho, a serragem de madeira etc. serviam para valorizar a existência material dos quadros sobre os quais eram aplicados."[17] O pintar, o colar ou o montar não mais preparam o próprio desaparecimento ou recursos para se encobrir. Papel pintado, recortes de jornal, letras tipográficas aderem à superfície sem disfarces. Mesmo componentes realistas: frutas (em *Violino e compoteira*, já mencionado), molduras decorativas (em *A garrafa de Vieux Marc*, Musée d'Art Moderne, Paris, 1913) etc., de Picasso, são colados, chapados contra o plano de trabalho. Greenberg nota: "A fase sintética do Cubismo [para nós aqui, analítica] [...] reintegra as imagens: ela as retira de uma profundidade fictícia e as

---

[15] Ver Peter Bürger, *Théorie de l'avant-garde*, Paris, Éditions Questions Théoriques, 2013 [ed. bras.: *Teoria da vanguarda*, tradução de José Pedro Antunes, São Paulo, Ubu, 2017].

[16] Georg W. F. Hegel, *Propédeutique philosophique*, Paris, Minuit, 1963, § 83, p. 184.

[17] Georges Braque citado por J. Golding, *Le cubisme*, *op. cit.*, p. 220.

achata contra a superfície [...]".[18] O que chamamos acima de contra-marca, o inverso da *trace* mas com efeito semelhante. Isto pode parecer secundário — mas remexe a ordem das prioridades: o fazer não sai mais de cena para que contemplemos a ostensão da *idea*, qualquer que ela seja. Permanece central, como selo do produtor.

Como o trabalho de formação plástica pode afirmar-se sem nenhuma obrigação de desaparecer ou encobrir-se e pode seguir sem desvios sua necessidade ou sua liberdade intrínsecas, o que dá no mesmo, o eventual ornamento não é mais crime — mas eco risonho do fazer feliz encantado consigo mesmo. Como ainda um tal fazer não procura a diferença pela diferença, as pinturas de Braque e Picasso tornam-se quase indistinguíveis e eles deixam por um tempo de assiná-las.[19] Esta falta de modos comerciais logo será corrigida. Como os meios (materiais e trabalho) não precisam mais desaparecer sob o representado, eles não precisam mais também se limitar aos que têm esta propriedade suicida, ou seja, aos tradicionais desde o Renascimento.

Tocamos aqui numa questão prioritária para toda a nossa análise. No momento em que as artes plásticas voltam a integrar o campo da *ars*, elas enfrentam *diretamente, imediatamente*, o mesmo contexto, as mesmas condições objetivas que o resto da produção social. Reagem portanto como reagiriam todos os *métiers* se fossem "livres" como as artes plásticas, reação diferenciada somente em função de sua especificidade produtiva. Com uma ressalva, entretanto: por constituir uma exceção, estas novas *ars* têm que radicalizar a tal ponto sua reação, manifestar um tal grau de insubordinação que há risco de não ser compreendida nem mesmo por seus pares aos quais, entretanto, deveriam dirigir-se. Lembremos, porém, que a finalidade interiorizada conduz sobretudo à formação do produtor livre — e não a um modelo qualquer de produção. A exemplaridade das artes plásticas está concentrada em torno da "liberdade" produtiva e não do produto propriamente dito. Em nossos termos: "liberdade" da feitura e não da fatura.

Se as hipóteses sugeridas até aqui — e que pretendem justificar alguns aspectos somente da história das artes plásticas — têm validade, as

---

[18] C. Greenberg, in *Art et culture, op. cit.*, p. 191.

[19] Picasso, já endeusado, desmentiu isto em 1943. Ver Brassaï, *Conversations avec Picasso*, Paris, Gallimard, 1964, p. 97 [ed. bras.: *Conversas com Picasso*, tradução de Paulo Neves, São Paulo, Cosac Naify, 2000]. Picasso disse que assinava nas costas do quadro. Não tenho como verificar.

colagens e construções de Braque e Picasso do período do Cubismo Analítico de 1912 a 1914 adquirem importância especial. Constituem um eixo de inflexão que determina a produção posterior destas artes e ao mesmo tempo reorienta, já dissemos, a interpretação de sua história passada, sua temporada entre as artes "liberais". Convém tornar isto mais preciso. Como o ângulo de análise deste estudo privilegia o trabalho material — uma exclusividade das artes plásticas — adoto a divisão mais habitual do modo de tratá-lo para organizar o que segue: produtor e meios (materiais e instrumentos). Depois examinaremos a finalidade.

B. Produtor

> "A nona (sinfonia) de Mahler é espantosa. O autor, aqui, não fala mais como sujeito. Temos quase a impressão de que esta obra tem um autor escondido, que utilizou Mahler como porta-voz. Esta sinfonia não é mais a expressão de um ego. Ela traz, por assim dizer, constatações objetivas, quase sem paixões."
>
> Arnold Schoenberg[20]

Não é irrelevante que Picasso e Braque não distingam nem assinem suas obras neste período. Tentar descobrir qual deles inventou o que indica limitação crítica, comadrice. Não há por que destacar, na lógica rigorosa do trabalho material livre, egos em disputa por hegemonia. Não é caso também de emulação: eles desenvolvem um mesmo trabalho a quatro mãos. Por um momento, são um só produtor. Um produtor coletivo compartilhado entre eles. Em tese, trabalhar materialmente em arte é pôr em relação recíproca materiais, técnicas e instrumentos numa ação construtiva particular. Esta ação pode ser mais ou menos astuciosa — mas o que a guia objetivamente é o andamento desta relação recíproca a qual, a cada passo, requer um desenvolvimento determinado, apesar de permitir escolha entre alternativas. A necessidade construtiva oferece uma gama de soluções para dada situação, entre as quais a liberdade do produtor escolhe, elevando assim a necessidade a um outro patamar no qual se repete a mesma sequência entre soluções e escolha. (Esta possibilidade

---

[20] Citado em Liliane Brion-Guerry (org.), *L'année 1913*, Paris, Klincksieck, 1973, tomo III, p. 273.

de escolha entre opções objetivas caracteriza a liberdade segundo Georg Lukács.) O objetivo, vago ou inexistente no começo, advém como resultado. Este resultado, entretanto, não é a representação de alguma coisa — mas a constituição de uma constelação entre heterotopias, uma espécie de lógica muito mais profunda e abrangente que a amarrada à estrutura da linguagem. Por isto mesmo, um dos operadores mais eficazes para formar estas constelações é nossa quase-forma, a que costura o que a psicanálise chama objetos parciais. Só que agora ela dispensa sua aliança com os baixios de nosso imaginário. Antes, enquanto miragem heterotópica da linhagem da *sprezzatura* e do *non finito*, ou seja, do grupo transgressões à homogeneidade do espaço fictício (ou à coerência pretendida da mensagem ideológica), a quase-forma pertencia ao universo das coisas potencialmente malcheirosas, provocadoras. Sua aliança com os restos dispersos de Eros desgarrado, como vimos com *Olympia*, tinha ar de convir à sua natureza escorregadia. Na nova situação, entretanto, seu poder de ligação do dissemelhante, do heterotópico, adquire outro *status*. Em vários momentos, ao seguir visualmente o desenrolar de uma forma, saltamos sem ruptura de um plano a outro ou entramos em outra figura em princípio distinta. As cores e texturas desembaraçam-se dos contornos fechados. As linhas desobedecem suas tradicionais funções delimitativas e, sem prevenir, saem dos contornos para desenhar arabescos descomprometidos. Materiais díspares solicitam modos dispersivos de percepção... E assim por diante. As quase-formas passam a ser operadores de constelação do heterotópico. Como nota Anne Umland:

> "A composição total é uma reunião pioneira, uma forma de arte na qual coisas díspares são associadas — algumas feitas pelo artista, outras não — para criar um todo visivelmente disjuntivo [...] a lisibilidade-limite das pinturas cubistas de Picasso [...] com várias superposições e entrelaçamentos de planos transparentes, temas difíceis de interpretar e um sentido de densidade permanentemente diversificada."[21]

Esta lógica do fazer autônomo tricota com facilidade a multidão de dados heteróclitos e heterogêneos que o alimentam. Ela é contrariada, na produção social, pelo funil da prescrição exterior exaustiva, característi-

---

[21] A. Umland (org.), *Picasso Guitars, 1912-1914, op. cit.*, pp. 18-9.

ca da subordinação real. Por isto — e não por qualquer outro tipo de "mensagem" ou conteúdo distinto da forma — o Cubismo das colagens deste período é a antítese precisa desta subordinação. Exalta e solta exatamente o que se tornou impossível sob a hegemonia absoluta do capital produtivo: o encanto do fazer autogerido, a fertilidade da autonomia, a variedade de seus possíveis, a imprevisibilidade do caminho e do ponto de chegada etc. Antítese que se manifesta nas intermináveis variantes que Picasso ensaia. Variantes que rompem as cercas dos *métiers*, in/diferindo (de in/diferir, não diferir) pintura e escultura — ou ainda, materiais "artísticos" e vulgares, de bom ou mau gosto.

A deambulação inevitável do mergulho no escuro multiplica os caminhos possíveis. Enterro final do mito da composição intocável, na qual nada pode ser alterado sem desastre qualitativo. Da unidade de estilo de cada pintor: o produtor autônomo não pode ser escravo de uma imagem de marca. O oposto do que será mais tarde imposto, durante o modernismo, pela mercantilização da arte, o logotipo. Nem de seu inverso pós-moderno, a obrigação de inovação permanente, outro preceito da comercialização, incoerente com a imposição precedente, a da marca única, e com a do Cubismo das colagens, onde a variação é possibilidade e não obrigação. (A manipulação do mercado, o espetáculo das trocas em que todos procuram enganar a todos, não tem nenhum compromisso com a coerência.) Picasso, no meio de sua inconstância, é capaz de elaborar dezenas e dezenas de copos, garrafas, violões diferentes com o mesmo carvão e as mesmas curvas — todas espantosamente, extraordinariamente de altíssima qualidade. Ressurge aqui, como avançamos anteriormente ao comentar a estética dos primeiros românticos, o movimento do desdobramento reflexivo: dizíamos então que o nervo da reflexão "de um objeto é, ao mesmo tempo, o devir deste objeto". As séries de variações encadeadas são, mais que desdobramentos, fluxos reflexivos que somente cessam com a exaustão das possibilidades reflexivas — ou exaustão do pintor.

A experimentação, a série e a variação abertas ao imprevisto, associadas à posição mediadora do artista atento à evolução livre/necessária do processo de formação, afastam também o mito do sujeito uno e estável, pronto para exprimir-se através da obra de arte, pressuposição quase automática de muitos críticos. Temos que repetir o já dito várias vezes. A noção de sujeito separado, ilhado em si mesmo, é a consequência da separação do indivíduo de seus meios objetivos de existência:

O Cubismo Analítico entre 1912 e 1914

"[...] antes do modo de produção capitalista impor-se, foi necessário desfazer a unidade original entre os produtores e as condições de produção; os primeiros perdendo a posse dessas condições de produção e portanto de seu 'fundo de trabalho.' [...] A existência do capital e do trabalho assalariado baseia-se nessa separação. [...] a eliminação do próprio capitalismo, ou seja, a restauração da unidade original entre os produtores e as condições de produção."[22]

A noção corrente de sujeito o opõe ao objeto: sujeito e objeto são conceitos correlatos, interdependentes. Mas somente emergem já separados quando sua unidade original é desfeita. Surgem então como abstrações em mútua repulsão/conjunção. "A existência do capital e do trabalho assalariado baseia-se nesta separação." Foi portanto a ruptura da "unidade original entre produtores e as condições de produção" a origem da oposição sujeito/objeto, como propõe Franck Fischbach.[23] Neste caso, o que ainda chamamos sujeito seria o sujeito da perda (de seu objeto). Por retroprojeção no período anterior à ruptura, o sujeito (não separado) seria então o da correlação com "seu" objeto. Por isto, para nós, somente durante a feitura a arte plástica permite lampejos de retorno do sujeito — retorno intermitente exclusivamente permitido por ela enquanto trabalho "livre". Seria conveniente limitar o uso da palavra "sujeito", reservá-la, por exemplo, à abstração oposta à de objeto. Entretanto, na outra ponta da história do capital, a de seu desejado fim sempre adiado até hoje, a "restauração da unidade original entre produtores e as condições de produção" não parece tão fácil assim. O separado pela violência deixará marcas no restaurado. A cicatriz do corte não permitirá senão *Ersatz* de restauração. Mas é inútil especular sobre o que nem sabemos se acontecerá.

A arte plástica serve de laboratório negativo, sua mais digna serventia. Após a substituição da subordinação formal pela real, o corte drástico entre trabalho vivo e meios de produção somente foi evitado parcialmente no campo das artes plásticas. Não sem razão, portanto, mais que

---

[22] Roman Rosdolsky, *Gênese e estrutura de O capital de Karl Marx*, Rio de Janeiro, Contraponto, 2001, pp. 234, 188 (para a citação de O *capital*) e 235.

[23] Franck Fischbach, *L'être et l'acte. Enquête sur les fondements de l'ontologie moderne de l'agir*, Paris, Vrin, 2002; Franck Fischbach, *La production des hommes. Marx avec Spinoza*, Paris, PUF, 2005.

nunca elas enfatizam os vestígios desta incomum "unidade original" teimosamente preservada. Na hora em que a produção social, integralmente engolida pelo capital, assiste à ruptura absoluta entre produtores (eles mesmos separados de sua própria força de trabalho por sua venda contra salário) e as condições de produção, as artes plásticas fazem destas condições o miolo, o centro de suas atenções. Braque e Picasso fazem da forma, de toda a forma, ocasiões para a amostragem das diversas possibilidades plásticas do material em função do procedimento produtivo — do esfregar, do rufar, do correr, do traçar do carvão sobre o papel, por exemplo. Exaltação dos meios dinamizados pelo gesto construtivo, pela concubinagem entre "sujeito" e "objeto", suas manifestações mais primitivas e simples. Nunca a arte "refletiu" tanto a sociedade — mas praticamente sem nenhuma referência direta a ela e totalmente às avessas.

(Observação marginal a propósito de referências diretas: minha análise discorda das que ficam procurando nos jornais colados, sobretudo por Picasso, explicações imediatas sobre o Cubismo Analítico, suas vinculações puramente textuais com o anarquismo. As vinculações reais, entretanto, vão muito além da mera escolha de artigos com referências políticas. É evidente que, ao recortá-los, escolhe textos que o tocam, como demonstra o livro de Patricia Leighten.[24] É óbvio também que a morfologia destes textos, em suas várias implicações, tem que ser considerada. Mas me parece absurdo transformá-la em chave das colagens ou em fator determinante essencial. Vários estudos, nesta direção, exploram artificiosamente o modelo estruturalista baseado na linguística de Ferdinand de Saussure — a menos conveniente, a meu ver, para a análise da plástica.)[25]

A "unidade original" combina variadamente o material e o fazer. Fornece assim perfis tão diversos do artista como os de uma garrafa

---

[24] Patricia Leighten, *Re-ordering the Universe. Picasso and Anarchism, 1897-1914*, Princeton, Princeton University Press, 1989.

[25] Os trabalhos mais elaborados desta tendência são os de Rosalind Krauss e de Yve-Alain Bois, ambos inspirados por Pierre Daix e Joan Rosselet, *Le cubisme de Picasso. Catalogue raisonné de l'oeuvre peint, 1907-1916*, Nêuchatel, Ides et Calandes, 1979. Ver Rosalind Krauss, "Re-presenting Picasso", *Art in America*, nº 68, dez. 1980; Rosalind Krauss, "Au nom de Picasso" (1981), in *L'originalité de l'avant-garde et autres mythes modernistes, op. cit.*; Rosalind Krauss, *Os papéis de Picasso*, tradução de Cristina Cupertino, São Paulo, Iluminuras, 2006. De Yve-Alain Bois, ver "The Semiologie of Cubism", in Lynn Zelevansky (org.), *Picasso and Braque. A Symposium*, Nova York, Museum of Modern Art, 1992.

cubista. Neles, o "sujeito" da produção aparece como apanhado de incontáveis encarnações distintas, um palimpsesto de suas ações — sem que a soma resulte num total estável. Põe-se como produtor maleável que se remodela segundo as exigências do momento produtivo e que leva como bagagem um *savoir-faire* em constante renovação. As metamorfoses de Picasso, capaz de ser clássico de manhã, surrealista pela tarde e expressionista à noite, ilustram o comportamento errante bem-vindo do não petrificado. Desaparece a contradição de Manet: Picasso também quer ser desigual a si mesmo, mas desiste de esperar a imagem unitária de sua multiplicidade. Não constrói nenhuma Suzon. Vai no mesmo sentido de sua conhecida provocação: "Eu não procuro, eu acho", de sabor nietzschiano.[26] Procura-se isto ou aquilo; o encontro ou o achado não têm alvo premeditado. Tomam corpo na caminhada. O mito do "sujeito" inteiriço, sempre igual a si mesmo, a pressuposição de idiossincrasia de sua exteriorização na obra de arte — já abalada desde *O ateliê do pintor* de Gustave Courbet (Museu d'Orsay, Paris, 1885) e agonizante em *Um bar no Folies Bergère* de Manet — não resiste à revolução do Cubismo das colagens: à inquietude soturna com sua hipotética consistência sucede a assunção risonha de sua evaporação.

Falta insistir num outro escândalo. Num tempo em que os arquitetos declaram guerra ao ornamento, Braque e Picasso importam o papel pintado e reproduções de cornijas. Esta guerra esbarra de frente com os textos e práticas de William Morris que reconhecem no ornamento o fundamento da arte popular.[27] Já repeti a lição de Ruskin e Morris não sei quantas vezes: o verdadeiro ornamento é somente a expansão, além do estritamente necessário, do gesto técnico justo. Não sei se eles apreciariam as colagens de Braque e Picasso, mas elas são o melhor exemplo do que pregam. Nelas o ornamento não se limita aos citados acima, papel

---

[26] "Depois de sentir-me cansado de procurar, aprendi a encontrar." Friedrich Nietzsche, *Le gai savoir*, in *Oeuvres*, Paris, Robert Laffont, 1993, p. 33 [ed. bras.: *A gaia ciência*, tradução de Paulo César de Souza, São Paulo, Companhia das Letras, 2001].

[27] O leitor que não tiver acesso aos 26 volumes dos *Collected Works*, editados por May Morris, pode recorrer a Philip Henderson, *William Morris. His Life, Work and Friends*, Londres, Pelican, 1973; *Political Writings of William Morris*, Arthur L. Morton (org.), Londres, Lawrence and Wishart, 1979; Mario M. Elia, *William Morris y la ideologia de la arquitectura moderna*, Barcelona, Gustavo Gili, 1977; Robert Camoin, *Art, littérature, socialisme et utopie chez William Morris*, Arles, Sulliver, 2001; William Morris, *Nouvelles de nulle part*, edição bilíngue, Paris, Aubier, 1976. Com um pouco mais de cuidado crítico, vale recomendação semelhante para John Ruskin.

pintado e cornija: o ar tosco, quase infantil, dos traços de carvão; o corte desalinhado da tesoura; os leves traços de lápis que marcam o lugar para colar os papéis de parede em Braque etc., expõem com encanto, uma pitada de ironia e alguma bazófia, a simplicidade dos procedimentos. Imaginem a exaltação dos dois ao pôr a nu com meios tão precários, elementares e corriqueiros, o fundamento igualmente simples da arte, ocultado por séculos de compromissos, interesses, traições e muita empulhação crítica e teórica. Mais que riso, aqui o ornamento ressoa como gargalhada. Nenhuma outra manifestação de arte (talvez algumas peças de Mozart) corresponde tão perfeitamente à formulação definitiva de William Morris, inspirada por John Ruskin: "*Art is man's expression of his joy in labour*".

E outra vez Nietzsche está por perto; repito uma citação anterior: "[...] há homens raros que preferem morrer a trabalhar sem que o trabalho lhes forneça alegria [...] desta espécie de homens raros fazem parte os artistas".[28]

Poderia acrescentar, nossos índios — os quais massacramos durante séculos precisamente por esta razão.

B.1. Meios: o desmonte

Materiais, técnicas e instrumentos especificam um processo produtivo — no interior de determinadas relações de produção. Intrincam-se numa trama de relações recíprocas cuja coesão custa a desfazer-se quando vence o prazo de sua validade. Elas sobrevivem por inércia algum tempo após a própria falência histórica. Costuma-se falar do anacronismo da arte acadêmica na segunda metade do século XIX. Mas a plástica dos antiacadêmicos arrasta consigo também, por um tempo, o peso morto de emaranhados ultrapassados, difíceis de desmontar. Assim, a urgência de valorização da feitura improvisadora foi longamente contrariada pelos resquícios de espacialidade fictícia presentes ainda, para além dos neoimpressionistas, nos fauvistas, expressionistas e primeiros cubistas. Parecia impossível descartá-la: o que seria da arte sem representação? Sem algum tipo de espacialidade fictícia sempre associada à representação? As sobras de espacialidade desrealizam, desarmam parcialmente o desaforado ser

---

[28] F. Nietzsche, *Le gai savoir*, in *Oeuvres, op. cit.*, p. 79.

O Cubismo Analítico entre 1912 e 1914

aqui da feitura ostensiva. Os paradigmas do imaginário, os *habitus*, têm enorme resistência.

As incursões de Braque e Picasso na arte pré-histórica ibérica, negra ou da Oceania não tiveram saldo positivo, pois não voltaram com troféus plásticos reutilizáveis de modo duradouro. Serviram mais como experiência do não paradigmático, do fora das normas — do bárbaro, do outro, do selvagem, do distante no tempo ou no espaço ou do primitivo caro a Kropotkin. Serviram como purgação do inerte no imaginário e no *habitus*. Como quebra-costume-arraigado. Como exemplo de não fetichização do resultado, da obra "acabada". Nas palavras de Braque, como bombas contra a tradição morta...

Mas, mesmo desfeitas as tramas de relações recíprocas entre materiais e técnicas de determinado processo produtivo, os restos desconexos não retornam à inocência suposta de componentes elementares, tais como os cones, cilindros e esferas da fantasia cézanniana ou como outras tantas candidaturas a células geradoras das inúmeras vanguardas. Os restos desconexos carregam incrustações de alianças passadas. Dou um exemplo. A *Mulher com violão* (*"Ma Jolie"*) de Picasso (Museum of Modern Art, Nova York, 1911-12) e a *Mulher lendo* de Braque (Fondation Beyeler, Basel, 1911) seguem ainda o procedimento cézanniano de opor pequenas retas inclinadas da esquerda para a direita a outras de inclinação inversa. Ora, este jogo de equilíbrio de tensões somente tem sentido no interior de alguma espacialidade, mesmo mínima: supomos ou "sentimos" que as barrinhas podem "cair" se não forem equilibradas por suas opostas. Se, entretanto, as retas forem postas obviamente sobre suportes sólidos, encravadas nele, não poderão "cair". Regra geral: quando a desespacialização é total, não há razão alguma para "compor". A reunião, a comunidade dos elementos está garantida por sua adesão física pronunciada à evidência do suporte (regra demonstrada claramente pela pintura informalista posterior de Antoni Tàpies ou Alberto Burri, por exemplo). A impressão de que as barrinhas possam "cair" é um resto do *habitus* do espaço fictício típico de nossa tradição. Até a invenção das margens/enquadramentos que provocam efeito de "janela", portanto de espacialidade fictícia, a arte medieval desconhece esta pulsão para equilibrar tensões.[29] Lembrando uma anedota de Jaspers Johns:

---

[29] Ver Jean-François Lyotard, *Discours, figure*, Paris, Klincksieck, 1974, p. 172, nota 16; "Este espaço, o do gótico tardio, conservou o que Panofsky chama *a surface*

"— Mas se os quadros são planos, diz o cego, por que sempre falam de coisas nos quadros?

Por quê, o que há de errado nisto?

Coisas sobre os quadros é o que deveria ser, como coisas sobre bandejas ou sobre paredes."[30]

B.2. Meios: retorno à *ars*, medialogia e antinomias da "liberdade"

O desmonte do extraordinário maquinário clássico e de seu insinuante poder de captação ocupa quase um século. Goya, Delacroix, Daumier, Manet, Cézanne, Matisse realçam pouco a pouco o sexto limite do espaço fictício, a antiga boca de cena, até que absorva todos os outros limites em virtude de sua explícita afirmação material. Esta lenta obturação da "janela" albertiana é a operação de maiores consequências do modernismo. Mas somente sua conclusão com as colagens de Braque e Picasso, num salto repentino, altera radicalmente o universo das artes plásticas: elas retornam à comunidade das *ars*. A obturação da "janela", entretanto, não foi um objetivo, um alvo programado ou inscrito na lógica imanente da pintura: foi a consequência inesperada do movimento de desdenegação do trabalho de formação, de construção da forma. O desmonte do maquinário ilusionista revela seus andaimes. Entre eles, o plano de trabalho — o antigo sexto limite.

Mas, ao contrário do que afirma André Chastel, as artes plásticas retornam outras ao universo das *ars*, não esquecem a "liberdade" conquistada durante o período em que foram (ou quase foram) artes "liberais". Voltam a ser trabalho, um trabalho material específico mas da mesma família que todos os outros trabalhos materiais. Com uma diferença: guardam e mesmo radicalizam sua "liberdade". A qual aparece então nitidamente como o que é desde o princípio, desde a Renascença: um privilégio, já que nenhum outro trabalho social goza desta "liberdade" pro-

---

consolidation, a tendência 'cartográfica' própria à miniatura romana, que trata o fundo como 'uma superfície de trabalho, plana, sólida' e a figura como 'um sistema de zonas bidimensionais delimitadas por linhas unidimensionais'" (p. 190).

[30] Citada em Leo Steinberg, "Jaspers Johns, os sete primeiros anos de sua arte", in *Outros critérios. Confrontos com a arte do século XX*, tradução de Célia Euvaldo, São Paulo, Cosac Naify, p. 72.

O Cubismo Analítico entre 1912 e 1914

dutiva. Nada mais distingue o trabalho da arte dos outros trabalhos senão esta "liberdade". Um privilégio custoso que a corrompeu. Para assegurá-lo, as artes plásticas aceitaram renegar as outras *ars*, suas iguais, sujando assim esta mesma "liberdade". Tornaram-se artes, enquanto as outras *ars*, humilhadas, passaram a ser chamadas trabalho, termo então intrinsecamente depreciativo. A safadeza embutida em recantos obscuros da estética transformou a "liberdade" produtiva em atributo misterioso dos "gênios". Promoveu a manifestação de injustiça social a dom da natureza. "Nós atribuímos ao gênio privilegiado [...] o que a realidade recusa geralmente aos homens."[31] Mas agora, com o retorno à casa materna das *ars*, com a reafirmação explícita do valor exemplar da "liberdade" das artes plásticas entre suas iguais, o privilégio pode inverter-se novamente, mas desta vez em bandeira: neste caso o artista torna-se o primeiro dos produtores livres, a ser imitado pelos outros. Com isto paga sua dívida histórica.

Braque disse certa vez que a imposição das regras da perspectiva à arte foi um "erro tenebroso". Esse "erro" foi a denegação do trabalho que as "regras da perspectiva", isto é, as do imaginário veiculado pelo espaço fictício renascentista, implicam. Esta denegação está na origem do privilégio: é seu operador técnico. E a "reparação", o retorno franco e didático, enfaticamente exemplar, da manifestação palpável e risonha do trabalho material autodeterminado. A "roupa de operários" destes "manuais", "fabricantes de objetos", faz parte da nova representação: não mais a abrigada pelo espaço fictício dos quadros, quase anulada — mas a encenada no espaço real do Bateau Lavoir para os visitantes e amigos a convencer. A expansão da exemplaridade da nova prática sai do quadro, entra pelo espaço dos "objetos construídos", ocupa o ateliê transformado em oficina de produção como outras, sai de Montmartre, desloca-se até a rue de Fleurus no VIème arrondissement de Paris, sobe ao apartamento de Leo e Gertrud Stein (o de Sarah Stein, perto dali, na rue Madame, acolhe de preferência Matisse) e de lá parte para os Estados Unidos. Por outro lado, Serguei Chtchoukine e Iván Morozov compram em Paris e levam para a Rússia coleções imensas de arte de vanguarda, sobretudo de Picasso e Matisse.[32] Parece pouca coisa — mas o passo é

---

[31] Theodor W. Adorno, *Théorie esthétique*, Paris, Klincksieck, 1989, p. 221.

[32] Ver Cécile Debray (org.), *Matisse, Cézanne, Picasso... L'aventure des Stein*, Paris, Éditions de la Réunion des Musées Nationaux, Grand Palais, 2011; e *Icônes de l'art moderne. La collection Chtchoukine*, Paris, Gallimard, 2016.

enorme. A precária *mise-en-scène* leva adiante tentativas de transbordamento esboçadas por Courbet, por Van Gogh em Arles, pelos pré-rafaelistas ingleses, por William Morris, pelos *nabis* etc. Trata-se de extrair as artes plásticas de sua separação mutiladora, de devolvê-la à vida comum — de sair para a rua, dirão os artistas dos anos 1960. Mas sair em regime de *agit-prop*. Visando alastrar o exemplo de produção autodeterminada, agora consciente de si pelo resto da produção social, tentando sabotar qualquer enclave de subordinação. O único modo de assegurar a validade da liberdade vislumbrada no tempo em que foram artes "liberais": generalizando-a para toda produção social. Se deixamos vibrar a polissemia do termo "representar", seu deslocamento entre o clássico e o Cubismo de 1912-1914 pode ser descrito como a trajetória que vai do fechamento da representação no além da "janela" (absorvimento), passando por sua aproximação progressiva do plano da tela e logo pela "planaridade" do plano de trabalho e pelas esculturas da família do *Violão*, para, quase no mesmo momento, sair do universo das obras e entrar no espaço social enquanto *agit-prop*. Sai do interior da ficção e, em alguns passos, atravessa a fronteira impalpável que separa o imaginário do real, invertendo a antiga prioridade do primeiro em quase exclusividade do segundo.

Os novos meios adotados pelo Cubismo Analítico não se limitam portanto ao jornal ou ao papel de parede, à serragem ou à areia. Régis Debray deveria citá-los entre os mencionados em seu *Cours de médiologie générale*.[33] Incluem também meios de transmissão, de divulgação, de irrigação, de irritação. Aliás, o mundo das artes plásticas modernas como um todo é percorrido por uma espécie de convulsão, de rebeldia barulhenta, de pregação transformadora desconhecida até então. Não se põe à parte simplesmente, como no tempo dos retiros românticos ou dos cafés da *bohème*. As "rivalidades expostas em praça pública, no mercado" a partir de 1830, lembradas por Walter Benjamin, empalidecem comparadas com as da virada do século XX. Panfletos, eventos, festas, escândalos, desafios, polêmicas, facções multiplicam-se. Os limites fechados do campo que a crítica teima em conservar são cruzados por múltiplas infrações. Há coerência interna neste extravasamento para fora do território das artes: descoberto o fundamento (repito: num repente semelhante ao da irrupção da água no exemplo de Hegel), o trabalho "livre" na

---

[33] Régis Debray, *Cours de médiologie générale*, Paris, Gallimard, 1991.

O Cubismo Analítico entre 1912 e 1914

posição de miolo deste território, imediatamente surge a necessidade imperiosa de também plantá-lo fora:

"O que as *avant-gardes* tinham em vista é um ultrapassar (*Aufhebung*) da arte, no sentido hegeliano do termo: a arte não deve somente ser destruída; ela deve ser transferida para a vida prática, de modo a ser conservada aí, mesmo se, para isto, deva ser transformada [...]. O objetivo dos artistas não consiste absolutamente em integrar a arte nesta vida prática. Eles compartilham, ao contrário, a recusa [...] de um mundo ordenado segundo a racionalidade instrumental. O que os distingue é a tentativa de instaurar a partir da arte uma nova prática da vida."[34]

A agitação das vanguardas não é extravagância marginal: é uma exigência da coisa mesma, como diz o outro. Repito: *a garantia de efetiva "liberdade" produtiva das artes plásticas, as únicas atividades materiais a resistirem concretamente à subordinação em todo o campo da produção social, é sua extensão à totalidade deste campo, o que transformará a "liberdade" em liberdade. A afirmação de "liberdade" produtiva pelas artes plásticas afundará no seu contrário se não sair de si e encontrar afirmação equivalente em toda parte.* Lamentavelmente é o que acontecerá, apesar do *regain*, da aurora abortada dos anos 1960. O que perturba a percepção clara desta exigência faz ainda parte dela: a pluralidade imensa dos veios libertários. (Mais tarde, num possível futuro ensaio sobre o modernismo, discutiremos algumas teorias sobre as vanguardas.)[35]

---

[34] Peter Bürger, *Théorie de l'avant-garde*, Paris, Éditions Questions Théoriques, 2013, pp. 82-3 [ed. bras.: *Teoria da vanguarda*, tradução de José Pedro Antunes, São Paulo, Ubu, 2017]. Peter Bürger, entretanto, não considera o Cubismo uma autêntica vanguarda pois dirigiria ainda suas críticas às tendências artísticas que o precedem. Não discutirei esta tese. Noto somente que ela escamoteia a importância do salto cubista ao reduzir a diferença entre vanguardas a uma questão de intenção — permanecer ou não no campo das artes, e não de constituição objetiva.

[35] Ver também Olivier Quintyn, *Valences de l'avant-garde. Essai sur l'avant-garde, l'art contemporain et l'institution*, Paris, Éditions Questions Théoriques, 2015; Esteban Buch, Denis Riout e Philippe Roussin (orgs.), *Réévaluer l'art moderne et les avant-gardes*, Paris, École des Hautes Études en Sciences Sociales, 2010; Nathalie Heinich, *Le triple jeu de l'art contemporain*, Paris, Minuit, 1998; Nathalie Heinich, *Faire voir. L'art à l'épreuve de ses médiations*, Bruxelas, Les Impressions Nouvelles, 2009; *L'art contemporain en*

O término do desmonte (parcial) do paradigma clássico, a adoção de novos meios, inclusive os mediológicos, redistribui o material plástico e altera profundamente os modos de articulá-lo. Outra vez, a transformação desenha um quiasmo. A representação ou desce para o porão ou sai provocante e malcriada por aí, para longe da obra. Em contrapartida, o trabalho vem para o primeiro plano, em sentido literal e figurado. Não somente trocam de posição, mas sua ponderação também se inverte. A representação icônica interna reduz-se a alguns diagramas sumários, enrolados e lacônicos. A externa, a *agit-prop*, ao contrário, logo atingirá extremos que farão de Courbet um recatado: pensem em Boccioni, Duchamp, Picabia, Tzara, Dalí etc. Por sua vez, o trabalho elimina o antigo lugar da representação, o espaço da ficção. Inverte seu apagamento anterior, princípio desta ficção, em celebração da feitura. Somente mais tarde os ícones retornarão sob outras formas, os diagramas "expressivos" com a abstração lírica e as imagens mediadas pela técnica com a *pop art*. Por enquanto, a indicialidade devora a iconicidade, dada a prioridade do fazer, oposto à denegação frenética do trabalho social.

É difícil arrumar estas constatações num discurso linear. O extravasamento dos meios de representação para além do universo exclusivamente plástico não é novo.

Lembramos constantemente que inexiste *métier* sem acompanhamento institucional e publicitário. Verificamos depois que este acompanhamento, em sua constituição tradicional, desfaz-se com o avanço dos antiacadêmicos. Foi substituído, junto com um deslocamento dos grupos sociais de apoio, agora a *intelligentsia*, a boêmia, os desclassificados etc., por manifestações dispersas, crescentemente arruaceiras, irreverentes e com pitadas de absurdo. O decoro burguês dos acadêmicos inverte-se em extravagância provocativa.

Esta substituição é contemporânea do posicionamento explícito, por Braque e Picasso, das artes plásticas como trabalho material igual aos outros. Mas o retorno ao berço original da *ars* não pode mais ser uma simples reconstituição ingênua de uma fraternidade anacrônica. O artesanato da arte tem poucas semelhanças com as formas manufatureiras ou industriais de produção, ambas posteriores à ruptura da arte com a *ars*. Daí resulta o caráter paradoxal da exemplaridade da "liberdade" artística: deve generalizar-se para tornar-se liberdade efetiva — mas as for-

---

question. Cicle de conférences organisé à la Galerie Nationale du Jeu de Paume, automne 1992-hiver 1993, Paris, Jeu de Paume, 1994.

O Cubismo Analítico entre 1912 e 1914

mas de sua manifestação não têm como ultrapassar os limites do artesanato. O tom da pregação libertária (salvo exceção) que acompanha o movimento das artes plásticas modernas, muitas vezes exterior e excedente com relação à sua prática, explica-se por este desencontro: sua evolução interna guiada pela resistência à subordinação conduz, pelo impulso da negação determinada, a atitudes incompatíveis tanto com a forma de produção manufatureira como com a industrial. A história do construtivismo soviético e da Bauhaus demonstram esta incompatibilidade. Entretanto, a "liberdade" produtiva nas artes plásticas tem valor exemplar universal: outros ramos produtivos particularizarão este universal a seu modo — quando e se o adotarem, o que nos dias atuais parece ilusório.

Este desencontro paradoxal entre a dimensão universal das artes plásticas e a particularidade das áreas de produção a atingir (potencialmente todas) justifica também, pelo menos em parte, a forma paródica, desafinada ou candidamente utópica, de sua representação exterior: sem capacidade de interferir com propriedade em outros ramos produtivos, sobra a irreverência, o formalismo ou algum substituto do mergulho no escuro. Modos insuficientes e contraproducentes de intervenção — e que logo se travestem em caricatos *Ersatz* de relacionamento entre arte e produção, convenientemente promovidos e explorados pelos agentes da imobilidade social e do descrédito das tentativas de mudança. Ou, pior, pelos emissários de alguma Deutscher Werkbund, à procura de argumentos de venda. Embrulhada que deve levar em conta ainda, atravessando este emaranhado de obstáculos, a divergência entre o interesse universal das artes plásticas liberadas e o particular das artes plásticas "liberais", entre a generalização da liberdade e sua particularização como privilégio.

O melhor e o pior se entrelaçam nesta aurora, tingida desde o começo de ocaso. O mundo privilegiado da arte não se desfaz por impulso imanente. A revolução tanto anunciada tende a virar agitação mundana nas altas camadas sociais e seu apêndice *bohème*. Se a fanfarra cubista faz-se ouvir em pouco tempo em Nova York e São Petersburgo, em nenhum momento atinge os subúrbios de Paris, além do cinturão vermelho. A *intelligentsia* de esquerda e a direção dos partidos revolucionários recebem seu recado, mas o mundo das *ars*, devorado pela invasão da organização social do trabalho, não tem mais condições para receber de volta sua filha pródiga. Ele se desfaz durante a Primeira Guerra Mundial, excelente catapulta para acelerada industrialização "científica" — e seus restos emigram para países atrasados (como o Brasil). Como em outros momentos da história, desenha-se um quiasmo. Enquanto as artes plásticas festejam seu retorno ao mundo de um outro trabalho, o trabalho social, submetido e militarizado pelo esforço de guerra, abandona suas últimas esperanças libertárias. Na França, a CGT (Confédération Générale du Travail), baluarte anarquista antes de 1914, logo no começo dos anos 1920 dá meia-volta e engole as consequências reacionárias da NEP (Nova Política Econômica) segundo a vontade hegemônica da União Soviética.

B.3. Cubismo Analítico, anarquismo e heterotopia: a história no presente

Patricia Leighten, em seu indispensável livro *Re-ordering the Universe. Picasso and Anarchism, 1897-1914*,[36] vincula explicitamente o Cubismo Analítico, e sobretudo as colagens de 1912-1914, com o movimento anarquista extremamente vigoroso tanto em Barcelona como em Paris no começo do século XX, cidades onde Picasso vive neste período. Sua demonstração bem informada e documentada convence.[37] Ela sofre, entretanto, do exagero contrário ao que denuncia na crítica (americana sobretudo) posterior à Primeira Guerra Mundial: o que conduz à despolitização do Cubismo e sua transformação em revolução exclusivamente formal. (Nós vivemos no Brasil pós-ditatorial uma higienização política semelhante: a efervescência protestatória e de resistência das artes plásticas nos primeiros anos da ditadura, simbolizadas por *Opinião* no Rio de Janeiro e *Propostas* em São Paulo, foi reduzida pela crítica à hegemonia de um concretismo inofensivo e formalista.) Patricia Leighten insiste, com pertinência, sobre a evidência de posicionamentos anarquistas na produção de Picasso entre 1897 e 1914. Mas, ao manter uma dicotomia rígida entre forma e conteúdo, típica das correntes despolitizadoras denunciadas, e invertendo somente a prioridade atribuída a uma ou outro, enfraquece sua própria argumentação, na qual o anarquismo de Picasso não parece concernir a forma — ao contrário do proclamado por Signac.

---

[36] Patricia Leighten, *Re-ordering the Universe. Picasso and Anarchism, 1897-1914*, *op. cit.*

[37] Sobre o movimento anarquista na França neste período ver também Guillaume Davranche, *Trop jeunes pour mourrir. Ouvriers et révolutionnaires face à la guerre, 1909-1914*, Paris, L'Insomniaque/Libertalia, 2014.

O Cubismo Analítico entre 1912 e 1914

Ora, se atentarmos para as orientações concretas do anarco-sindicalismo, suas reinvindicações no campo da produção material, veremos que a revolução formal do Cubismo Analítico, e principalmente das colagens, corresponde integralmente a elas. Mais ainda, corresponde a uma vasta tradição crítica que associa os nomes de Ruskin, Morris, Nietzsche, Gaudí etc., aos de Proudhon, Bakunin, Kropotkin... e Marx. Tradição prática que desconhece ainda gavetas partidárias e a fabricação de genealogias suspeitas, como a que quer vincular Morris a... Walter Gropius. A principal bandeira do anarco-sindicalismo — a autogestão integral — guia a prática produtiva do Cubismo Analítico. Suas consequências desdobram-se numa ininterrupta cascata de inovações revolucionárias encadeadas. Igualdade de direitos dos meios — de todos e quaisquer meios: tinta a óleo, papel, areia, farsa etc. Abolição da obrigação de isotopia, reduzida a caso excepcional: as diferenças reclamam audiência individual, não o coro em que desaparecem. Abolição da representação — ou melhor, seu controle cerrado: toda representação deve aparecer como representação, pronta para ser revogada a qualquer momento, em semiótica como em política. Resistência à reificação: permanecer no âmbito da feitura, com abertura constante para a variação; acabar com a coisa acabada. Resistência ao fechamento em coerências alheias à lógica da coisa etc.

O paradigma plástico inaugurado pelo Cubismo Analítico permite a coabitação franca de "linguagens" diversas, ou seja, o respeito às suas diferenças. Isto tenta os artistas desde o tempo da unificação do espaço plástico pela perspectiva central: o "erro tenebroso", segundo Braque, que a crítica cega teima em promover como a grande conquista do Renascimento. Trata-se, entretanto, do operador formal da submissão da arte a seu papel ideológico a serviço do Príncipe. Lembro: a negação determinada é centrípeta; a que impulsiona a arte também é avessa à mesmice. As grandes decorações, como a da Capela Sistina, de Fontainebleau ou da Galeria Farnese, recorrem a figurações de vários gêneros — mas os múltiplos enquadramentos (quadratura e *quadra riportato*) as separam, preservando assim as regras do entendimento cauteloso, a isotopia interna do enquadrado. Ou, no extremo oposto, afinam de tal modo as transições que a heterogeneidade praticamente desaparece sob a continuidade, como Batista Gaulli consegue admiravelmente nas alturas da igreja de Gesù em Roma ou Andrea Pozzo na abóbada de Sant'Ignazio, também em Roma. *Braque e Picasso misturam formas não referenciais com referenciais e toda a gama dos* representamens *possíveis. Esta disponibilida-*

de abrangente abre uma porta insuspeitada — e pouco explorada: é possível recorrer simultaneamente a toda nossa herança plástica, em toda sua diversidade. E reelaborar esta herança a partir da trilha aberta pelos primeiros românticos. A afirmação do suporte de trabalho como lugar da mediação entre o heterotópico, entre tudo que possa ser posto nele, permite a expansão da lógica do trabalho material, indiferente às isotopias do entendimento. Como na página do jornal, que não por acaso entra então como meio na nova plástica, nele coabitam universos distintos, toda sorte de escrita, ícones, índices e símbolos numa constelação inimaginável para a lógica corriqueira. Fora o surrealismo, o modernismo explorou pouco esta abertura, não sei por quê. (Talvez por causa das características do mercado de então, preso à identidade imóvel do artista, de seu logotipo. Ou ainda, por causa da elasticidade técnica requerida ao artesão tentado pela experiência. Fica em aberto. Rauschenberg entrou por esta porta, mas evitou a plástica do classicismo, a não ser mediada por alguma técnica posterior, como a serigrafia.) Este alargamento sem limites dos meios disponíveis permitiria importar nas artes plásticas o projeto hegeliano: inscrever sua história no presente. Isto é, na lógica superior e heterotópica do modernismo. Ainda uma vez, Picasso sairá na frente, não somente por acolher a arte negra ou da Oceania, mas ao atacar nos anos 1950 *As meninas* de Velázquez ou *O almoço na relva* de Manet.[38]

A nova coerência não é mais nem a do "sujeito" emissor, nem a do resultado unificador, os extremos: é a da prática mediadora. O que a guia é o andamento do processo produtivo gerador da relação entre estes extremos e cujas exigências não têm por que obedecer a nenhum critério exterior de estilo, época, padrão formal etc. A produção passa a ter à sua disposição o arsenal infinito de todas as formas — e as costura segundo sua evolução intrínseca, sua reflexão determinante. Como propõe Adorno, a crítica passa a integrar a produção.

> "A obra de arte [...] é, em primeiro lugar, gênese; não conseguimos jamais apreendê-la simplesmente como produto [...] Esta relação fundamental da formação à forma [...] a coesão da obra obtida pela identidade da obra e o processo de

---

[38] Ver Anne Baldassari (org.), *Picasso et les maîtres*, Paris, Éditions la Réunion des Musées Nationaux, 2008. Esta é a pista que tento também, pretensioso.

O Cubismo Analítico entre 1912 e 1914

sua elaboração [a obra é sua história] constitui-se caminhando [...]. É a via que é produtiva, o essencial; o devir fica acima do ser."

Paul Klee, *Théorie de l'art moderne*[39]

Poderia citar outras páginas e mais páginas semelhantes de Klee, um dos mais lúcidos modernistas, como todos sabemos. Com o Cubismo Analítico, o que distingue a produção subordinada da "livre" não são mais os meios: passam a ser potencialmente os mesmos. O que as distingue é a atividade produtiva: ocultada na produção subordinada, ela é festejada e mantida aparente nas variadas camadas geológicas de seu devir autônomo na arte. Noite e dia no mesmo território, como no mármore da Capela dos Médicis, apagado sob o buril dos talhadores de pedra, vivificado pelo de Michelangelo.[40] Expropria-se o trabalhador não somente do mais-valor — mas de sua sombra também, como ocorre com o diabo. A arte quer devolver a sombra ao operário, pô-lo sob a luz.

Tanto Picasso como Braque passam pelos dois patamares do anarquismo. No primeiro, lançam bombas (no dizer de Braque, repito) contra os últimos avanços da vanguarda incapaz de romper definitivamente com os restos do classicismo, já em avançado estado de decomposição. *Les demoiselles d'Avignon* é seu protótipo: acaba com o que ainda sobra de decoro na provocação de *O almoço na relva* de Manet. No segundo, adotam as posições do anarco-sindicalismo, ou seja, autogestão sem concessões, igualdade absoluta (de produtores e meios) e alegria produtiva desembocando no ornamento festivo: os papéis colados de 1912-1914. Estes dois patamares expõem dois momentos da negação: o puramente destrutivo, repulsivo, que arrebenta o rejeitado (tudo que tem fedor de subordinação) e o irônico, o que, após "a destruição da ilusão na forma", tenta paradoxalmente "construir ainda a obra, demolindo-a".

A Primeira Guerra Mundial acaba com a esperança. E o período anarquista esvai-se sob sua conversão em receitas positivas, esquecida a negatividade libertária: torna-se construtivismos variados, aliados do cego "progresso (sem limites) das forças produtivas".[41] Hora das trevas

---

[39] Paul Klee, *Théorie de l'art moderne*, Paris, Denöel/Gonthier, 1975, pp. 38 e 60-2.

[40] Ver Sérgio Ferro, *Michelangelo. Arquiteto e escultor da Capela dos Médici*, São Paulo, Martins Fontes, 2016.

[41] Ver Kristin Ross, *Rimbaud, la Commune de Paris et l'invention de l'histoire spa-*

projetadas pelas Lumières moribundas após seu desastre guerreiro. Nada de luz para o operário. Relâmpago conjuntural, o Cubismo Analítico não tem como durar muito. Dura o que dura a breve esperança libertária do sindicalismo revolucionário. A mesma esperança que a hipocrisia do modernismo arquitetônico ajudará a enterrar.[42]

C. Finalidade

Ao purificar a exemplaridade das artes plásticas, reduzindo-as o mais possível a uma amostra de trabalho "livre", o Cubismo Analítico provoca um rebuliço na posição da finalidade. Até então a regra é: mostrar alguma coisa mostrando-se também. A dosagem entre mostrar e mostrar-se varia com o tempo, o mostrar-se superando pouco a pouco o mostrar. No Cubismo Analítico, sobra quase somente o mostrar-se — o que não implica abolir o mostrar, mas engoli-lo, subsumi-lo.

Mostrar-se, desvendar-se, está implícito no fato do trabalho artístico não ser trabalho subordinado. O subordinado, se possível, não se mostra, fica na área de serviço. Mostrar-se faz parte da tática de autovalorização social. As artes plásticas começam a mostrar-se, a exibir seu trabalho quando iniciam seu percurso problemático para passarem a artes liberais. Mas esta mostra, então, é em geral somente retórica, verossímil, quer convencer, mas nem por isto corresponde sempre à verdade. Por esta razão, aliás, assume a forma de figuras, de *topoi*: *sprezzatura*, *pendimenti* artificiais, correções voluntariamente incorretas etc. Provas isoláveis, individualizadas, que não entranham completamente o material.

O Cubismo Analítico dispensa a retórica. Seu feito maior foi ter permitido ao fundamento (o trabalho "livre", até então somente para nós, os pintores e escultores) "vir a si mesmo na objetividade".[43] Pôr-se indu-

---

tiale, Amsterdã, Les Prairies Ordinaires, 2013: "As convicções e doutrinas anarquistas fundam-se sobre uma concepção negativa da liberdade: não há liberdade senão *vis-à-vis* de um obstáculo ou de um entrave, no primeiro lugar dos quais figura evidentemente o Estado" (p. 150). Este conceito opositivo da liberdade, o qual Adorno considera ser uma derrisão da "verdadeira liberdade" é, entretanto, o único que conhecemos efetivamente.

[42] Ver Sérgio Ferro, "Concrete as Weapon", *Harvard Design Magazine*, nº 46, outono-inverno de 2018.

[43] G. W. F. Hegel, *Propédeutique philosophique*, *op. cit.*, p. 256.

O Cubismo Analítico entre 1912 e 1914

bitavelmente na efetividade como verdade da produção, como sua verdade essencial e quase exclusiva. Um "vir a si mesmo" no devir da coisa: na feitura como manifestação que privilegia a evidenciação da autodeterminação produtiva. O que, negativamente, significa exclusão quase total de denegação das pegadas produtivas.

Esta nova finalidade, o mostrar-se do fundamento, nada mais tem a ver com a antiga, a que se apegava à particularidade do *métier*: representar alguma coisa. No Cubismo Analítico, por um curto momento, a pintura e a escultura saem de si, tornam-se (quase) exclusivamente amostras genéricas, de teor universal, de trabalho "livre". Este novo mostrar-se dissolve-se na forma outra vez. A qual se faz, como exige seu conceito, manifestação exclusiva de seu conteúdo, o fundamento. Com o que ela se faz igualmente a encarnação do imperativo ético de Kant, já citado: "Procede de maneira que trates a humanidade tanto na tua pessoa como na pessoa de todos os outros, sempre ao mesmo tempo como fim, e nunca como meio".[44]

A relação de reciprocidade democrática entre os elementos da obra corresponde a um tal tratamento. Todos são meio e fim. Passagem e estação. Engastados na materialidade do suporte, sem os recursos de estruturação do espaço fictício excluído, os elementos relacionados permanecem essencialmente iguais e equivalentes. Nenhuma hierarquia os distingue. Por isto mesmo, fecham-se ao discurso exterior, o articulador de diferenças. A reciprocidade democrática dispensa a interpretação vinda de fora: ela se basta. O discurso passa a entranhar a obra, fazendo-a manifesto e coleção de *schifters*, das marcas de seu devir. Ou, como disse Marx:

> "Para defender a liberdade numa esfera e mesmo para compreendê-la me é preciso tomá-la no que tem de essencial, e não em suas relações exteriores. [...] No sistema da liberdade, cada um de seus mundos não se move em volta do sol central da liberdade senão movendo-se em volta de si mesmo."[45]

---

[44] Immanuel Kant, *Fundamentação da metafísica dos costumes*, São Paulo, Companhia Editora Nacional, 1964, p. 92.

[45] Karl Marx, *Les délibérations de la sixième Diète rhenane*, in *Oeuvres III*, Paris, Gallimard, Bibliothèque de la Pléiade, 1982, pp. 190 e 189.

Ao ser conduzido pelo próprio momento histórico a cortar temporária e quase totalmente suas "relações exteriores" (com a representação e a *idea* estrangeira), o Cubismo das colagens passa a "mover-se em volta de si mesmo" — com o que move-se "em volta do sol central da liberdade". Fora alguns esquemas sumários de objetos do universo próximo (ateliê ou mesa de bar) e textos recortados de jornais (que indicam simpatias anarquistas), os elementos plásticos convocados, na sua grande maioria, não remetem a nada exterior a eles mesmos. No fechamento de seu universo, em órbita cerrada e curta, a arte atinge um de seus mais altos momentos. Vale lembrar a afirmação de Adorno sobre a poesia lírica no modernismo: ela diz precisamente porque não diz nada sobre o mundo. É precisamente porque a arte adere totalmente à sua finalidade interior que ela opõe ao mundo o que falta absolutamente nele: o produtor livre. O realmente livre, fruto quase exclusivo da produção autônoma da arte — e não sua amarga caricatura, o trabalhador proclamado legalmente livre porque não possui nenhum meio de produção a não ser sua força de trabalho.

"Movendo-se em volta de si mesma", a arte reclama o "sol central da liberdade" — sem o qual implode.

D.

> "[...] a distinção entre o aparecer (*paraître*, *Scheinen*) da essência ou sua reflexão no seio de si mesma, o aparecer do aparecer (*apparaître*, *Erscheinen*) desta essência, compreendida como interioridade na exterioridade de uma existência ou de um fenômeno (*Erscheinung*), é a (auto)manifestação da efetividade [...] a efetividade não é senão exterioridade, sua interioridade se anula na dicção exterior de si."
>
> Jean-François Kervégan, *L'effectif et le rationnel.*
> *Hegel et l'esprit objectif*[46]

> "Nós podemos notar de modo geral que a transformação do sujeito em predicado e do predicado em sujeito, a inversão

---

[46] Jean-François Kervégan, *L'effectif et le rationnel. Hegel et l'esprit objectif*, Paris, Vrin, 2007, pp. 23-4.

do determinante em determinado, anunciam sempre a revolução iminente."

Maximilien Rubel, "Notes et variantes",
in Karl Marx, *Oeuvres III, Philosophie*[47]

D.1.

A Renascença pôs as artes plásticas como trabalho "livre". O primeiro modernismo, o do Cubismo Analítico das colagens, põe o trabalho livre como arte. Esta é a verdade deste Cubismo, seu conteúdo revolucionário. Com a troca de lugar entre sujeito e predicado, desloca-se também a pressuposição. No primeiro momento, o da Renascença até quase o modernismo, por trás de "arte" ainda há a lembrança de *ars*, do *métier*. No caso, *métier* de representação, ou melhor, de figuração. O trabalho, então, não é ainda noção genérica, está amarrado a uma particularidade, a determinados meios de produção e *savoir-faire*. O conceito de trabalho pressupõe ainda um *métier* particular. A "liberdade" reclamada pode ser entendida como liberdade para um determinado *métier* — o das artes plásticas, as quais aspiram então tornarem-se artes liberais. A reclamação não implica explicitamente a liberdade para todas as *ars*. No segundo momento, ao contrário, "trabalho" é conceito abstrato, genérico, independente de qualquer particularidade, de qualquer *métier*. É um universal. Enquanto único exemplo de trabalho "livre" entre nós, as artes plásticas tendem portanto a desconsiderar sua especificidade produtiva, inscrita até então no *métier* particular, para aproximar-se de um trabalho cuja particularidade seria a de ser imediatamente genérico. Por isto mesmo, a figuração, que até então orientava a elaboração do *métier*, é reduzida ao mínimo e os materiais e técnicas produtivas perdem pouco a pouco sua particularidade, a que tinham enquanto materiais e técnicas de um *métier* particular.

Ora, a relação entre sujeito e objeto, tal como aparece no primeiro momento, também será alterada. A exteriorização do sujeito no objeto que produz e enquanto produz é mediada neste momento pelo *métier*. Neste trabalho particular o termo mediano cinde-se em dois opostos. De um lado, enquanto *métier* de figuração, forma imagens. De outro, en-

---

[47] Maximilien Rubel, "Notes et variantes", in Karl Marx, *Oeuvres III. Philosophie*, Paris, Gallimard, Bibliothèque de la Pléiade, 1982, p. 1684.

quanto meio de produção material, forma índices, vestígios do sujeito produtor. Ou seja, gera "marcas" (*traces*): separação/fusão do cindido. A "marca" é, assim, uma sinédoque da relação sujeito/objeto típica da produção artesanal fundada num *métier*. Tanto na relação sujeito/objeto como na "marca" há identidade entre identidade e não identidade. Na relação como na "marca" a mesma coisa cinde-se em opostos (signo de sujeito ou de objeto, do autor ou da figura), oposição logo negada pelo salto constante de um ao outro. Para que fique na "marca" como sujeito, tem que ficar em sua liberdade — a qual, ao contrário do que crê a *doxa*, é expansão da necessidade. Portanto, da lógica imanente do *métier* da figuração.

Tudo isto rui no segundo momento. Não há mais *métier*. Ou seja, não há mais hábito (no sentido hegeliano) produtivo, formação (ainda no sentido hegeliano de *Bildung*) de *savoir* e *savoir-faire*. A relação face a face sujeito/objeto (ou sujeito/sujeito na figuração de relação especular) volta a ser imediata: indivíduo x material bruto. O *savoir-faire* estabelecia um terreno comum, social, de reconhecimento recíproco no plano da "segunda natureza", da natureza humanizada. Sem o terreno comum do *métier* não há mais possibilidade de reconhecimento recíproco. O indivíduo "artista" ou isola-se no egotismo autoritário ou deixa-se sugar por uma particularidade qualquer do material, ao mesmo tempo mania e logotipo.[48] Ou violenta o material num *Ersatz* de negação produtiva (por exemplo, Karel Appel, Alberto Burri, De Kooning etc.), ou submete-se à sua dispersão aleatória (por exemplo, Mark Rothko, Pierre Soulages, Richard Serra etc.). Por isto desaparece o campo das artes plásticas agora constituído artificialmente pelo conglomerado de mercadores, colecionadores, investidores, administradores ditos culturais etc., todos vindos do exterior do antigo campo desfeito e dependentes "em última instância" do mundo das finanças. Na falta de liame interno constituído pela especificidade produtiva — o *métier* da figuração — o sucedâneo do campo passa a depender da intervenção de uma força exógena. Sem ela, não há uma entidade chamada arte moderna e, menos ainda, arte contemporânea. O fundamento desta arte moderna ou contemporânea é precisamente o conceito esvaziado, e portanto abstrato e oco, do trabalho "livre" sem *métier* próprio — o qual exige que todos os trabalhos sejam livres e

---

[48] Sobre estas questões ver Georg W. F. Hegel, *Enciclopédie des sciences philoso-phiques, III, Philosophie de l'esprit*, Paris, Vrin, 1988, § 325, p. 114; § 409 e § 410, pp. 213-9 e Add., pp. 510-3.

não somente um deles, o da arte plástica, separado num campo específico. A afirmação desta generalidade momentaneamente necessária passa obrigatoriamente pela autodissolução, pela autodestruição de seu isolamento num campo separado e/ou pela indeterminação de seu fundamento, o que resulta na mesma coisa. Dito de outro modo: para que o exemplo da arte plástica se expanda por toda a produção social, ela tem que passar por um momento de perda de sua particularidade produtiva para que os outros ramos da produção se reconheçam nela. Seu campo — correlato à constituição da aparência como fundamento das artes plásticas no século XV, da aparência da aparência como fundamento entre os séculos XVI e XIX — desaparece com a entrada das artes plásticas na efetividade quando se torna "pura exterioridade na qual sua interioridade se anula na dicção exterior de si".

Neste caso "a ideia [a *idea*] não é no fundo nada mais que a vinda à expressão da racionalidade imanente do efetivo, de seu ser-conceito".[49] Abolida a interioridade, o que sobra do campo desfeito é uma coleção de diferenças indiferentes entre si. O todo passa a ser um vínculo exterior, a somatória destas diferenças, as diferenças dos múltiplos modos de fazer individualizados — os quais, por sua vez, passam a ser meras ocorrências da abstração totalizante: "o" trabalho, sem mais nenhuma outra determinação. A antiga mediação, o processo produtivo compartilhado, torna-se aleatória pois qualquer "procedimento" idiossincrático passa a ser válido ou indiferente. Nem mais a velha exigência de identidade entre autor e produtor vale ainda. O "o" trabalho, abstração dos trabalhos concretos extremamente variados, só tem um modo de aparecer: como valor de troca ou valor *tout court*. No linguajar do conglomerado ocupante o valor é traduzido por "liberdade", conceito reduzido, por esvaziamento total, a algo equivalente a "o" trabalho. Liberdade, aliás, extremamente problemática precisamente pela ausência de toda e qualquer determinação: "[...] preconizar hoje a liberdade, numa situação na qual os artistas nunca foram tão livres, nem ao mesmo tempo tão pouco ouvidos, é condená-los a este 'desespero por falta de necessidade' que Kierkegaard opunha ao 'desespero por falta de liberdade'".[50]

A *Aufhebung* com foz positiva é miragem neste caso. "[...] e o lago se engolfa no interior [da caverna] e os afoga, dando-lhes água", esta é a

---

[49] J.-F. Kervégan, *L'effectif et le rationnel. Hegel et l'esprit objectif, op. cit.*, p. 25.

[50] N. Heinich, *Faire voir. L'art à l'épreuve de ses médiations, op. cit.*, p. 181.

imagem (rara) da *Aufhebung* oferecida por Hegel no *Primeiro sistema...* Ela afoga ao dar água.

D.2. Inversão

> "[...] não pode haver liberdade individual senão sob a forma de uma liberdade universal e transparente a si mesma, caso contrário, ela continua imprevisível, porque é contingente e impenetrável, e que ela não existe, falando propriamente, ainda."
>
> Theodor W. Adorno, "Sur le problème de la casualité individuelle chez Simmel"[51]

A revolução, esperada pelo sindicalismo revolucionário e outros movimentos políticos e sociais europeus antes de 1914, gora. Quando eclode em 1917, seu contexto já é outro. Não tenho como tratar desta mudança aqui, principalmente por incompetência. O fato é que a produção mais radical do Cubismo entre 1912 e 1914 fica no ar, sem mais chão, como promessa vã ou antecipação precipitada. A "volta à ordem" posterior a 1918, se descontarmos o levante dos espartaquistas e outros semelhantes, enterra a esperança: passou a hora de mudar a vida. A partir de 1922 e da NEP (Nova Política Econômica), a Revolução de Outubro toma rumo desencorajante. Em vez de generalizar o trabalho livre, adota um simulacro de subordinação real montada na subordinação formal ainda dominante e a traveste em caminho glorioso para o socialismo. Um desastre para a esquerda: as "revoluções" passam a instaurar um grotesco capitalismo de Estado. Nenhuma suprime a subordinação no trabalho, formal, real ou anfíbia.

Se as artes plásticas atingem, com o Cubismo Analítico das colagens, um de seus mais altos momentos, a queda posterior é proporcional. Elas dão exemplo de um trabalho que seria livre se os outros, todos os outros, também se tivessem tornado livres. Mas, em vez dos amanhãs que cantam, veio o horror da Primeira Guerra Mundial. O que pretendia ser trabalho livre na arte, por falta de respaldo, deixa até mesmo de ser "livre" como até então (livre por oposição). Perde a inocência pretendida. Se

---

[51] Theodor W. Adorno, "Sur le problème de la casualité individuelle chez Simmel", in *Le conflit des sociologies. Théorie critique et sciences sociales*, Paris, Payot, 2016, p. 103.

continua a ser comprada pela linha de frente da burguesia internacional "esclarecida", antes como depois que a guerra pôs em prática as novas formas de subordinação extrema da população, a exemplo de Verdun, é porque ela, esta burguesia, pressente que sua alardeada liberdade e insubordinação pode tornar-se facilmente variante da libertinagem de salão. A ambição de Picasso — "*Peut-être arriverons-nous à dégoûter tout le monde* [...]" ("Talvez cheguemos a desagradar todo mundo [...]", carta a Kahnweiler em 17/6/1912) — soa falsa depois de 1914. Por retroversão, toda a história das artes plásticas se encarde. E ninguém mais quer lembrar, nem mesmo seus descobridores Braque e Picasso, da bela verdade encontrada pela luminosa ousadia do intervalo de 1912-1914, principalmente nas humildes construções de papelão: trabalho livre é arte. Mas, daí para a frente, o denegado assombra toda veleidade de boa consciência — mesmo se infeliz.

D.3.

> "A hipóstase do trabalho em absoluto é com efeito a da relação de classes [...] Se o mundo forma sistema, ele não o forma precisamente senão graças à universalidade fechada do trabalho social [...], [da] reunião implacável numa totalidade de todos os momentos [...] e todos os atos parciais da sociedade burguesa por meio do princípio da troca [...]."
>
> Theodor W. Adorno, *Trois études sur Hegel*[52]

Feita, com quase exclusividade, um hino abstrato ao trabalho livre e vivo pelo Cubismo Analítico, a obra de arte parece já estar pronta para servir de representante do trabalho abstrato e morto. No momento em que o que foi trabalho opositivo perde seu outro por tornar-se idêntico a ele sem mais diferença, perde igualmente seu fundamento opositivo. Os dois trabalhos particulares que se contradiziam avizinham-se enquanto universais descarnados. E o que foi trabalho "livre" passa imediatamente a ser privilégio, o inverso da liberdade. Desaparece o que constituía a verdade do trabalho "livre" das artes plásticas, seu protesto teimoso contra a subordinação universalizada. A passagem tem sido tão escamoteada

---

[52] Theodor W. Adorno, *Trois études sur Hegel*, Paris, Payot, 1979, pp. 35, 34 e 98 [ed. bras.: *Três estudos sobre Hegel*, tradução de Ulisses R. Vaccari, São Paulo, Editora UNESP, 2013].

que quase ninguém nota a agonia prolongada das artes plásticas, se esquecermos o breve acordar dos anos 1960. A atual *mainmise* escandalosa pelo conglomerado ocupante formado por diretores de museu, marchands e curadores daquilo que foi o campo destas artes, caso único de invasão de um campo suicida por um outro sem especificidade produtiva própria, soa como fim de uma época. Começamos a sentir o cheiro da decomposição...

Há antinomia paralisante entre a vocação libertária das artes plásticas e a fabricação da raridade pelo conglomerado ocupante. De um lado, a necessidade interna de extensão da liberdade produtiva em todos os setores da atividade social. De outro, a imposição exterior de rarificação das obras de arte, único caminho para inchar até o absurdo seus preços e as correlativas auras. De um lado, a multiplicação desejada de ilimitadas ocasiões para a feitura artística. De outro a redução drástica do reservado ao mercado de luxo que, por irresponsabilidade, chamamos ainda de "arte". Uma "arte" dita tesouro da humanidade mas destinada a menos de 1% desta humanidade. O resto contempla, nas vitrines dos museus multiplicados para este fim, o enterro faustuoso do que foi amargo canto libertário. Mas mesmo os museus estão ameaçados: o acervo do museu de Detroit talvez seja vendido para pagar dívidas da cidade — mas somente os integrantes desses 1% têm condições para comprar a maioria das peças. "Os museus franceses [...] não têm mais meios para comprar [obras de] um artista desde que ele ou ela foi eleito pelo mercado."[53] Dois impulsos divergem radicalmente: o que conduz à universalização socializante da arte, da *ars*, e o que conduz à singularização elitista de "gênios". O que enfrenta a subordinação no lugar de sua efetividade, na produção, e o que protege sua pressuposição, a reserva de capital na circulação (Jean-Michel Basquiat, Christopher Wool e Jeff Koons realizam sozinhos perto de 20% das receitas mundiais de arte contemporânea: frabricam diretamente tesouros). Não há acordo possível entre eles, nem mesmo perspectiva de *Aufhebung*, de alguma forma de convergência.

Sobra a alternativa seca: ou a vitória de movimentos libertários (possibilidade hoje anêmica) — ou a do capital financeiro (hoje na frente). No primeiro caso, valeria o argumento de Heine a respeito do fim da filosofia: "a filosofia alemã, de agora em diante, atingiu seus limites pois, com Hegel, chegou a seu próprio conceito. Nesse momento, ela deve dar

---

[53] *Beaux Arts Magazine*, n° 389, novembro de 2016, p. 60.

lugar à revolução *tout court*, a qual ao mesmo tempo acompanhou, preparou e anunciou".[54] Mas a vanguarda preferiu saudar o fim da arte separada — com a condição de que sobreviva a este fim. Neste último caso, assistiremos a outra morte da arte, numa versão mais dolorosa que a de Hegel. Não morrerá para o advento do tempo do Espírito Absoluto — mas para o do fedor do capital senil apodrecido. Ficará como colchão temporário para os momentos de repouso do capital e como espetáculo nojento em que os excluídos — quase todos nós — contemplarão o que é feito do que não podem usufruir, o trabalho "livre". Sobreviverá seu fantasma, amontoado qualquer de trabalho morto assediado pelo capital financeiro.

A arte separada é pouca coisa, quase nada se a compararmos com o gigantesco campo da não arte. Mas seu conceito enunciado pelo Cubismo de 1912-1914 — rapidamente descaracterizado e ocultado mesmo por seus enunciadores — tem alto poder explosivo. *Trabalho livre é arte* quer dizer: o que distingue os objetos venerados, protegidos nos cofres chamados museus, e que provocam romarias intermináveis de turistas é "simplesmente" a liberdade. A liberdade a que todos temos direito e que, por uma torção social, quase todos vendemos para "liberar" nossa força de trabalho de nossa estreiteza individual e pô-la a serviço de uma das mil variantes "liberais" do capital. Ora, se tomarmos a sério a tal da liberdade e — como fazia a vanguarda do sindicalismo revolucionário antes de 1914 — a reclamarmos veementemente, com "as armas da crítica e a crítica das armas", estaremos iniciando a necessária revolução. Arte, como liberdade, são outros nomes da vida — e tão essenciais quanto ela.

[54] Stathis Kouvélakis, *Philosophie et révolution. De Kant à Marx*, Paris, La Fabrique, 2017, p. 159.

Anexo

Nota sobre a primeira estética de Hegel

Atualmente possuímos duas versões da estética de Hegel, divergentes sob vários aspectos. Nesta nota apontaremos sumariamente algumas destas divergências que concernem a *Artes plásticas e trabalho livre*.

A versão mais conhecida e discutida é a do *Cours d'esthétique*.[1] Em 1970, entretanto, foram descobertas algumas anotações que completam fragmentos editados em 1932 e classificados no início do século XX. Esta descoberta permitiu a reorganização destas anotações e somente em 1975, com a edição Hoffmeister, o conjunto foi publicado com o título *Le premier système. La philosophie de l'esprit (1803-1804)*.[2] Ora, o que é dito sobre arte neste texto difere bastante do que nos acostumamos a considerar como sua estética. Isto é, a do professor já reconhecido, redigida e consideravelmente "corrigida" por Heinrich G. Hotho, a partir de notas feitas por diversos alunos de cursos proferidos desde 1818. Anotações de estudantes não utilizadas por Hotho, como as de "Victor Cousin" (na verdade, de outro estudante), contêm várias diferenças com relação à sua versão.

Para o que nos interessa aqui, *Le premier système* e a *Esthétique: cahier de notes inédit de Victor Cousin*[3] importam mais que o *Cours d'esthétique*. No *Premier système*, Hegel recorre a duas imagens para ilustrar o que é o artista:

"Ele é, em certa medida, alguém que se encontra entre operários construindo um arco de pedras [...] cada um põe uma

---

[1] Georg W. F. Hegel, *Cours d'esthétique*, Paris, Aubier, 1995.

[2] Georg W. F. Hegel, *Le premier système. La philosophie de l'esprit (1803-1804)*, Paris, PUF, 1999.

[3] Georg W. F. Hegel, *Esthétique: cahier de notes inédit de Victor Cousin*, Paris, Vrin, 2005.

pedra, o artista faz a mesma coisa, como os outros. Mas, por acaso, é o último, e por que insere esta [última pedra], o arco se torna ele mesmo portador [estrutural]. Pelo fato de ter posto esta pedra, ele vê que o todo constitui um arco e o diz explicitamente e é considerado o inventor."[4]

"Acontece a mesma coisa quando [se trata] de uma revolução política: nós podemos imaginar que o povo está como que enterrado sob a terra, sobre a qual há um lago. Cada um acredita trabalhar somente para si e para manter o todo quando retira, do alto, um pedaço de pedra e quando o utiliza para si mesmo e para a construção geral, sob a terra. A pressão do ar, do elemento universal, começando de alguma maneira a se modificar, torna os homens sedentos de água, desconfortáveis. Eles não sabem o que lhes falta, e, para se reconfortar, cavam cada vez mais alto, com a ideia que melhorarão sua situação [...] A crosta se faz transparente, um [entre eles] o vê e exclama: 'água' — e arranca a última camada — e o lago se engolfa no interior, e os afoga, dando-lhes água. Assim a obra de arte é a obra de todos, é um entre eles o que a completa, que a faz atingir a luz do dia, porque é o último a trabalhar nela; e este é o bem-amado de Mnemosine."[5]

Mesmo sabendo que a ilustração não corresponde adequadamente a um conceito, as duas citações permitem algumas inferências quanto à visão do jovem Hegel sobre a arte e o artista.

As ilustrações afirmam claramente: o artista é um trabalhador como os outros ("faz a mesma coisa, como os outros"; "um, entre eles"). Nada os diferencia essencialmente, a não ser sua posição ("é o último"), é o que está lá no momento oportuno. Hegel é explícito:

"[...] os que chamamos gênios [são os que] adquiriram uma habilidade particular qualquer que lhes permite fazer de figuras universais do povo sua própria obra, como os outros fazem outra coisa. O que produzem não é sua própria inven-

---

[4] G. W. F. Hegel, *Le premier système*, *op. cit.*, p. 41.

[5] *Idem, ibidem*, p. 42.

ção, mas a invenção de todo o povo, ou antes [o fato de] encontrar, [é, significa] que o povo encontrou sua essência."[6]

Os chamados gênios, portanto, fazem arte "como os outros fazem outra coisa" — graças a uma habilidade particular "adquirida". Nada a ver com dons naturais excepcionais ou mesmo com algum talento inato. A habilidade particular pode ser adquirida, como em qualquer outro *métier*. Se Mnemosine o ama, se a memória guarda seu nome, isto se deve ao acaso: faz o parto de alguma coisa cuja gestação já atingiu seu término — e a batizou. Note-se que na ilustração Hegel fala de trabalho simplesmente. Portanto, todos os mistérios atribuídos ao gênio (por Kant, especialmente) são compartilhados por qualquer trabalhador — se trabalhar livremente. Não há capataz nem capital nas duas ilustrações. Se não desprezássemos tanto o trabalho para poder dominá-lo, nos defrontaríamos com a mesma obscuridade e talvez elaborássemos as mesmas fantasias que Kant na *Crítica da faculdade de julgar* para entender, não o gênio, mas o trabalhador autônomo. A lógica do trabalho autodeterminado, extremamente sofisticada, simplesmente não cabe em nossa linguagem discursiva e, limitada ao campo das artes plásticas, não interessa aos estudiosos do trabalho social em geral.

Mas reparem bem, pois é essencial: os operários de Hegel chegam a um resultado imprevisto por eles. O último reconhece que fez um arco quando assenta a *clef-de-voûte*. Ou, no outro exemplo, quando a crosta se torna transparente e ele arranca a última camada, a água jorra: somente então ele e o "povo" percebem que seu mal-estar era sede. Os operários não procuram arco ou água, retiram pedras do alto "para si ou outra construção geral". Quando emergem, arco e água não nomeados ("água!"), entram no sistema simbólico. A partir daí pertencem ao domínio público.

Mas, *a posteriori*, como voltar da água ao trabalho cuja finalidade era a "construção geral"? A finalidade, a tensão teleológica não desemboca na *idea* pressuposta. Parece que há impasse...

Myriam Bienenstock, no ensaio que segue o texto do *Premier système* na edição indicada, afirma:

---

[6] *Idem, ibidem*, p. 41.

Anexo: Nota sobre a primeira estética de Hegel

"Nada marca melhor esta diferença fundamental [com relação a Fichte] que a metamorfose surpreendente [...] da filosofia da 'consciência' de Fichte [...] no que podemos considerar como uma filosofia do trabalho: Hegel transfere a 'reflexão absoluta', como 'relação prática', ao que chama 'potência do instrumento', isto é, ao trabalho e à técnica."[7]

Hegel leva adiante o que a estética do primeiro romantismo inicia: a poesia sobre a poesia. A reflexão que se volta sobre o resultado e provoca o reinício da produção até um outro resultado, a partir do qual uma nova reflexão... etc. Nesse andamento, produção e reflexão mantêm-se separadas como momentos distintos. Hegel integra a reflexão à produção.

Voltemos às historinhas para nos aproximarmos desta junção. A reflexão começa de modo corriqueiro. Determina o que se há de fazer para erguer a "construção geral". O desenvolvimento da produção altera a "pressão do ar", o que provoca mal-estar. Para atenuar o mal-estar, "pensam" que o remédio é continuar a cavar mais e mais para cima... e encontram sem prever o lago e, com ele, a água. A reflexão mantém-se interna — como construir, constatação do mal-estar, proposta de solução, até o salto final: encontram a água, tinham sede. Este era o mal-estar. No meio do procedimento conhecido, surge o mal-estar: a partir daí, trata-se de precisá-lo, resolvê-lo, isto é, suprimir a causa do mal-estar. Mas somente ao encontrar a solução, a água, a causa do mal-estar é localizada, precisada. Hegel descreve aqui a ação da negação determinada na produção artística. Um mal-estar indefinido, alguma coisa a ser afastada, difícil de formular, a tentativa de uma solução — mas avançando como que de costas, o que pode nos iludir quanto ao caminho a adotar — até que um salto repentino ou um giro no caleidoscópio reconfigure a constelação global dos fatores em presença e faça emergir a solução que é também a formulação correta do que foi solucionado. Eureka! A determinação progressiva daquilo que é finalmente achado (e não procurado pois não há determinação teleológica deste achado) é, ao mesmo tempo, a fundação regressiva de sua função motora desde o início do processo. O fundamento age inconscientemente até que venha à efetividade na conclusão — a qual permite voltar ao começo e compreender o processo como o movimento de determinação progressiva deste fundamento.

---

[7] Myriam Bienenstock in G. W. F. Hegel, *Le premier système*, *op. cit.*, p. 169.

A função motora da negação determinada interiorizada nas artes plásticas não pressupõe nem a localização precisa do negado nem seu ponto de chegada e nem mesmo saber que é negação. No começo, o alvo da negação aparece como mal-estar ou equivalente. Na Renascença, vimos que somente a emergência tardia do *non finito* possibilita localizar o que esta emergência, que sucede aos tempos do virtuosismo e do "liso", queria estigmatizar, a decadência do trabalho subordinado, cuja outra face é o desejo de ascender ao *status* de arte liberal. Não se trata nem da corporação em si, nem da perfídia dos mestres ou de relaxamento técnico, nem da materialidade do trabalho no artesanato da pintura, mas de algo bem mais genérico. As figuras sucessivas contra as quais os artistas se põem são etapas que somente pouco a pouco revelam o fundamento das oposições sucessivas. Coisa semelhante ocorre no início do modernismo: somente com o Cubismo Analítico, ao afastar de si radicalmente o paradigma gestionário da produção voltada para o mais-valor relativo, o que provoca a subordinação real, as artes plásticas se põem como trabalho vivo e "livre". Seguimos a evolução do mesmo *non finito* até o momento em que ele engole momentaneamente a *idea* exterior e se mostra, *finalmente*, como efetivação explícita e exemplar do trabalho "livre" e rejeição da subordinação real. Efetivação que nos permite recuar até a Renascença e determinar com precisão o que a emergência do *non finito* (e tudo o mais que o acompanha) estava estigmatizando: a subordinação formal do trabalho, o que pressupunha a defesa do trabalho "livre", defesa que assume então a forma de desejo de tornar-se arte liberal. ("O espírito é livre, na medida em que se torna a vacuidade, que toma a natureza toda contra si; e ele é vivo, na medida em que põe o todo como igual a si mesmo.")[8]

Do mesmo modo, a diáspora das artes plásticas nos anos 1960 não decorre somente da denúncia da separação das artes plásticas como contraditória em relação à sua vocação libertária: diáspora e denúncia são duas faces do movimento destas artes determinado pela esperança (da proximidade) da grande negatividade revolucionária.

A negação determinada, no caso das artes plásticas, tem que ser entendida ao pé da letra. O sufixo da palavra negação indica ação, trabalho. Determinada significa que é delimitada, configurada, especificada por aquilo que nega, que quer superar. Na ilustração de Hegel, o traba-

---

[8] G. W. F. Hegel, *Le premier système*, *op. cit.*, p. 36.

Anexo: Nota sobre a primeira estética de Hegel

lho da negação muda de rumo. No começo, para realizar a "construção geral", "nega" a forma natural do material, da pedra, retirando-a de seu leito e adaptando-a à sua função construtiva. Mas, com o desenrolar da produção, surge o "mal-estar", não previsto inicialmente. O primeiro projeto é abandonado e a ação é reformulada na pressuposição de que a retirada de novas pedras no alto resolverá o "mal-estar". A determinação da negação é alterada: agora quer afastar este "mal-estar". O processo continua até que o "último operário" provoque por sua ação a *Aufhebung*, o salto que encontra a água. O encontro da água redetermina a negação ao tornar mais preciso o "mal-estar": tratava-se de sede. Se a sede estava sob o "mal-estar" desde que surgiu, somente após o salto ela se manifesta enquanto tal. O resultado na arte raramente respeita o projeto na sua integralidade. Principalmente a partir do modernismo, é como uma pele abandonada na muda de certos animais. Ou, se preferirem, é eurístico, procedimento para auxiliar a descoberta, no caso, o achado. O projeto é saída de si, a arte implica retorno a si. ("A 'saída de si' [...] se opõe à 'volta a si', o ser em seu seio [...] portanto o que Hegel define como liberdade.")[9]

Quase vinte anos depois, no *Cours d'esthétique*, o quadro não é mais o mesmo no que concerne à arte. A referência da segunda ilustração do *Premier système* é a "revolução política"; no *Cours d'esthétique*, desde a introdução, deparamos com a monarquia constitucional, a "liberdade a mais perfeita".[10] É bem verdade que a água, quando jorra no subterrâneo dos operários, mata sua sede mas os afoga também. Paira ainda a sombra ambígua do terror revolucionário francês — mas o poder libertário da arte não desaparece. "Água", exclama o último operário. Vinte anos depois, a "arte é, como a religião e a filosofia, uma expressão da ideia de Deus". O Sistema, já meio delirante do *Premier système*, congelou-se no *Cours*. A surpresa da mini-*Aufhebung* desaparece. Sobre a arte clássica, Hegel afirma:

> "A figura é adequada à ideia: eis a arte livre. O artista possui a clareza do conteúdo: ele não o procura mais. O conteúdo está feito; o artista não pode imaginá-lo arbitrariamente. Como a forma é absolutamente flexível para o conteúdo, a arte clás-

---

[9] M. Bienenstock in G. W. F. Hegel, *Le premier système*, *op. cit.*, p. 114, nota 14.

[10] G. W. F. Hegel, *Le premier système*, *op. cit.*, p. 42.

sica exige que a técnica esteja já desenvolvida por si, e não faça mais obstáculo: é preciso que tenha precedido um período de arte estacionária onde o artista era artesão."[11]

"O conteúdo está feito [...]": desaparece a mini *Aufhebung*, o salto, a surpresa da "Água!". "O artista possui a clareza do conteúdo, ele não procura mais", é o ilustrador da *idea* pronta e acabada. Mesmo se a arte não é mais a estacionária do artesão (?), o artista tem que contar com uma técnica que não faça mais obstáculo — que não se ponha mais no caminho da *idea*. Isto é, que seja completamente denegável como uma mediação muda.

---

[11] G. W. F. Hegel, *Cours d'esthétique, op. cit.*, p. 87.

Anexo: Nota sobre a primeira estética de Hegel

Agradecimentos

O autor gostaria de agradecer a Otília Arantes, Roberto Schwarz, Pedro Arantes, Nicolas Tixier, Julien Peronnet, Milton Ohata e Francisco Alambert.

Sérgio Ferro

Sobre o autor

Sérgio Ferro nasceu em Curitiba, em 1938, e foi, durante mais de quarenta anos, professor de História da Arte e da Arquitetura na Faculdade de Arquitetura e Urbanismo da Universidade de São Paulo (1962-1970) e na École d'Architecture de Grenoble (1972-2003). Foi também diretor do Laboratoire de Recherche Dessin/Chantier do Ministério da Cultura da França.

Em sua atividade de pesquisador seguiu o ensinamento de Flávio Motta: além dos procedimentos habituais da tradição universitária, a pesquisa deve incluir a experimentação prática. Assim, a maior parte de sua obra em arquitetura (associado com Flávio Império e Rodrigo Lefèvre), como em pintura, é constituída por experiências nas quais sua teoria, de fundamento marxista, é diversamente testada. A teoria conduz, entretanto, a resultados praticamente opostos nestas duas áreas, em função de seus posicionamentos diversos na produção social. Em consequência, os dois volumes de *Artes plásticas e trabalho livre* são o complemento em negativo de *Arquitetura e trabalho livre* (São Paulo, Cosac Naify, 2006; Prêmio Jabuti 2007 na categoria Ciências Humanas).

Tem pinturas em diversos museus internacionais e obra de arquitetura classificada como monumento histórico. É *Chevalier de l'Ordre des Arts et des Lettres*, nomeado pelo governo da França em 1992.

Publicou:

O canteiro e o desenho. São Paulo: Projeto, 1979 (ed. fr.: *Dessin/chantier*. Prefácio de Vincent Michel. Paris: Éditions de la Villette/Collection École de Architecture de Grenoble, 2005).

A casa popular/Arquitetura nova. São Paulo: GFAU, 1979.

Michelangelo. Notas. São Paulo: Palavra e Imagem, 1981.

Le Couvent de la Tourette (com Chériff Kebbal, Philippe Potié e Cyrille Simonnet). Marselha: Parenthèses, 1987.

L'idée constructive en architecture (com Edoardo Benvenuto, Jean-Louis Cohen, Jean Pierre-Epron, Jacques Guillerme, Judi Loach, Robin D. Middleton, Jean-Marie Pérouse de Montclos, Antoine Picon, Philippe Potié, Bruno Queysanne, Pierre Saddy e Cyrille Simonnet). Paris: Picard, 1987.

Futuro/anterior. São Paulo: Nobel, 1989.

Arquitetura e trabalho livre, organização de Pedro Arantes. São Paulo: Cosac Naify, 2006.

Artes plásticas e trabalho livre: de Dürer a Velázquez. São Paulo: Editora 34, 2015.

Michelangelo. Arquiteto e escultor da Capela dos Médici. São Paulo: Martins Fontes, 2016.

Construção do desenho clássico. Belo Horizonte: MOM Edições/Editora da Escola de Arquitetura da UFMG, 2021.

Artes plásticas e trabalho livre II: de Manet ao Cubismo Analítico. São Paulo: Editora 34, 2022.

ESTE LIVRO FOI COMPOSTO EM SABON,
PELA FRANCIOSI & MALTA, COM CTP DA
NEW PRINT E IMPRESSÃO DA GRAPHIUM
EM PAPEL PÓLEN SOFT 80 G/M² DA CIA.
SUZANO DE PAPEL E CELULOSE PARA A
EDITORA 34, EM FEVEREIRO DE 2022.